Tsunami im Kopf – Burnout besser verstehen und bewältigen

Rebecca Petersen

Tsunami im Kopf – Burnout besser verstehen und bewältigen

Neue Zugänge für eine resiliente Gesellschaft

Rebecca Petersen
Zürich, Schweiz

ISBN 978-3-658-42925-6   ISBN 978-3-658-42926-3   (eBook)
https://doi.org/10.1007/978-3-658-42926-3

Die Deutsche Nationalbibliothek verzeichnet diese Publikation in der Deutschen Nationalbibliografie; detaillierte bibliografische Daten sind im Internet über http://dnb.d-nb.de abrufbar.

© Der/die Herausgeber bzw. der/die Autor(en), exklusiv lizenziert an Springer Fachmedien Wiesbaden GmbH, ein Teil von Springer Nature 2025

Das Werk einschließlich aller seiner Teile ist urheberrechtlich geschützt. Jede Verwertung, die nicht ausdrücklich vom Urheberrechtsgesetz zugelassen ist, bedarf der vorherigen Zustimmung des Verlags. Das gilt insbesondere für Vervielfältigungen, Bearbeitungen, Übersetzungen, Mikroverfilmungen und die Einspeicherung und Verarbeitung in elektronischen Systemen.
Die Wiedergabe von allgemein beschreibenden Bezeichnungen, Marken, Unternehmensnamen etc. in diesem Werk bedeutet nicht, dass diese frei durch jede Person benutzt werden dürfen. Die Berechtigung zur Benutzung unterliegt, auch ohne gesonderten Hinweis hierzu, den Regeln des Markenrechts. Die Rechte des/der jeweiligen Zeicheninhaber*in sind zu beachten.
Der Verlag, die Autor*innen und die Herausgeber*innen gehen davon aus, dass die Angaben und Informationen in diesem Werk zum Zeitpunkt der Veröffentlichung vollständig und korrekt sind. Weder der Verlag noch die Autor*innen oder die Herausgeber*innen übernehmen, ausdrücklich oder implizit, Gewähr für den Inhalt des Werkes, etwaige Fehler oder Äußerungen. Der Verlag bleibt im Hinblick auf geografische Zuordnungen und Gebietsbezeichnungen in veröffentlichten Karten und Institutionsadressen neutral.

Einbandabbildung: © uzenzen | istockphoto.com

Planung/Lektorat: Eva Brechtel-Wahl
Springer ist ein Imprint der eingetragenen Gesellschaft Springer Fachmedien Wiesbaden GmbH und ist ein Teil von Springer Nature.
Die Anschrift der Gesellschaft ist: Abraham-Lincoln-Str. 46, 65189 Wiesbaden, Germany

Das Papier dieses Produkts ist recyclebar.

Geleitwort von Dr. Klaus Sejkora

Es gibt zahllose psychologische Fachpublikation und Lebenshilfe-Bücher zum Thema Burnout, und ebenso sind viele Erfahrungsberichte von Betroffenen zu dem Thema erschienen. Rebecca Petersen vereinigt beide Aspekte in ihrer Person. Sie ist psychologische Beraterin und lehrende Transaktionsanalytikerin PTSTA – und sie erlebte ein heftiges Burnout am eigenen Leib und an der eigenen Seele. Das macht dieses Buch zu etwas ganz Besonderem.

Als ich Rebecca im Frühjahr 2023 nach einiger schriftlicher Korrespondenz persönlich kennenlernte, begegnete mir eine kluge, fröhliche und lebenslustige junge Frau. Niemand wäre spontan auf den Gedanken gekommen, was für einen schweren Weg sie vor nicht allzu langer Zeit hinter sich gebracht und wie erfolgreich sie ihn bewältigt hatte. Sie erzählte mir von ihrem Buchprojekt, von ihren theoretischen Überlegungen zu Burnout-Erkrankungen und von ihren persönlichen Erfahrungen damit. Ich war sofort gefesselt von dem, was ich da hörte, ganz besonders von den kraftvollen Metaphern, die durch das Buch führen sollten: „Tsunami im Kopf" traf genau das, was viele meiner Patienten und Patientinnen über ihr Erleben während ihrer Burnout-Erkrankungen schilderten. „Flutwelle", „Meer", „Schwemmholz", „Haus an der Küste", „Leuchtturm", „die große weite Welt" – all diese Bilder, die Rebecca mir schilderte, ließen mich ungeduldig auf einen ersten Teil ihres Manuskripts warten.

Nun habe ich es gelesen und bin beeindruckt von diesem umfassenden Kompendium, das sich an Betroffene, an Angehörige, an Führungskräfte und Arbeitskolleg*innen und auch an behandelnde und beratende Professionelle richtet. Rebecca kombiniert in einer spannenden Mischung persönliche Erfahrung mit Theorielandkarte aus der Arbeitspsychologie, der Burnout-Forschung und vor allem aus der Transaktionsanalyse. Ihr Buch wird auch für mich in meiner psychotherapeutischen Arbeit eine wertvolle Hilfe sein und ich werde es gerne weiterempfehlen.

Nutzen auch Sie dieses Buch. Es wird Ihnen in der Liebe, der Wertschätzung und dem Respekt für sich selbst und andere Menschen eine große Hilfe sein.

Dr. Klaus Sejkora
Linz (Österreich)

Geleitwort von Dr. Barbara Hochstrasser

Rebecca Petersen, Schulleiterin im sonderpädagogischen Bereich, psychologische Beraterin, Coach, Consultant und Transaktionsanalytikerin legt mit diesem Buch einen mutigen Selbstbericht zu ihrer eigenen Burnout-Erkrankung und den Einsichten und Konsequenzen, die sie daraus gezogen hat, vor. Als persönlicher Erfahrungsbericht kann dieses Buch jedoch keinen Anspruch auf wissenschaftliche Stringenz erheben.

Die Überwindung und Heilung eines Burnouts kann nur gelingen, wenn die betroffene Person diese Krise akzeptiert, sie reflektiert, die persönlichen und beruflichen Auslösefaktoren ergründet, sich selbst dabei ehrlich erforscht und daraus Konsequenzen in Sinne von Veränderung in Ansichten, Werten, allenfalls hinderlichen kognitiven Konstrukten, sowie in ihrem Verhalten zieht.

Genau das macht Rebecca Petersen. Dabei nimmt sie die gemachten Erfahrungen und ihre persönliche Analyse und Schlussfolgerungen zum Wesen sowie dem Entstehungs- und

Heilungsprozess von Burnout zum Anlass, in Verbindung mit ihrer beruflichen Expertise als Coach und Transaktionsanalytikerin, neben ihrem persönlichen Narrativ ein Modell zu Entstehungs- und Genesungsprozess von Burnout zu entwickeln und in diesem Buch darzulegen. Als Gegenpol zu Burnout setzt sie den Begriff Resilienz. Sie beschreibt sieben Phasen dieses Prozesses, die einzelne Kapitel des Buches ausmachen – Vorahnung, Erkrankung, Genesung und Rückschläge, Getragensein und Gutes zulassen, Rückblick/Sicherheit gewinnen, Einordnen der Unsicherheit und Integration im Innen und Außen. Jedes Kapitel enthält eine Darstellung der persönlichen Erfahrungen und eine Darstellung der Charakteristika dieser Phase. Das ist sowohl für Betroffene als auch Interessierte sehr hilfreich.

Das Besondere ihres Buches stellen aber zweifelsohne die in jedem der Kapitel aufgeführten Anregungen und Fragen zur (Selbst-)Reflexion für je vier Gruppen von Ansprechpersonen dar. Es sind dies (mögliche) Betroffene, Angehörige und (Arbeits-)Teams, Führungskräfte und der Selbstreflexion zugeneigte Personen. Diese Anregungen und Fragen können für die jeweiligen Ansprechpersonen sehr wertvolle Impulse darstellen, die Auseinandersetzung mit Burnout und seinen verschiedenen Facetten erleichtern. Die Fragen und Anregungen sind jedoch nicht nur für Burnout-Betroffene oder Burnout-Interessierte wertvoll, sondern auch allgemein für Personen, die sich vertieft mit sich selbst und ihrer gegenwärtigen (Lebens-)Situation auseinandersetzen möchten.

Dr. med. Barbara Hochstrasser M.P.H, Präsidentin des Schweizer Expertennetzwerks für Burnout

Geleitwort von Dr. Martin Keck

Burnout ist ein Phänomen, das sich in den letzten Jahren auch in der Schweiz, Österreich und Deutschland zu einem ernsthaften Problem entwickelt hat. Trotz seiner enormen Bedeutung wird Burnout häufig zu spät erkannt oder nur unzureichend behandelt. Burnout ist ein Risikofaktor für das Auftreten von Depression, Herzinfarkt, Schlaganfall, Osteoporose und Diabetes. Burnout verkürzt unbehandelt die Lebenserwartung. Es ist definiert als ein Zustand emotionaler Erschöpfung, Depersonalisation und reduzierter Leistungsfähigkeit, der in der Arbeitswelt weit verbreitet ist und zu ernsthaften gesundheitlichen Problemen führen kann – eines hiervon ist die Erschöpfungsdepression. Burnout tritt insbesondere in Berufsgruppen mit hohen Anforderungen und Belastungen auf. Besonders betroffen sind daher Berufsgruppen mit hoher intrinsischer Motivation wie Ärztinnen und Ärzte, Pflegekräfte, Lehrerinnen und Lehrer oder Sozialarbeiterinnen und Sozialarbeiter. Eine Studie des Deutschen Gewerkschaftsbundes

DGB aus dem Jahr 2017 ergab, dass etwa 10 % aller Arbeitnehmerinnen und Arbeitnehmer in Deutschland an Burnout-Symptomen leiden. Obgleich die Wochenarbeitszeit länger und die Zahl der Feiertage geringer ist, wurde eine ähnliche Häufigkeit von Burnout-Symptomen auch in der Schweiz festgestellt. Eine Studie aus dem Jahr 2018 zeigt, dass 10–15 % der Arbeitnehmenden betroffen sind.

Die Weltgesundheitsorganisation WHO stuft in ihrem neuen Klassifikationssystem ICD-11 Burnout nicht als eigenständige Erkrankung sondern folgerichtig als Risikofaktor ein, der die Gesundheit beeinträchtigen kann. Das Gefühl des Ausgebranntseins resultiert aus chronischem Stress am Arbeitsplatz, lautet ein Teil der Definition. Burnout war zuvor ohne klare Definition berücksichtigt gewesen. Nun ist der Begriff mit dieser Beschreibung im Katalog der rund 55.000 Krankheiten und Symptome aufgelistet.

Eine Kombination aus psychotherapeutischen Interventionen, Stressmanagement aber selbstverständlich auch organisatorischen Ansätzen wie Arbeitsplatzinterventionen und Präventionsmaßnahmen kann dazu beitragen, das Risiko für Burnout zu senken und die psychische Gesundheit der Betroffenen zu verbessern. Eine fachärztliche Abgrenzung zwischen Burnout, Depression und anderen Erkrankungen, die ebenfalls zu Erschöpfungssymptomen führen können, ist sehr wichtig, um eine angemessene Behandlung zu gewährleisten. Ein interessantes Beispiel für eine Maßnahme zur Vorbeugung von Burnout in Deutschland ist das Projekt „Gesundheitsförderung im Beruf – GIB" der Bundesanstalt für Arbeitsschutz und Arbeitsmedizin. Im Rahmen dieses Projekts wurden verschiedene Präventionsprogramme für unterschiedliche Berufsgruppen entwickelt und erprobt. Eine Evaluationsstudie aus dem Jahr 2018 zeigt, dass diese Programme dazu beitragen können, das Risiko für Burnout zu senken und die psychische Gesundheit der Teilnehmer zu verbessern. Die Schweizerischen Empfehlungen für die Prävention und Behandlung von Burnout betonen ebenfalls die Wichtigkeit von individueller und organisatorischer Intervention und identifizieren eine Vielzahl von Risikofaktoren, die zu Burnout beitragen können, einschließlich Arbeitsbedingungen, Persönlichkeitsmerkmalen und sozialen Beziehungen.

Es gibt viel zu tun! Ich gratuliere daher Rebecca Petersen herzlich zu Ihrem Buch, das einen wichtigen Beitrag zum Verständnis, zur Vorbeugung und Bewältigung von Burnout leistet.

Prof. Dr. Dr. med. Martin E. Keck, Chefarzt Rehaklinik Seewis/GR, Praxis Professor Keck, Stäfa/ZH, Facharzt für Psychiatrie und Psychiatrie FMH/Neurologie FMH/Psychosomatik und Psychotherapie (D).

Literatur

DGB-Index Gute Arbeit (2017). Psychische Belastungen und Beanspruchungen. Ergebnisse des DGB-Index Gute Arbeit. Berlin: Hans-Böckler-Stiftung.

Buddeberg-Fischer, B., Klaghofer, R., Buddeberg, C. (2018). Burnout und Stress – Ergebnisse der schweizerischen Arbeitsbedingungenstudie 2016. Schweizerische Ärztezeitung, 99(20), 659–664.

Bundesanstalt für Arbeitsschutz und Arbeitsmedizin (2018). GIB – Gesundheitsförderung im Beruf: Prävention von Burnout und anderen arbeitsbedingten psychischen Erkrankungen. Projektbericht F 2398. Dortmund: Bundesanstalt für Arbeitsschutz und Arbeitsmedizin.

Hochstrasser, B. (22.06.2016). Burnout-Behandlung Teil 1: Grundlagen., M.E. Keck, Schweiz Med Forum 2016; 16(25): 538–541.

Hochstrasser, B. (22.06.2016). Burnout-Behandlung Teil 2: Praktische Empfehlungen., M.E. Keck, Schweiz Med Forum 2016; 16(26-27): 561–566.

Dr. Martin Keck

Vorwort

Rebecca Petersen arbeitet seit mehreren Jahren als Führungskraft im sonderpädagogischen Bereich und ist als ausgebildete psychologische Beraterin, systemischer Coach und Consultant sowie als lehrende Transaktionsanalytikerin PTSTA selbstständig tätig. Trotz ihres breiten Fachwissens aus Beratung und Coaching erkrankte die Schulleiterin an einem Burnout und war für mehrere Monate außer Gefecht gesetzt und arbeitsunfähig.

Die Burnout-Erkrankung ist ein aktuelles und gesellschaftsrelevantes Thema, über das kaum gesprochen wird. Es ist häufig mit viel Scham- und Schuldgefühlen behaftet. Jeder hat ein eigenes Bild von einer Burnout-Erkrankung – doch entspricht dieses tatsächlich der Wirklichkeit? Und wenn ja, warum trifft es dann so viele Menschen scheinbar unbemerkt?

Diesen Umstand möchte die Autorin mit ihrem Buch und den darin enthaltenen Zugängen für Organisationen, Teams, Führungskräfte, Beraterinnen und Berater, aber auch Betroffene und deren Familien und Freunde ändern und eine neue Sensibilität für gesellschaftliche Verantwortung schaffen. Sie baut damit eine Brücke zu einer neuen Sicht auf Resilienz und Gesundheit und liefert dadurch einen aktiven Beitrag zur Prävention und Aufklärung. Ihr Buch schafft Zugang und Leichtigkeit für ein ernst zu nehmendes Thema und ermöglicht dadurch einen offenen, gesunden Umgang mit einer vielschichtigen, heimtückischen und lebensverändernden Erkrankung.

Rebecca Petersen

Danksagung

Dieses Buch widme ich meiner Mutter, welche sehr viel dazu beigetragen hat, dass ich einen solch starken Leistungs- und Überlebenswillen habe und nie aufgeben wollte, an eine mögliche Heilung zu glauben und das Beste aus der jeweiligen Situation und den Gegebenheit zu machen, auch wenn es wirklich oft nicht einfach war, die eigene Schwäche und Begrenztheit auszuhalten.

Auch möchte ich hier im Besonderen meiner Familie, insbesondere meiner Mutter und meinen Geschwistern, danken. In der Zeit meiner Burnout-Erkrankung konnte ich mich ihnen aufgrund von starken Ängsten sowie Scham- und Schuldgefühlen nicht anvertrauen. Ich hatte nicht die Kraft, mich aufkommenden Fragen zu stellen. Ich wollte meine Probleme selbst lösen. Dieses Ziel habe ich erreicht. Und doch bin ich froh, dass ich tief in meinem Inneren wusste, dass meine Familie ohne Wenn und Aber für mich da gewesen wäre, wenn ich es gebraucht und zugelassen hätte.

Ich spüre nach wie vor eine große Verbundenheit zu jedem einzelnen von ihnen und es ist ein wahres Geschenk, Teil einer solchen Familie zu sein. Unser Umgang ist geprägt von Wertschätzung, Offenheit und Unvoreingenommenheit, welche es zulässt, dass jeder in der Familie seine Individualität leben kann. Hier haben meine Großeltern mütterlicherseits ein starkes Fundament gelegt und ermöglicht, dass wir starke Wurzeln im Leben schlagen konnten. Auch dafür bin ich sehr dankbar!

Besonderen Dank möchte ich an meinen Partner richten, der mich immer wieder tatkräftig durch Gegenlesen unterstützt hat und mir in stressigen Zeiten hoffnungs- und verständnisvoll begegnet ist. Persönlichen Dank möchte ich auch meinen zahlreichen wirklich guten Freunden und Freundinnen aussprechen, welche mich auf unterschiedliche Weise auf meinem Genesungsweg ein Stück weit begleitet haben und es mir nicht übel genommen haben, dass ich einige sehr spät in mein Erleben eingeweiht habe. Auch hier kann ich mit Freude und großer Dankbarkeit sagen, dass all meine engen, zum Teil langjährigen Freunde selbst starke Persönlichkeiten sind, welche sich mit mir immer wieder auf das Abenteuer Leben, Selbstreflexion und Persönlichkeitsentwicklung einlassen und gewillt sind, mit dem was sich im Leben gerade zeigt, mutig, offen und ehrlich umzugehen, ohne sich selbst oder andere zu verurteilen. Das schätze ich wirklich sehr!

Vielen Dank an dieser Stelle möchte ich an all diejenigen Personen richten, welche mich als Coach, MentorIn, BeraterIn und TransaktionsanalytikerIn etc. in den letzten Jahren tatkräftig unterstützt haben und mir in dieser Zeit immer wieder ein wertschätzendes, aber auch kritisches Gegenüber für meine persönliche Entwicklung und die Erreichung verschiedener Meilensteine in meinem Leben waren.

Vielen Dank auch an Dr. Klaus Sejkora, Dr. Barbara Hochstrasser und Dr. Martin Keck, welche sich bereit erklärt haben, mein Buch im Rahmen eines Geleitwortes einzuleiten. Es freut mich sehr, dass auch sie sich in ihren jeweiligen Berufsfeldern im Rahmen der Burnout-Prävention und -Aufklärung aktiv engagieren.

Und zu guter Letzt danke ich all denjenigen, die mir auf meinem Weg beim Verfassen und Realisieren dieses Buches, aber auch sonst im meinem Leben, ein wertschätzendes, offenes und respektvolles Gegenüber waren! Ich bin dankbar für alle Begegnungen und Bekanntschaften, welche mich zu dem Menschen machen, der ich heute bin. Und in diesem Sinne bin ich auch dankbar für meine eigene Kraft und Persönlichkeit, welche es mir ermöglicht, dass ich dem Leben immer wieder offen und mutig begegnen kann und es wage, neue Wege zu gehen und mich auf Veränderungen einzulassen!

Von Herzen
Rebecca Petersen

Einleitung

„Es gibt einen Ausweg! Es gibt Hoffnung!
Heilung ist möglich! Auch wenn es sich nicht immer so anfühlt und der Weg zurück noch so ausweglos, dunkel und endlos erscheint. Jeder/jede kann als SiegerIn daraus hervorgehen! Sie tragen alles, was Sie dazu brauchen, bereits in sich!"
Rebecca Petersen

Die Burnout-Erkrankung hat mich selbst tiefgreifend und nachhaltig verändert. Ich wurde völlig unvorbereitet für über ein halbes Jahr aus dem Arbeitsleben gerissen, bis ich wieder mit einem therapeutischen Arbeitsversuch starten konnte. Ich war in dieser Zeit durch soziale Isolation, Angstzustände, Existenzängste, Scham- und Schuldgefühle sowie körperliche Symptome und Beschwerden persönlich sehr herausgefordert. Die unglaublich intensive körperliche und seelische Erschöpfung, starke Rückenschmerzen und die langanhaltenden Schlafstörungen waren drei der Hauptmerkmale in dieser Zeit. Ich musste mir auf dem Weg zurück in ein normales Leben Teile einer neuen Identität sowie neue

Verhaltens- und Denkweisen aneignen, um meine körperliche und seelische Gesundheit zurückzuerobern und nachhaltig zu stärken. Dies war ein langer und steiniger Weg, der mich schlussendlich mehr zu mir selbst und zu einer neuen inneren Klarheit und Kraft geführt hat und mein Vertrauen in mich und meine Fähigkeiten nachhaltig stärkte. Die Burnout-Erkrankung ist so vielfältig wie die Menschen selbst. Neben meinem Know-how als Beraterin, Coach, Transaktionsanalytikerin und Führungskraft kann ich nun meine eigene Sichtweise und meine Erlebnisse zum besseren Verständnis und zur Aufklärung bieten. Dies schafft einen ganzheitlichen Zugang und eine ehrliche Betrachtung.

Dieses Buch gibt hautnah Einblick in mein persönliches Erleben während der Burnout-Erkrankung. Es ist mir ein persönliches Anliegen, eine Diskussionsgrundlage zu bieten und die Bekanntmachung und Aufklärung über die Burnout-Erkrankung voranzutreiben. Ich möchte andere Betroffene mit meinen Erfahrungen unterstützen und ihnen Mut machen, aber auch in der Prävention einen aktiven Beitrag leisten. Deshalb schreibe ich dieses Buch.

Das Buch ist dementsprechend für all jene Menschen gedacht, die sich ganz allgemein für das Thema „Burnout" interessieren. Menschen, die fürchten, selbst davon betroffen zu sein. Es ist für Menschen gedacht, die in ihrem Umfeld einen liebgewonnenen Menschen kennen, der aus ihrer Sicht von Burnout betroffen sein könnte oder bereits daran erkrankt ist. Wer es nicht selbst erlebt hat, kann es sich nicht wirklich vorstellen! Und auch wenn man es selbst erlebt hat, hat es sich für einen anderen Betroffenen womöglich ganz anders angefühlt. Die Burnout-Erkrankung ist so unterschiedlich und vielfältig wie die Menschen selbst. Und gerade das macht die Diagnose und frühzeitige Erkennung so anspruchsvoll.

Mit neuen, unterschiedlichen Zugängen möchte ich das verzerrte, unklare Bild der Burnout-Erkrankung verbessern und den Schleier zum Unbekannten lüften. Mein Buch soll eine leicht verdauliche Lektüre sein, die doch über ein ernst zu nehmendes Thema informiert und direkten Einblick in das Erleben bietet.

Eben dieses unklare, verzerrte Bild von Burnout hat bei mir unter anderem dazu geführt, dass ich selbst viel zu lange nicht wahr haben wollte, dass ich an einem Burnout erkrankt bin. Und auch das ist typisch für so viele Betroffene.

Mit meiner Offenheit möchte ich andere Menschen ansprechen, welche insgeheim vielleicht ahnen, dass sie an einem Burnout erkrankt sind oder in sich die Tendenz dazu erkennen. Auch möchte ich Familienangehörige, Freunde und Bekannte ermutigen, ihre persönliche Einschätzung ernst zu nehmen und ihre Beobachtungen beim vermeintlich Betroffenen mutig und vielleicht mehrmals, achtsam und respektvoll, anzusprechen. Diesbezüglich braucht es viel Feingefühl und ein gewisses Know-how. Denn das direkte Ansprechen kann zu Abwehr führen und die Verwirrung, Verzerrung und/oder Verleugnung beim Betroffenen noch verstärken.

Es braucht ein gut abgegrenztes, aber doch bestimmtes und achtsames Aufeinanderzugehen, einen ruhigen, vertrauensvollen Begegnungsraum und eine sichere Atmosphäre sowie ein Sich-auf-Augenhöhe-Begegnen, damit ein Betroffener überhaupt den Mut aufbringen kann und die Notwendigkeit verspürt, sich seine derzeitigen Schwächen und Probleme einzugestehen und in der Folge aktiv zu werden und Hilfe zu holen. Manche Menschen reagieren zum Glück sehr erleichtert, wenn sie von außen endlich einen ehrlichen, unterstützenden und wertschätzenden Hinweis bezüglich einer möglichen Burnout-Erkrankung erhalten. Dies kann der springende Punkt sein und helfen, die Situation realistisch einzuschätzen und den Ernst der Lage früh genug zu realisieren.

Eine Burnout-Erkrankung ist eine ernst zu nehmende, vielschichtige und komplexe Erkrankung, die behandelt werden kann! Der Ausstieg und die Heilung gelingen umso besser, je früher sie erkannt werden. Aus meiner Sicht kann sie sich längerfristig sogar als Chance entpuppen und eine Art Transformation in ein neues, glücklicheres Leben mit mehr Klarheit und Lebensfreude bedeuten – für Betroffene, Familien, Führungskräfte, Teams und Organisationen. Dann, wenn jeder sich mutig den Gegebenheiten stellt und sich traut, seinen Teil der Verantwortung im System wahrzunehmen.

In diesem Sinne wünsche ich Ihnen ein spannendes Eintauchen in eine neue, unbekannte Welt. Sie selbst leisten durch Ihre persönliche Vertiefung bereits einen ersten, wichtigen Beitrag in der Prävention und Aufklärung. Dafür bedanke ich mich recht herzlich!

Mit besten Grüßen
Rebecca Petersen

Zum Aufbau dieses Buches

Das Buch ist in acht Kapitel unterteilt, welche nach einer ersten Einleitung und Übersicht jeweils eine Phase der Burnout-Erkrankung und -Genesung beschreiben. Die Autorin hat sich bei der Einteilung der Phasen am eigenen Erleben orientiert, um einen persönlichen und direkten Zugang zu schaffen. Zu Beginn finden Sie im ersten Kapitel Ausgangslage wichtige allgemeine Informationen zur Klärung von Begrifflichkeiten, die Ihnen helfen sollen, die Ausgangslage und Situation der Autorin möglichst gut nachvollziehen zu können und die den Einstieg ins Thema und die gemeinsame Verständigung erleichtern.

Jedes der sieben Kapitel bietet unterschiedliche Einblicke in eine Phase der Burnout-Erkrankung und folgt einem wiederkehrenden Ablauf mit jeweils acht unterschiedlich gestalteten Zugängen. Die Phasen einer Burnout-Erkrankung sind hier subjektiv auf das Erleben der Autorin bezogen.

- Zugang A: Jedes Kapitel startet mit einem Gefühl und der Beschreibung eines dazugehörigen Bildes.
- Zugang B: Die Autorin erzählt unter „Meine Geschichte" von ihrem Erleben in der jeweiligen Phase der Burnout-Erkrankung. Dabei taucht der Leser direkt mit ein und durchlebt die Burnout-Phasen von Zerstörung, Katastrophe bis hin zu Hoffnung, Zuversicht und Neuanfang.
- Zugang C: In „Burnout Diary" werden Erlebnisse und Eindrücke der Autorin als losgelöste Blitzlichter kurz beschrieben und führen direkt ins Erleben einer Burnout-Erkrankung. Diese Erlebnisse und Eindrücke sind losgelöst von Zugang B und folgen keiner Chronologie.
- Zugang D: „Bildlich gesprochen" schafft einen kreativen Zugang mittels einer eigens von der Autorin entworfenen Comic-Bildreihe, welche von Klarheit und Zuversicht geprägt ist.

In den folgenden vier Zugängen spricht die Autorin direkt unterschiedliche Systemgruppen an:
- Zugang E: Es folgen Hinweise für (mögliche) Betroffene zur Selbstreflexion und zum Resilienz lernen.
- Zugang F: Im nächsten Teil werden Angehörige, Freunde und Mitarbeitende auf hilfreiche Erkenntnisse in der jeweiligen Erkrankungs- und Genesungsphase eines Burnouts hingewiesen. Es geht hier schwerpunktmäßig darum, das Systemdenken anzuregen und vorhandene Ressourcen im System (Familie, Freundeskreis, Team) besser sichtbar und zugänglich zu machen.
- Zugang G: Nun spricht die Autorin Führungskräfte im Rahmen der „Cooperate/Social Responsibility" an. Es werden wichtige Erkenntnisse hervorgehoben, welche in der jeweiligen Phase Entlastung und Unterstützung bieten und das gegenseitige Verständnis fördern.
- Zugang H: Mit vielfältigen und gezielten Fragen zur (Selbst-)Reflexion, als Schritte zur Selbsterkenntnis, be-

zogen auf das Berufs- und Privatleben, werden abermals neue Zugänge geschaffen, die es ermöglichen, einengende (Denk-, Gefühls- und Verhaltens-)Muster sowie Glaubenssätze aufzudecken und neue, persönliche Erkenntnisse und Fähigkeiten in Verbindung zur eigenen Weisheit und Intuition zu entdecken und weiterzuentwickeln. Im Rahmen des letzten Zugangs werden zieldienliche Konzepte aus der Theorie und der Transaktionsanalyse vorgestellt.

- Folgende Konzepte und Theorien werden beschrieben: in Phase 1) Resilienz, in Phase 2) Skript, in Phase 3) Autonomie, in Phase 4) Integrierendes ER-Ich und Intuition, in Phase 5) Grundpositionen und Erlaubnisse, in Phase 6) Antreiber und Einschärfungen und in Phase 7) Seelische Grundbedürfnisse und symbiotische Beziehungsmuster.

Der Vollständigkeit halber ist es gemäß der Autorin ratsam, alle Kapitel des Buches von vorne nach hinten durchzulesen, um einen umfassenden und vertieften Eindruck rund um das Thema Burnout zu erreichen und sich strukturiert und gezielt entlang der einzelnen Phasen zu vertiefen. Gleichzeitig bietet das Buch durch seine klare Strukturierung und die unterschiedlichen Zugänge auch die Möglichkeit für Kurzweilige, das Thema stückweise aufzunehmen und dadurch kurze Einblicke und Eindrücke zu erhalten. Auch das kann eine spannende und sinnvolle Auseinandersetzung darstellen.

Obwohl die Burnout-Thematik und -Begrifflichkeit an sich in aller Munde ist, ist Burnout nach ICD-10 keine eigene Krankheitsdiagnose, sondern ein Syndrom, welches sich meist mit anderen gesundheitlichen, vor allem psychischen Störungen überlappt (z. B. Depression). Die ICD-11 bezeichnet Burnout als eine qualifizierende Diagnose, die eine definierte Krankheit wie Depression näher charakterisiert [1]. Es gibt zudem unterschiedliche Definitionen von Burnout, welche von verschiedenen Autoren aufgrund unterschiedlich gewählter Erfassungsmethoden und Messinstrumente formuliert wurden [1].

Nichtsdestotrotz hat Burnout in schweren Fällen einen Krankheitswert und kann nach Hochstrasser [1] als behandlungs- und therapiebedürftige Krankheit behandelt werden. In diesem Buch wird von Burnout-Erkrankung gesprochen oder der Einfachheit halber der isolierte Begriff Burnout (als Syndrom) verwendet. Dieses Buch weist jeglichen Anspruch an Vollständigkeit von sich!

Jegliche Empfehlungen in diesem Buch können eine ärztliche und (psycho-)therapeutische Behandlung nicht ersetzen! Es handelt sich bei diesem Werk primär um einen Erlebnisbericht der Autorin und daraus abgeleitete Hilfestellungen zur (Selbst-)Reflexion. Bei allen Beschreibungen werden sowohl weibliche, männliche Personen, aber auch genderneutrale Personen angesprochen.

In diesem Sinne bietet das Buch eine vielfältige Entdeckungsreise für alle Interessierten, nicht nur in Bezug auf das Thema Burnout, sondern auch in Bezug auf den individuellen Weg der Persönlichkeitsentwicklung und der (Wieder-)Entdeckung der eigenen, ursprünglichen Stärke, Kraft und Resilienz im kreativen Zusammenspiel von Intellekt und der eigenen, inneren Weisheit und Intuition - dies zur vielfältigen Nutzung in Organisationen, Teams, für Führungskräfte und Privatpersonen und dabei immer im Sinne und zur Förderung einer systemischen Betrachtungsweise und der (Weiter-)Entwicklung in Richtung Autonomie, Selbstwirksamkeit und Bewusstheit.

Literatur

1. Hochstrasser, B. (22.06.2016). Burnout-Behandlung Teil 1: Grundlagen. *Swiss Medical Forum*: 538.

Das Wichtigste in Kürze

Burnout ist eine vielschichtige Erkrankung, die sowohl körperliche wie auch psychische Symptome und Veränderungen beinhaltet. Es gilt bisher nach ICD-10 als Syndrom, aber nicht als Krankheit, welche als solche diagnostiziert werden kann [1].

Die Symptome und Anzeichen von Burnout sind vielfältig, komplex und sehr individuell. Im Anfangsstadium können sie daher oft missinterpretiert oder missachtet werden.

Im weiteren Verlauf gehört es zum Krankheitsbild, dass sich Betroffene aufgrund der erhöhten Ausschüttung von Stresshormonen selbst nicht mehr richtig wahrnehmen können. Es entsteht im wahrsten Sinne des Wortes ein „Tsunami im Kopf".

Die erhöhten Hormonwerte (Stresshormone) haben Einfluss auf die Plastizität des Nervensystems und können sich auf Konzentration und Denkleistungen auswirken [2].

Man sieht oft nicht, wie es einem Menschen im Inneren geht. Betroffene sind je nachdem Experte/Expertin darin, ihre wahre Befindlichkeit gegen außen gekonnt zu überspielen und/oder vor sich selbst gegenüber klein zu reden oder zu verleugnen.

Zwar bezieht sich eine Burnout-Erkrankung primär auf den beruflichen Kontext. Allerdings können zum Beispiel auch junge Menschen und Eltern ein Burnout erleiden, denn langanhaltender Stress kann durchaus auch im privaten Kontext entstehen [3].

Burnout ist heilbar! So individuell wie die Erkrankung verläuft, so individuell kann, darf und soll der Genesungsweg gestaltet werden.

Je nach Schweregrad einer Burnout-Erkrankung kann die Genesungszeit einige Monate bis zu über einem Jahr dauern. In den meisten Fällen ist ein schrittweiser Wiedereinstieg in Abhängigkeit der Leistungsfähigkeit empfohlen, welcher unter behutsamer Begleitung erfolgt [4]. Dieser Prozess kann ebenfalls mehrere Monate bis zu über einem Jahr dauern und viele Betroffene berichten, dass sie erst nach mehreren Jahren wirklich über das Erlebte und dessen Folgen hinweggekommen sind und die Burnout-Erkrankung erst dann wirklich hinter sich lassen konnten.

Literatur
1. Hochstrasser, B. (22.06.2016). Burnout-Behandlung Teil 1: Grundlagen. *Swiss Medical Forum*: 538.
2. Hochstrasser, B. (22.06.2016). Burnout-Behandlung Teil 1: Grundlagen. *Swiss Medical Forum*: 539.
3. Hochstrasser, B. (Februar 2023). Burnout und Erschöpfungsdepression. *Zeitschrift für Psychiatrie und Neurologie*, S. 2–7: 4.
4. Hochstrasser, B. (22.06.2016). Burnout-Behandlung Teil 1: Grundlagen. *Swiss Medical Forum*: 541.

Inhaltsverzeichnis

Ausgangslage 1
Burnout 1
Resilienz 9
Arbeit als Schulleiterin 15
Transaktionsanalyse 18
Literatur 20

**Phase I – Das Unausweichliche
naht – Vorahnung** 23
Das Unausweichliche 24
Meine Geschichte – Wie alles
begann 25
Burnout Diary – Blitzlichter 39
Bildlich gesprochen – Das
Unausweichliche – nicht sehen wollen 43
Für (mögliche) Betroffene –
Selbstreflexion und Resilienz lernen 44
Für Angehörige, Freunde und
MitarbeiterInnen – Systemdenken 49

Für Führungskräfte – Cooperate/Social Responsibility	51
(Selbst-)Reflexion – Schritte zur Selbsterkenntnis	54
Für (mögliche) Betroffene – zur persönlichen Selbstreflexion	55
Für Führungskräfte – mit Blick auf die Organisation	60
Literatur	64

Phase II – Die Flutwelle – Erkrankung — 65

Die Flutwelle	65
Meine Geschichte – Verstehen und Einordnen lernen	66
Burnout Diary – Blitzlichter	77
Bildlich gesprochen – Die Flutwelle – Der Fall in die Tiefe – Sinnkrise	82
Für (mögliche) Betroffene – Selbstreflexion und Resilienz stärken	82
Für Angehörige, Freunde und MitarbeiterInnen – Systemdenken	85
Für Führungskräfte – Cooperate/Social Responsibility	87
(Selbst-)Reflexion – Schritte zur Selbsterkenntnis	90
Für (mögliche) Betroffene	91
Für Führungskräfte – Mit Blick auf die Organisation	92
Literatur	94

Phase III – Das Meer – Genesung und Rückschläge — 95

Das Meer	96
Meine Geschichte – Licht am Ende des Tunnels	97
Burnout Diary – Blitzlichter	114
Bildlich gesprochen – Die Ausweglosigkeit	126
Für (mögliche) Betroffene – Selbstreflexion und Resilienz lernen	127

Für Angehörige, Freunde und MitarbeiterInnen – Systemdenken	131
Für Führungskräfte – Cooperate/ Social Responsibility	134
(Selbst-)Reflexion – Schritte zur Selbsterkenntnis	137
Für (mögliche) Betroffene	137
Für Führungskräfte – mit Blick auf die Organisation	142
Literatur	144

Phase IV – Das Schwemmholz – getragen sein und das Gute zulassen — 145

Das Schwemmholz	146
Meine Geschichte – Selbstvertrauen entwickeln & (Selbst-)Sicherheit zurückerobern	147
Burnout Diary – Blitzlichter	152
Bildlich gesprochen – Kampf mit sich selbst	167
Für (mögliche) Betroffene – Selbstreflexion und Resilienz lernen	167
Für Angehörige, Freunde und MitarbeiterInnen – Systemdenken	170
Für Führungskräfte – Cooperate/Social Responsibility	173
(Selbst-) Reflexion – Schritte zur Selbsterkenntnis	176
Für (mögliche) Betroffene	176
Für Führungskräfte – mit Blick auf die Organisation	180
Literatur	182

Phase V – Das Haus an der Küste - Rückblick und Sicherheit gewinnen — 183

Das Haus an der Küste	184
Meine Geschichte – Wieder Vertrauen in mich und den Boden unter meinen Füßen fassen	185
Burnout Diary – Blitzlichter	196
Bildlich gesprochen – Langsam zurück ins Leben	204

Für (mögliche) Betroffene – Selbstreflexion und Resilienz lernen	204
Für Angehörige, Freunde und MitarbeiterInnen – Systemdenken	207
Für Führungskräfte – Cooperate/Social Responsibility	211
(Selbst-) Reflexion – Schritte zur Selbsterkenntnis	217
Für (mögliche) Betroffene	217
Fragen zur Reflexion	219
Für Führungskräfte – mit Blick auf die Organisation	222
Literatur	224

Phase VI – Der Leuchtturm – Einordnen der Unsicherheit — 225

Der Leuchtturm	226
Meine Geschichte – wieder Sonne und Wind im Gesicht spüren	227
Burnout Diary -Blitzlichter	231
Bildlich gesprochen – Neues entsteht	236
Für (mögliche) Betroffene – Selbstreflexion und Resilienz lernen	236
Für Angehörige, Freunde und MitarbeiterInnen – Systemdenken	239
Für Führungskräfte – Cooperate/Social Responsibility	242
(Selbst-)Reflexion – Schritte zur Selbsterkenntnis	246
Für (mögliche) Betroffene	246
Für Führungskräfte – mit Blick auf die Organisation	250
Literatur	253

Phase VII – Die grosse, weite Welt – Integration im Innen und Außen — 255

Die große, weite Welt — 256
Meine Geschichte – wieder wissen, dass das Leben gut kommt — 257
Burnout Diary – Blitzlichter — 266
Bildlich gesprochen – Sicherheit in mir finden — 278
Für (mögliche) Betroffene – Selbstreflexion und Resilienz lernen — 278
Für Angehörige, Freunde und MitarbeiterInnen – Systemdenken — 284
Für Führungskräfte – Cooperate/Social Responsibility — 286
(Selbst-)Reflexion – Schritte zur Selbsterkenntnis — 291
Für (mögliche) Betroffene — 291
Für Führungskräfte – mit Blick auf die Organisation — 295
Literatur — 299

Nachwort — 301

Schlusswort und Ausblick — 305

Empfehlungen — 307

Anhang — 311

Über die Autorin

Rebecca Petersen ist die Gründerin von Triflect GmbH. Sie unterstützt Menschen seit mehreren Jahren wirksam in der persönlichen und beruflichen Weiterentwicklung und ermöglicht durch ihr professionelles Arbeiten und Wirken nachhaltige Veränderung mit mehr Klarheit, Fokus und Perspektiven. Rebecca Petersen ist als systemischer Coach, Supervisorin und Organisationsberaterin sowie als psychologische Beraterin und lehrende Transaktionsanalytikerin

PTSTA-C in der Schweiz anerkannt. Sie wurde zudem von international renommierten Coaches in Los Angeles (USA) ausgebildet und international als Transformativer Coach zertifiziert. Rebecca Petersen arbeitet seit vielen Jahre erfolgreich als Dozentin, Trainerin, Beraterin, Coach und Consultant mit Privatpersonen, Teams, Führungskräften und Organisationen sowie als Führungskraft im sonderpädagogischen Bereich. In dieser Zeit ist sie selbst an einem Burnout erkrankt, was sie zum Schreiben dieses Buches veranlasst hat. Seither engagiert sie sich in der Burnout-Prävention und -Aufklärung und begleitet Menschen in der Stärkung ihrer Autonomie, Selbstwahrnehmung, Resilienz, Achtsamkeit, inneren Stärke und (Selbstheilungs-)Kraft.

Kontakt:
Rebecca Petersen
Website/Email: www.triflect.ch, info@triflect.ch
Ort: Zürich (Schweiz)

Ausgangslage

Zusammenfassung Die Autorin ermöglicht einen Einblick in den aktuellen Wissensstand zu Burnout und Resilienz und liefert wichtiges Faktenwissen. Des Weiteren zeigt sie auf, wie ihre Ausgangslage in Bezug auf die berufliche Situation als Schulleiterin im Sonderpädagogischen Bereich aussah zu der Zeit, als sie an einem Burnout erkrankte. Zum besseren Verständnis liefert die Autorin eine Einführung in den Bereich der Transaktionsanalyse und deren Wirkungsbereich und unterschiedliche Anwendungsfelder.

Burnout

Burnout wird gemäß ICD-10 (Medizinische Nomenklatur) nicht als Krankheit, sondern als „Ausgebranntsein (Burnout-Syndrom)" klassifiziert [1].

Das Burnout-Syndrom ist in der aktuellen ICD-11 [2] durch drei Dimensionen gekennzeichnet:

1. Gefühle der Erschöpfung oder Energieerschöpfung
2. Erhöhte mentale Distanz zur Arbeit oder Gefühle von Negativismus oder Zynismus in Bezug auf die Arbeit
3. Ein Gefühl der Ineffektivität und des Mangels an Leistung

Die ICD-11 [2] nennt Burnout als Diagnose, welche mit Berufstätigkeit und Arbeitslosigkeit in Verbindung steht [1]. Dabei wird Burnout weiterhin als Syndrom definiert, das als Folge von chronischem Stress am Arbeitsplatz, der nicht erfolgreich bewältigt werden konnte, entsteht.

Die Eingrenzung auf den beruflichen Kontext ist gemäß Barbara Hochstrasser jedoch insofern problematisch, als Stress durchaus auch im privaten Kontext entstehen und sich ebenso schädlich für die Gesundheit erweisen kann. Immer öfter liest und hört man auch von Eltern- oder Schüler-Burnout [1].

Der Begriff Burnout wurde in den 1970er-Jahren von Herbert Freudenberger im medizinischen und psychoanalytischen Kontext geprägt [3]. Den Zustand definierte er als „Prozess der Erschöpfung durch exzessive Anforderungen an die Energien, die Kräfte und die Ressourcen des Betroffenen" [3].

Seither haben sich verschiedene ForscherInnen mit dem Burnout-Phänomen auseinandergesetzt. Die Definitionen variieren, je nachdem mit welchen Theorien gearbeitet wird.

Maslach und Jackson [4] fanden in verschiedenen Berufsgruppen im Gesundheits- und Schulwesen ein ähnliches Symptombild wie Freudenberger, das sie ebenfalls als Burnout bezeichneten. Um dieses Phänomen zu erfassen, entwickelten sie das Maslach-Burnout-Inventar [5], welches Burnout in drei Dimensionen beschreibt:

1. Emotionale Erschöpfung,
2. Zynismus oder Demotivation sowie
3. die subjektive Einschätzung, weniger leistungsfähig zu sein.

Der für die Untersuchungen in der allgemeinen Bevölkerung angepasste Maslach-Burnout-Inventar-General-Survey (MBI-GSS) [6] wurde nach Hochstrasser [1] in der Folge zum meist verwendeten Fragebogen zur Erfassung von Burnout.

Eine Burnout-Erkrankung umfasst eine sowohl physische, psychische wie auch kognitive starke Erschöpfung, welche zusammen mit vegetativen Symptomen, Motivationsverlust und Leistungsminderung auftritt [7].

Nach Hochstrasser können fünf Symptombereiche [8] unterschieden werden:

1. **Psychische Symptome:** Reizbarkeit; Nervosität; Unruhe; Niedergestimmtheit; Ängstlichkeit; Schreckhaftigkeit; Grübeln; Selbstzweifel; Panik; Dünnhäutigkeit; Verletzlichkeit
2. **Körperliche und vegetative Symptome:** Erschöpfung; Erholungsunfähigkeit; reduzierte Belastbarkeit; Kopfschmerz; Tachykardie; Schwindel; Reizsensibilität; Infektanfälligkeit; gastrointestinale Störungen; Ein- und Durchschlafstörungen; Schwitzen
3. **Kognitive Symptome:** Konzentrationsstörungen; Gedächtnisstörungen; Störungen der Aufmerksamkeit; Störungen der Exekutivfunktionen (z. B. Verlust der Fähigkeit für Multitasking)
4. **Motivationale Symptome:** Verlust des Interesses an der Arbeit oder an persönlich gewinnbringenden Aktivitä-

ten; Unfähigkeit, sich auf andere einzulassen; Zynismus; Abwertung von anderen Menschen und von vorher positiven Situationen
5. **Verhaltensauffälligkeiten:** Hyperaktivität oder reduzierte Aktivität; sozialer Rückzug, Selbstbeobachtung, Konzentration auf sich selbst; Unaufmerksamkeit; Tendenz zu Fehlern und Unfällen, reduzierte Leistungsfähigkeit; Verlust von Stresstoleranz

Das Spektrum an möglichen Symptomen für eine anfängliche und zunehmende Burnout-Erkrankung ist vielfältig. Dies macht die Erkennung einer Burnout-Erkrankung im Frühstadium so schwierig, weil die Symptome meist nur einzeln betrachtet und behandelt werden und in der Summe nicht als Anfang einer Burnout-Erkrankung erkannt werden. Hinzu kommt, dass Betroffene diese oft selbst verharmlosen oder nicht wahrhaben wollen. Im Anhang dieses Buches finden Sie unter „Briefe für Betroffene – Teil 3" eine ergänzte Auflistung möglicher Vor- und Anzeichen, die Ihnen einen ersten Eindruck über die Komplexität der möglichen physischen, psychischen und vegetativen Symptome liefert. Dies als Unterstützung, damit die Burnout-Erkrankung möglichst vor dem Zusammenbruch erkannt und behandelt werden kann. Fakt ist, dass ständiger Stress und Überlastung einen negativen Einfluss auf das gesamte menschliche System haben. Es kann jedoch trotzdem vorkommen, dass dieser Stresszustand über Jahre als scheinbarer Normalzustand ertragen wird und die Symptome und Veränderungen im Körper schleichend auftreten und gemäß Nelting teilweise oder gänzlich unerkannt bleiben [9]. Das vegetative Nervensystem reagiert jedoch oft sehr viel schneller, als das␣wir uns dessen bewusst sind. Dies wird von Buchenau und Nelting in ihrem Buch verständlich aufgezeigt.

Andauernder Stress führt gemäß Nelting [9] schliesslich zu einer Dysbalance der beiden Nervensysteme – dem Sympathikus (verantwortlich z. B. für die Aktivierung vieler physiologischer und Stoffwechselprozesse) und dem Parasympathikus (verantwortlich für Beruhigung und Erholung). Dies kann unter anderem zu hohem Blutdruck führen. Ist dieser auch im Ruhezustand hoch, kann dies ebenfalls auf die Dysbalance des vegetativen Nervensystems hinweisen.

Gemäß Nelting [9] kann die Messung der Herzratenvariabilität ebenfalls einen Hinweis für eine vegetative Dysbalance liefern. Der langanhaltende Stress, welcher eine zunehmende Burnout-Erkrankung begünstigen kann, hat wie bereits erwähnt negative Auswirkungen auf die Aktion des Sympathikus. Der Parasympathikus wird mehr und mehr außer Gefecht gesetzt. Das Erleben von Ruhe und Erholung wird immer weniger zugänglich.

Nelting [9] erklärt die Herzratenvariabilität so, dass sich im gesunden Zustand der Herzschlag der jeweiligen Belastung flexibel anpasst. Bei langanhaltendem Stress kann die Herzratenvariabilität im Ruhezustand geringer ausfallen, da der Parasympathikus weniger aktiv ist. Wenn sich die vegetative Balance über längere Zeit durch anhaltenden Stress und Überlastung verschlechtert, steigt gemäß Nelting [9] auch das Risiko eines Herzinfarkts.

Für das Phänomen, dass Burnout-Betroffene ihre Lage selbst oft unterschätzen oder falsch einordnen und trotz hoher körperlicher und seelischer Erschöpfung und einem aufkommenden Gefühl der Sinnlosigkeit selbst nicht erkennen, worauf sie eigentlich zusteuern, gibt es gemäß Nelting [9] neben einer hohen Leistungsbereitschaft und begünstigenden Persönlichkeitsmerkmalen (vgl. Phase VI - Der Leuchtturm – Einordnen der Unsicherheit) des/der Betroffenen zwei weitere Erklärungen:

1. Der anhaltende Stresszustand und Alarmmodus hat Einfluss auf unsere Kreativität. Neue Gedanken können nicht wirklich gedacht werden. Selbsttäuschungen kommen gemäß Nelting im fortschreitenden Burnout-Prozess häufiger vor [9].
2. Zudem ist durch die starke Belastung des vegetativen Nervensystems die Selbstwahrnehmung blockiert. Wir fühlen weniger, was unser Körper und unsere Seele wirklich brauchen und können dementsprechend immer weniger darauf Bezug nehmen und im Alltag darauf eingehen. Dies führt zu einer Wahrnehmungsentkoppelung, welche wiederum dazu führen kann, dass wir sogar vergessen zu trinken, wenn wir durstig sind, in der Summe nicht mehr zu ausreichend Schlaf und Erholung kommen oder uns scheinbar plötzlich Gefühle wie Traurigkeit, Unlust oder Desillusionierung überkommen, so Nelting [9]. Er beschreibt weiter, dass die immer mehr zunehmende Unfähigkeit, sich selbst, den eigenen Körper und die eigenen Bedürfnisse wahrzunehmen, als solche ein Schutzmechanismus des Organismus aus Urzeiten ist, damit wir im Überlebenskampf nicht von solchen Wahrnehmungen gestört werden. Dieser Selbstschutz entsteht nach Nelting [9] über die Ausschüttung von Stresshormonen und anderen Stoffen, die uns z. B. schmerzunempfindlicher machen.

Dementsprechend lohnt es sich, selbst frühzeitig zu reagieren sowie achtsam und ehrlich mit sich selbst zu sein, um eine mögliche Burnout-Erkrankung möglichst frühzeitig zu erkennen, adäquat zu behandeln und wenn möglich aufzuhalten, bevor die Selbstwahrnehmung zu stark durch die Stresshormone getrübt ist und die Negativspirale als „Selbstläufer" den Betroffenen unaufhaltsam in die Tiefe zieht. Unterstützung in Anspruch zu nehmen, kann allenfalls schon bei erhöhtem und länger andauerndem Stress, (leichten) depressiven Verstimmungen, mangelnder Gefühlswahrnehmung oder einem Gefühl des „Nicht-mehr-zur-Ruhe-kommen-Könnens", aber auch bei diffusen körperlichen Symptomen oder einem erhöhten Bedarf an sozialem Rückzug und Erholung Sinn machen.

Für eine erste Selbsteinschätzung gibt es online gute Möglichkeiten und hilfreiche Ressourcen. Vielfach findet man Selbsttests bei psychologischen Praxen, welche auf dem weiter oben bereits erwähnten „Maslach-Burnout-Inventar-General-Survey" (MBI-GSS) basieren [6], und so erste Hinweise bezüglich der Gefährdung liefern können. Allerdings besteht dann immer noch die Gefahr, dass der/die Betroffene das vorliegende Ergebnis selbst klein redet oder zu ignorieren versucht. Auch dies wäre ja anhand der oben genannten Mechanismen ein weiteres mögliches Vorzeichen. Achtsames und ehrliches Hinschauen ist daher wirklich die beste Prävention in Bezug auf einen ungewollten Zusammenbruch und die Gefahr, in eine langwierige Burnout-Erkrankung zu geraten, bei der es dann kein Wegschauen, geschweige denn eine selbstbestimmte Wahl oder ein Zurück, mehr gibt.

Nebst den Symptomen kann Burnout auch durch die Abfolge verschiedener Phasen beschrieben werden. Ein Burnout kann nach Freudenberger in zwölf unterschiedliche Phasen [10] eingeteilt werden:

1. Der Zwang sich zu beweisen
2. Verstärkter Einsatz
3. Subtile Vernachlässigung eigener Bedürfnisse
4. Verdrängung von Konflikten und Bedürfnissen
5. Umdeutung von Werten
6. Verstärkte Verleugnung der auftretenden Probleme
7. Rückzug
8. Beobachtbare Verhaltensänderungen

9. Depersonalisation/Verlust des Gefühls für die eigene Persönlichkeit
10. Innere Leere
11. Depression
12. Völlige Burnout-Erschöpfung

Dabei können sich die Phasen überlappen oder fließend ineinander übergehen. Auch ist es möglich, dass einzelne Stadien kürzer, sehr ausgedehnt oder wiederholt auftreten. Die Symptome und deren Intensität können je nach Stadium variieren und unterschiedlich viel emotionale oder körperliche Energie abverlangen oder Stress auslösen.

Die Ausprägungen sind gemäss Freudenberger abhängig von der individuellen Situation der Person, ihrer Persönlichkeit, ihren Neigungen, ihrer Vorgeschichte und ihrer Fähigkeit, mit Stress fertigzuwerden [10].

Viele Betroffene beschreiben rückblickend, dass es Ihnen schwerfiel, aktiv aus dem Hamsterrad auszubrechen. Obwohl die Umsetzung schwierig erscheint, macht es zu jedem Zeitpunkt Sinn, erste aktive Maßnahmen zur Stressreduktion und persönlichen Entlastung vorzunehmen, unabhängig davon, wie weit der Burnout-Prozess schon fortgeschritten ist.

Präventiv, aber auch im Prozess der Genesung von einer Burnout-Erkrankung, können achtsamkeitsbasierte Verfahren und/oder Ansätze zur Erhöhung der Stresskompetenz und des Selbstvertrauens helfen. Psychotherapie und psychosoziale Beratung schaffen neue Perspektiven und bieten fachlich qualifizierte Unterstützung. Im Rahmen von Beratung, Coaching und Persönlichkeitsentwicklung können neue Einsichten in Bezug auf innere Antreiber, einschränkende Glaubensmuster sowie Skriptüberzeugungen neue Wege zur Autonomie und Selbstwirksamkeit liefern. Ganz klassisch dienen auch regelmässige Bewegung und Sport an der frischen Luft nicht nur der allgemeinen

Stimmungsaufhellung, sondern ebenfalls dem physiologischen Stressabbau (Abbau von Stresshormonen). Zudem sind ausreichend soziale Begegnungen und vertrauensvolle Beziehungen ein wichtiger Baustein in der Prävention und Genesung einer Burnout-Erkrankung. Zusätzlich kann die Teilnahme an einer Selbsthilfegruppe eine hilfreiche Unterstützung darstellen. Dies sind nur einige nennenswerte Möglichkeiten, wie zu viel Stress und somit einer möglichen Burnout-Erkrankung aktiv und präventiv begegnet werden kann.

Im nächsten Abschnitt finden Sie zum Thema „Resilienz" noch weitere Ansatzpunkte, Ideen und hilfreiche neue Perspektiven.

Resilienz

Resilienz wird im Kontext einer Burnout-Erkrankung oft als Gegenspieler von Stress genannt. Daher ist es mir ein Anliegen, den Begriff ebenfalls gleich zu Beginn zu definieren. Eine spannende Definition liefern Welter-Enderlin und Hildebrand: „Unter Resilienz wird die Fähigkeit von Menschen verstanden, Krisen im Lebenszyklus unter Rückgriff auf persönliche und sozial vermittelte Ressourcen zu meistern und als Anlass für Entwicklung zu nutzen. Mit dem Konzept der Resilienz verwandt sind Konzepte wie Salutogenese, Coping oder Autopoiese. Alle diese Konzepte fügen der Orientierung an Defiziten eine alternative Sichtweise an" [11].

Resilienz bedeutet dementsprechend, trotz widrigen Umstände eine gewisse Überlebensfähigkeit an den Tag zu legen und notwendige und adäquate Coping-Mechanismen und -Strategien im Leben anzuwenden und sich falls nötig, neue aneignen zu können. Resilienz ist kein Faktor, der genau beziffert oder skaliert werden kann. Resilienz wird je nach Autor oder Autorin unter einem der beiden folgenden Gesichtspunkte betrachtet [11]:

1. als feststehende Fähigkeit oder Eigenschaft einer Person,
2. als flexible Variable in einem fortwährenden (Entwicklungs-)Prozess im Leben eines Menschen.

Aus meiner Erfahrung kann Resilienz, auch wenn sie durchaus die Eigenschaft einer Person ist, je nach Situation zugänglich oder eben nicht zugänglich sein und im Laufe des Lebens zu- oder abnehmen.

Die Fähigkeit zu Abgrenzung scheint mir aus eigener Erfahrung in Bezug auf Resilienz und deren persönlicher Weiterentwicklung eine wichtige Kompetenz zu sein. Mit Abgrenzung meine ich eine gesunde und bewusste Distanzierung von skriptgebundenen (Verhaltens-, Gefühls- und Denk-)Mustern, Geboten und Glaubenssätzen (vgl. Phase II – Die Flutwelle – Erkrankung), aber auch in der Begegnung im sozialen Umfeld, wenn es darum geht, Grenzen bei sich und anderen wahrzunehmen, zu setzen, zu wahren, offen mitzuteilen und je nach Situation wenn nötig auch mit Nachdruck einzufordern. Darin enthalten ist die Fähigkeit, die eigenen Bedürfnisse bewusst wahrzunehmen und im Außen mitzuteilen, sowie sich zu erlauben, anders zu denken, zu fühlen, zu handeln oder zu entscheiden – vielleicht anders, als es in der Gesellschaft üblich ist oder im Freundes- oder Familienkreis gelebt wird. Die eigenen Bedürfnisse leben, unabhängig davon, wie andere in derselben Situation handeln würden und unabhängig davon, welche Erwartungen implizit oder explizit an einen herangetragen werden oder von welchen Erwartungserwartungen man selbst ausgeht.

Erwartungserwartungen nach Luhmann [12] ist hierzu eine spannende Begrifflichkeit. Luhmann beschreibt die Erwartungen, welche sich eine Person, aus dem sozialen

Kontext heraus, selbst gedanklich festmacht und an denen sie sich, neben den eigenen Erwartungen, in Bezug auf ihr Denken, Handeln, Erleben und Fühlen, orientiert. Hilfreich ist im sozialen Miteinander und in der Zusammenarbeit, die jeweiligen Erwartungserwartungen im gemeinschaftlichen Austausch zu überprüfen. Das führt zu mehr Vertrauen und gegenseitigem Verständnis.

Gesunde Abgrenzung im privaten sozialen Umgang, aber auch in der beruflichen Zusammenarbeit, bedeutet in diesem Sinne, sich und andere und die jeweiligen physischen und psychischen Grenzen bewusst wahrzunehmen, zu akzeptieren und einzuhalten; Bedürfnisse, aber auch Erwartungen an- und auszusprechen oder falls nötig zu überprüfen; und in der jeweiligen Situation daraus abgeleitet, Kompromisse und Lösungen für ein gemeinsames und wertschätzendes Miteinander zu suchen, gemeinsam zu finden und im Bedarfsfall auszuhandeln, um den gegenseitigen Respekt und die gegenseitige Wertschätzung zu wahren.

Schulze und Sejkora haben in achtzehn Dimensionen [13] umfassend beschrieben, was einen resilienten Menschen in der heutigen Arbeitswelt ausmacht:

1. Intuition: das extrem rasche, vorwiegend unbewusste Erfassen von Situationen, verbunden mit dem Abgleichen entsprechender Vorerfahrungen und der entsprechenden Reaktion darauf
2. Problemidentifikation: das rasche bewusste und kognitive Ausfiltern von momentan Unwichtigem und das Setzen von lösungsorientierten Prioritäten
3. Verständnis: das präzise, intellektuelle und emotionale Erfassen von Hintergründen und Motiven
4. Abgrenzen: „Nein" sagen und autonome Entscheidungen bei gleichzeitiger Kompromissfähigkeit treffen können

5. Loslassen: Unveränderliches akzeptieren, Geschehenes bewusst verarbeiten und aus Fehlern lernen können
6. Kommunikation: die Fähigkeit, Brücken aus meiner Welt in die Welten anderer Menschen zu bauen, um verstehen zu können und verstanden zu werden
7. Konfliktfähigkeit: die Bereitschaft, innere, zwischenmenschliche und organisationale Widersprüche und Ambivalenzen auszuhalten und austragen zu können
8. Beziehungskompetenz: unterschiedlich nahe soziale Kontakte, Beziehungen und Bindungen herstellen, sich darauf einlassen und sie halten können
9. Emotionale Kompetenz: die kontinuierliche Bewusstheit über eine weite Skala an Gefühlen und die Bereitschaft, sie zur Problemidentifikation und Problemlösung zu nutzen
10. Stresskompetenz: hohen Druck und Anforderungen ausbalancieren, konstruktiv definieren und konstruktiv umsetzen können
11. Problemlösung: intellektuell und emotional den Überblick wahren und Prioritäten setzen können
12. Kreativität: neue Wege finden, Querdenken und eingefahrene Pfade verlassen können
13. Veränderungsbereitschaft: das Leben als permanenten Prozess von Abschied und Neubeginn sehen können
14. Humor: die Fähigkeit und die Bereitschaft zu ironischer, vor allem selbstironischer Brechung und zur inneren Distanzierung
15. Persönliche Ethik: verlässliche konstruktive innere Positionen im Umgang mit sich selbst und der Welt
16. Ziele und Visionen: lohnende und vorantreibende Bilder und Vorstellungen von der Zukunft haben
17. Ausdauer: das Durchhalten und Ertragen von Frustrationen und Niederlagen und die Konsequenz, Ziele zu erreichen
18. Flexibilität: das gesunde Anpassen an sich verändernde Bedingungen

Diese achtzehn Dimensionen liefern einen sinnvollen Zugang zur Erkennung persönlicher Resilienzfaktoren. Zudem hat jede Person in unterschiedlichen Lebensbereichen und Lebensphasen noch andere Zugänge und Möglichkeiten, die sich als kraftspendende Ressource erweisen.

Der individuellen Definition von Resilienzfaktoren sind also keine Grenzen gesetzt – gemeint ist alles, was der Person gut tut, ihr Freude bereitet, sie vom Alltag und/oder Gedankenkreisen wegholt und neue Energie generiert. Resilienzfaktoren wirken dementsprechend sehr individuell, situativ, kraftspendend und unterstützend in Bezug auf die mentale und körperliche Gesundheit.

Dabei geht es für das Individuum darum, ganz neue, individuelle Resilienzfaktoren für sich zu entdecken, aber vielleicht auch altbekannte, z. B. aus der Kindheit, wieder neu ins Leben im Hier und Jetzt zu integrieren und wiederzubeleben. In diesem Sinne meint der Begriff „Resilienzfaktoren" alle Dinge, Tätigkeiten, Bilder, Gegenstände, Personen, Erinnerungen, die der betreffenden Person insgesamt gut tun und Möglichkeiten bieten, neue Energie zu tanken, gedanklich abzuschalten, aber auch den eigenen Körper, Gefühle, Bedürfnisse und persönliche Grenzen bewusst wahrzunehmen. Dies können neben den achtzehn Dimensionen von Schulze und Sejkora zum Beispiel auch sportliche Aktivitäten, Hobbys, Bilder, Fotos, innere Mantras, ermutigende Glaubenssätze, Gedankenreisen, Meditationsübungen, spirituelle Rituale, Coaching/Beratung etc. sein.

Aus meiner persönlichen Erfahrung infolge meiner Burnout-Erkrankung, aber auch aus der Arbeit als Beraterin und Coach mit Burnout-Betroffenen, habe ich vier (Lebens-)Bereiche zur besseren Orientierung definiert, welche für eine gesunde Balance und in diesem Sinne für die Stärkung der Resilienz und für die (Selbst-)Reflexion besonders wichtig sind und eine ganzheitliche Betrachtung, Herangehensweise und Lebensgestaltung ermöglichen:

- **Arbeitsplatz** und Rahmenbedingungen (Werte, Sinn, Führungs- und Zusammenarbeitskultur etc.)
- **Privatleben** und soziale Eingebundenheit
- **Persönlichkeit** und individuelle Eigenschaften
- **Gesundheitsbewusstes Verhalten** und Integration ins Alltagsleben

Wenn möglich lassen sich in allen vier Bereichen persönliche Resilienzfaktoren finden und soweit in den Alltag einfügen, sodass eine körperliche und seelische Balance und Ausgeglichenheit bewusst und nachhaltig verstärkt werden kann.

In gewissen Lebensphasen kann es vorkommen, dass ein Bereich aus der Balance gerät oder aus bestimmten Gründen nicht die nötige Aufmerksamkeit erhält. Über längere Zeit andauernde Missstände können jedoch wertvolle (Lebens-)Energie kosten. Sie sollten daher möglichst frühzeitig aktiv, mutig und lösungsorientiert angegangen und verändert werden.

Wird dies zu lange hinausgeschoben oder vernachlässig, können mit der Zeit sogar mehrere Bereiche in eine Dysbalance geraten, was die Belastung zusätzlich verstärkt und eine Burnout-Erkrankung begünstigt. Auch ist zu beachten, dass sich Gegebenheiten und das Verhalten der betreffenden Person in einzelnen Bereichen unbemerkt und schleichend verändern können und so eine mögliche Burnout-Erkrankung nicht frühzeitig und ausreichend als solche erkannt und behandelt wird.

Im Sinne der Stärkung und Aufrechterhaltung der Resilienz macht es daher Sinn, die vier Bereiche für sich im Fokus zu behalten sowie nachhaltig und achtsam mit den vorhandenen (Energie-)Ressourcen umzugehen.

Arbeit als Schulleiterin

Die Arbeit als SchulleiterIn ist aus meiner Sicht anspruchsvoll, da unterschiedliche Interessengruppen zusammenkommen und die Palette an Erwartungen und unterschiedlichen Bedürfnissen dementsprechend vielfältig ausfällt. Der Alltag ist oft hoch getaktet, unerwartete Ereignisse und scheinbar nie enden wollende „To-dos" können zeitweise zu hohem Druck und Überlastung führen. Der Ruf des Jobs als SchulleiterIn ist in der Gesellschaft teilweise negativ behaftet. Die Kündigungs- und Burnout-Rate fällt geschätzt hoch aus und mancherorts wird die Arbeit als SchulleiterIn als „Verschleiß-Job" betitelt.

Ich für meinen Teil schätze die verschiedenen Aufgaben und Tätigkeiten in der Rolle als Schulleiterin, welche meinen Stärken, meinem breiten Know-how und meinen vorhandenen Ressourcen entsprechen. Zudem hatte ich von Beginn weg den Eindruck, einen sehr sinnvollen Beruf ausüben zu können. Es erfüllte mich immer mit Freude, mit Menschen zu arbeiten und zusammen mit einem Team wichtige, sowie qualitativ hochstehende und professionelle Arbeit zu leisten. Ich arbeitete in der Zeit meiner Burnout-Erkrankung im sonderpädagogischen Bereich. Ich führte als Führungsperson vier Separationsklassen in drei verschiedenen Regelschulhäusern dezentral und begleitete zudem in ca. zwölf Regelschulhäusern integrative Settings.

In der Integration werden SchülerInnen mit einer kognitiven Beeinträchtigung in Einzelsettings, integriert in einer Regelklasse mit ca. zwanzig RegelschülerInnen beschult und gefördert. In den meisten Fällen werden sie von einem/einer schulischen Heilpädagogen/in und einer pädagogischen Assistenz begleitet. In der Separation wurden SchülerInnen beschult und gefördert, die stärkere

Einschränkungen hatten und ein kleineres, enger geführtes Setting benötigten. Hier war es möglich, noch stärker auf die individuellen Bedürfnisse einzugehen. In einer Klasse waren meist sieben bis neun SchülerInnen, welche oft sehr eng und sogar 1:1 betreut und gefördert wurden. Ein Team bestand aus einem/einer schulischen Heilpädagogen/in in der Funktion als Klassenlehrperson sowie Sozialpädagogen, Fachfrauen oder Fachmänner Betreuung und pädagogische Assistenten. Hier hatte ich drei Klassen unter mir: eine Unter-, eine Mittel- und eine Oberstufenklasse. Insgesamt waren mir damals bis zu vierzig MitarbeiterInnen direkt unterstellt. Daneben hatte ich mit weiteren, unterschiedlichsten Interessengruppen zu tun. Da waren zum einen Eltern und SchülerInnen, sowie Lehrpersonen aus der Regelschule und die Regelschulleitungen. Zum anderen kamen noch unterschiedliche Fachstellen und Stakeholder dazu. Ich arbeitete eng mit der Schulbehörde zusammen, mit SchulpsychologInnen, mit heilpädagogischen FrüherzieherInnen, mit Ärzten, HeimleiterInnen, mit Kita-Leitungen, etc.. Alle hatten je nach Situation eigene Bedürfnisse und Anliegen, welche bei mir, als Schulleiterin zusammenkamen.

Über das Jahr hinweg beschäftigte ich mich neben dem situativen Tagesgeschäft (den unterschiedlichen Bedürfnissen und Erwartungen der Stakeholder und Interessengruppen gerecht zu werden) mit vielen zusätzlich anfallenden administrativen Aufgaben. So zum Beispiel mit der Einsatz- und Stundenplanung, mit der Qualitätssicherung und -kontrolle, mit dem Beurteilen und Festlegen von personellen Ressourcen, der Planung von Arbeitseinsätzen und Pensen der MitarbeiterInnen, dem Organisieren von Stellvertretungen, der Kontrolle von Absenzen, der Auswahl und Anstellung von neuem Personal, dem Führen von Krisen- und Konfliktgesprächen, dem Bewilligen von Feriengesuchen, dem Durchführen von Unterrichtsbesuchen, der Beratung und Begleitung bei fachlichen Fragestellungen, der Durchführung von Weiterbildungen und anderen Veranstaltungen, dem Durchführen von Mitarbeiterbeurteilungen und Zielvereinbarungsgesprächen, der Budgetkontrolle, dem Leiten von (Team- und Qualitäts-) Entwicklungsprozessen, der Durchführung von Planungs- und Q-Tagen zur Qualitätsentwicklung und internen Weiterbildung, usw.

Die Palette an Aufgaben und Verantwortungen war wirklich vielfältig. Viele Aufgaben waren planbar, jedoch kamen im Schulalltag oft dringende Dinge und Ereignisse dazwischen, sodass man die Arbeitsplanung immer wieder kurzfristig umstellen und neu priorisieren musste. Auch dies gehörte zum Arbeitsalltag einer Schulleiterin/eines Schulleiters.

In all dem befanden wir uns als Organisation zusätzlich seit Jahren in einem Change-Prozess, der unter anderem von strukturellen Entscheidungen und einem geplanten Führungswechsel aufgrund von Pensionierung abhing. Und so war es für mich zu der Zeit völlig normal geworden, immer wieder mit neuen Gegebenheiten konfrontiert zu sein und neue Lösungen finden zu müssen. Mir kam es irgendwie nicht in den Sinn, tatsächlich an der Machbarkeit dieser Aufgaben zu zweifeln. Ich liebte Herausforderungen und war umgeben von Menschen, die selbst gerne viel leisteten und tagtäglich hohen Einsatz zeigten. Ein stressiger, aber auch spannender Berufsalltag war somit vorprogrammiert und es war immer wieder eine Herausforderung, in all dem die Balance nicht zu verlieren. Mein Motto war: Einfach immer in Bewegung bleiben, dann kommt es gut!

Neben den vielen Herausforderungen und der hohen Belastung im Schulalltag waren meine sonstigen Anstellungsbedingungen dagegen sehr gut.

Zu Beginn meiner Burnout-Erkrankung arbeitete ich mit einem Pensum von fast hundert Stellenprozent. Im Laufe der weiterführenden Umsetzung des Change-Prozesses und aufgrund von politischen Veränderungen wurden die personellen Ressourcen merklich aufgestockt, was zu einer starken Entlastung führte.

Sowohl das Gesamtsystem wie auch die Organisation selbst hatten sich dementsprechend als lern- und veränderungsfähig erwiesen, was mich persönlich sehr freute und zuversichtlich stimmte. Dies liess hoffen, dass solche strukturellen Veränderungen hin zu einer ausgeglicheneren und leistbareren Arbeitsbelastung auch in anderen Organisationen und (Gesellschaft und Arbeits-)Systemen möglich wären.

Transaktionsanalyse

Die Auseinandersetzung mit den Ansätzen der Transaktionsanalyse haben mir bei der Erfassung und Bewältigung von Stressmustern sehr geholfen. Aus diesem Grund führe ich kurz in wichtige Konzepte ein, auf die ich später im Buch zurückkommen werde. Transaktionsanalyse (TA) nach Eric Berne ist ein Erklärungsmodell zur menschlichen Persönlichkeit und Interaktion. Sie bietet grundlegende Konzepte aus der Psychologie, welche tiefgreifend und nachhaltig wirken und das Verständnis für sich und andere erweitern. Die Theorie der Transaktionsanalyse ist in vier Säulen unterteilt:

- **Strukturanalyse (auch Ich-Zustands-Analyse genannt)**
  hilft zu erklären und zu verstehen, was sich in unserem Inneren (intra-psychisch im menschlichen Erleben) abspielt. Berne unterschied drei Ich-Zustände:

– Eltern-Ich-Zustand: gespeicherte Erinnerungen, Erlebnisse und Prägungen im Denken, Fühlen und Verhalten, die wir von den Eltern oder elterlichen Bezugspersonen ungefiltert übernommen haben,
– Kind-Ich-Zustand: mit den gesamten in der Kindheit gemachten Erfahrungen und dem dazugehörigen Denken, Fühlen und Verhalten,
– Erwachsenen-Ich-Zustand: Zustand des realitätsbezogenen Denkens, Fühlens und Verhaltens.

- **Analyse von Transaktionen**
fokussiert auf den zwischenmenschlichen Kontakt und darauf, wie wir Menschen miteinander sinnvoll, verständlich und zielgerichtet kommunizieren können.
- **Spielanalyse**
betrachtet die zwischenmenschliche Kommunikation unter dem Aspekt von negativen, wiederkehrenden Mustern, die unsere Autonomie und Wirkkraft einschränken können.
- **Skriptanalyse**
nutzt den Bezug zu unserer Kindheit und betrachtet, welche Gedanken, Gefühle, Handlungen und welches Erleben sich noch heute auf unsere Vergangenheit beziehen. In diesem Sinne gelingt es mit der Skriptanalyse, Licht in den unbewussten Lebensplan zu bringen.

Jede der vier Säulen enthält unterschiedliche Konzepte, welche einzeln betrachtet werden können, jedoch übergeordnet miteinander verbunden sind. Unser Leben kann durch Perspektiven der transaktionsanalytischen Konzepte betrachtet werden, was zu mehr Bewusstheit und Verständnis führt. Menschliches Denken, Handeln, Fühlen und Erleben wird dadurch fassbarer, verständlicher und nachvollziehbarer und kann so für die persönliche Weiterentwicklung und Reflexion sinnstiftend genutzt werden und die Resilienz nachhaltig stärken.

Die Aus- und Weiterbildung in Transaktionsanalyse befähigt Menschen in den Bereichen Persönlichkeit, Kommunikation und Beziehungen. Die Konzepte der Transaktionsanalyse können in unterschiedlichen Kontexten aus Beruf- und Privatleben sinnvoll und gewinnbringend eingesetzt werden. Es gibt vier Anwendungsfelder, in die man sich im späteren Verlauf der Ausbildung vertiefen kann. Diese sind Organisationen, Psychotherapie, Beratung und Bildung.

In Rahmen dieses Buches wird auf unterschiedliche Konzepte der Transaktionsanalyse eingegangen. Diese sind aufgrund der Leserfreundlichkeit und Länge oft bewusst nicht ausführlicher beschrieben. Für die persönliche Vertiefung werden im Literaturverzeichnis ganz am Ende dieses Buches zusätzliche Quellen und Empfehlungen zum Selbststudium angegeben.

Literatur

1. Hochstrasser, B. (Februar 2023). Burnout und Erschöpfungsdepression. *Zeitschrift für Psychiatrie und Neurologie, 3–4,* 2–7.
2. Bundesinstitut für Arzneimittel und Medizinprodukte. Internationale Klassifikation psychischer Störungen. ICD-11 (deutsche Entwurfsfassung) 2022. https://www.bfarm.de/DE/Kodiersysteme/Klassifikationen/ICD/ICD-11/uebersetzung/_node.html;jsessionid=8F3D339C9CAC512936E554400BF05785.internet271. Zugegriffen: 17. Febr. 2023.
3. Freudenberger, H. J. (1947). Staff Burn-out. *Journal of Social Issues 30,* 159–165.
4. Maslach, C. et al. (1981). The measurement of experienced burnout. *Journal of Occupational Behaviour, 2,* 99–113.
5. Maslach, C. et al. (1997). Maslach burnout inventory. In C. P. Zalaquett & R. J. Wood (Hrsg.), *Evaluating stress: A book of resources* (3. Aufl., S. 191–218). Scarecrow Education.

6. Schaufeli, W. et al. (1996). The maslach burnout inventory – General survey. In C. Maslach et al. (Hrsg.), *MBI manual* (3. Aufl.). Consulting Psychologist Press, Palo Alto.
7. Hochstrasser, B. (Februar 2023). Burnout und Erschöpfungsdepression. *Zeitschrift für Psychiatrie und Neurologie, 3–4,* 2–7.
8. Buchenau, P. & Nelting, M. (2015). *Burnout – von Betroffenen lernen!* (S. 302–309). Springer Gabler.
9. Freudenberger, H. & North, G. (1992). *Burn-out bei Frauen* (Bd. 2. Aufl., S. 38–39). Wolfgang Krüger Verlag.
10. Welter-Enderlin, R. & Hildenbrand, B. (2006). *Resilienz – Gedeihen trotz widriger Umstände* (Bd. 13, S. 22–23). Karl-Auer Verlag.
11. Luhmann, N. (2013). *Soziale Systeme* (Bd. 53, S. 103–104). Akademie.
12. Schulze, H. & Sejkora, K. (2015). *Positive Führung – Resilienz statt Burnout* (S. 102–103). Haufe-Lexware.
13. Weltgesundheitsorganisation, Internationale Klassifikation psychischerStörungen, Kapitel V (F), Klinisch-diagnostische Leitlinien, ed. Dilling, H. et al. (1993), Bern: Hans Huber Verlag.

Phase I – Das Unausweichliche naht – Vorahnung

Zusammenfassung Zusammen mit der Autorin taucht der Leser/die Leserin ein in das Erleben kurz vor dem Stillstand der Burnout-Erkrankung, an der Stelle, wo scheinbar nichts mehr geht und das Unausweichliche naht. Das Ausmass der Erkrankung wird erst mit der Zeit ersichtlich. Es zeigen sich einzelne Symptome und Herausforderungen. Der Leser/die Leserin erlebt dabei hautnah mit, wie es sich anfühlt, in eine Burnout-Erkrankung zu geraten und bekommt einen ersten Eindruck bezüglich der unterschiedlichen Befürchtungen, Ängste und Herausforderungen, die sich in dieser Phase zeigen können. In jedem Kapitel werden immer wieder unterschiedliche Theoriekonzepte zur Verfügung gestellt. In diesem Kapitel geht es zuerst übergeordnet um das Thema Resilienz und um eine persönliche Einordnung in die Thematik rund um Burnout und Resilienz.

Das Unausweichliche

Ich renne. Versuche davonzulaufen. Aber es gelingt mir nicht. Ich habe Angst. Es ist wie in einem bösen Traum. Unaufhaltsam kommt das Böse auf mich zu. Ich spüre es und kann doch nicht genau lokalisieren, aus welcher Richtung es kommt. Ich lausche in mich hinein. Versuche meinen Atem zu beruhigen. Mein Körper ist gestresst. Bereit, sich im Notfall zu verteidigen. Den Angriff so gut wie möglich abzuwehren. Ich renne. Versuche verzweifelt, mich in Sicherheit zu bringen. Aber ich komme nicht vom Fleck. Habe die Orientierung verloren. Es ist dunkel und feucht. Ich friere. Ich bin allein. Um Hilfe rufen bringt nichts. Niemand kann mich hören. Es gibt keinen Ausweg mehr. Ich muss mich der Angst stellen. Dem Unaufhaltsamen in die Augen blicken. Meine letzten Kräfte mobilisieren. Hoffen, dass es gut ausgehen wird. Ich bin bereit, mich fallen zu lassen. Noch möchte mein Körper kämpfen. Aufgeben ist das Letzte, was ich tun werde. Erst, wenn es keinen anderen Ausweg mehr gibt. Erst, wenn ich mit dem Rücken zur Wand stehe und mich nicht mehr bewegen kann. Erst dann lasse ich los und ergebe mich meinem Schicksal. Bis dahin kämpfe ich. Wenn ich aufhöre zu kämpfen, ist sowieso alles vorbei. Mein Herz pocht. Ich lausche gespannt der Stille. Nur mein schneller Atem bietet mir Orientierung und schafft Klarheit, dass ich noch lebe. Meine Augen versuchen krampfhaft, in der Dunkelheit etwas zu erkennen. Ein Schatten huscht vorbei, durchbricht die dunkle Nacht. Dann ist es wieder ruhig. Ich bin allein. Ich sehne mich nach der Kühle und Klarheit des Morgengrauens. Wie lange ist das schon her.

Meine Geschichte – Wie alles begann

Ich erinnere mich, dass ich als Schulleiterin an meiner neuen Stelle mit viel Freude und Motivation an den Start ging. Ich wollte es richtig machen, mich schnell einarbeiten und gute Leistung erbringen. Als Führungskraft im Schulwesen konnte ich aus meiner Sicht all meine Fähigkeiten und Stärken für andere Menschen einsetzen und viel Neues dazu lernen. Das entsprach genau dem, was ich mir für meine neue Arbeitsstelle wünschte. Schon als Lehrerin und schulische Heilpädagogin war ich mit viel Leidenschaft unterwegs. Die Arbeit für und mit Menschen beflügelte mich. In den letzten Jahren merkte ich aber, wie mich die Zusammenarbeit in verschiedenen Klassenteams zusätzlich forderte und wie es mich innerlich aufwühlte, wenn stark unterschiedliche Werte und Vorstellungen bezüglich Schul- und Sonderpädagogik aufeinanderprallten. Ich hatte aber immer den Eindruck, dass das eben Teil meiner Arbeit als Sonderpädagogin war und daher einfach mit dazugehört. Als Ausgleich machte ich in meiner Freizeit viel Sport. Zudem genoss ich es, an unterschiedlichen Weiterbildungen teilzunehmen und mich in den Bereich der Beratung und Entwicklung, insbesondere der Transaktionsanalyse, zu vertiefen. Dieses Eintauchen in eine schulfremde Welt war für mich ein wichtiger Resilienzfaktor, der mich gleichzeitig immer wieder motivierte, mich im schulischen Kontext mit hohem Einsatz und neuen Perspektiven und Fachwissen einzubringen und zu engagieren.

Die Arbeit als Schulleiterin bot mir eine neue Herausforderung. Wenn ich etwas machte, dann wollte ich es unbedingt richtig machen. Als Schulleiterin merkte ich jedoch schnell, dass egal wie viel Einsatz ich zeigte, die Arbeit nie wirklich weniger wurde. Ich hatte sogar den Eindruck, dass obwohl ich mich mit den Jahren gut eingearbeitet hatte, die Pendenzen- und To-do-Listen nie kürzer wurden und auch die temporären Belastungen übers Jahr immer mehr zunahmen und ungeplant stark variierten. Ich fühlte mich mehr und mehr von außen gesteuert.

Insgeheim war ich mir schon bewusst, dass ich meinem Körper über längere Zeit viel abverlangte. Aber ich kannte es nur so und war der Meinung, dass das normal sei. Wer war denn in der heutigen Zeit nicht ständig gestresst und überarbeitet? In all dem Trubel hatte ich schlichtweg keine Zeit, mir darüber Gedanken zu machen oder mir eine Alternative zu überlegen. Ich nahm mir auch nie die Zeit, vertieft darüber nachzudenken. Ich hatte schon von Kolleginnen gehört, dass die Haltbarkeitsdauer eines Schulleiters nur ein paar Jahre betrug, jedoch war ich der festen Überzeugung, dass ich das schon hinkriegen würde. Mir würde ein Scheitern definitiv nicht passieren.

Einige Jahre später war es dann so weit: Ich sass mit einem Burnout und unglaublich wenig Energie da und war am Boden zerstört. Es war, als ob mir jemand den Stecker herausgezogen hätte, wobei mir bis dahin gar nicht richtig bewusst war, dass ich einen Stecker hatte. Ich blickte bereits zurück auf einige erste anstrengende Monate des Heilungsprozesses. Oder zumindest vermutete ich, dass es längerfristig in diese Richtung gehen würde.

Ich hatte mich zum Glück noch in die Sportferien retten können. Es war bereits ein extrem anstrengendes Schuljahr gewesen. Zum einen hatte ich vor etwas mehr als einem Jahr eine neue Chefin bekommen. Dies war aus meiner Sicht nicht weiter nennenswert. Es zeigte sich bei mir jedoch bereits eine zunehmende Müdigkeit in Bezug auf den seit über drei Jahren intern ablaufenden Change-Management-Prozess. Ich konnte meinen Unmut sogar verstehen, war ich doch selbst ausgebildete Organisationsberaterin. Ermüdungserscheinungen in einem solchen Prozess waren ganz normal und daher ein klassisches Symptom unter den gegebenen Umständen. Hinzu kamen neu die zusätzlichen Aufgaben aufgrund der Covid-19-Situation. Wir hatten gefühlt Unmengen an Papierkram zu erledigen, die Stimmung war insgesamt angespannt und es gab viele Unsicherheiten. Auch das schien mir unter den gegebenen Umständen nachvollziehbar. Wenn ich etwas logisch einordnen konnte, tendierte ich oft dazu, die aufkommenden Emotionen ebenfalls einfach „einzuordnen". Alles, was ich logisch einordnen konnte, versetzte mich in einen „Das kannst du nicht ändern, also akzeptiere es!"-Zustand. Ich nahm meine Rolle als Führungskraft sehr ernst und war mir meiner Verantwortung in dieser Krisenzeit sehr bewusst. Meine Aufgabe sah ich darin, meinen MitarbeiterInnen Sicherheit zu vermitteln und gut auf deren Gesundheit zu schauen. Das gab mir selbst Orientierung, Halt und Stabilität. Ich wollte Haltung bewahren. Ich hatte weiterhin im hektischen Schulalltag oft schlichtweg keine Zeit, mir groß darüber Gedanken zu machen. Es gab einfach immer mehr als genug zu tun. Anspruchsvolle und fordernde Situationen gehörten zu meinem Tagesgeschäft. Jedoch bemerkte ich, dass ich immer gestresster auf aufkommende Probleme und Erwartungen von aussen reagierte. Ich wurde dünnhäutiger. Es gelang mir meist, im sozialen Kontakt den Schein zu wahren, aber innerlich war ich übermäßig und anhaltend gestresst. Zunehmend war ich genervt über alle und jeden. Ich hatte einfach keine Energie und keine Motivation mehr, mich mit anderen und deren Erleben auseinanderzusetzen. Ich hatte selbst so viel mit meinem Workload und mit meinen Führungsaufgaben zu tun. Da half auch der gelegentliche Austausch mit Teamkollegen wenig, um wieder etwas Abstand zu gewinnen. Zudem bemerkte ich, dass mich das „Abladen" und der gemeinsame Austausch, der oft Gefühle der Frustration, Müdigkeit und des Ärgers bei allen zum Vorschein brachte, mehr belastete, als dass er mir half. Ich realisierte, dass diese Gespräche mich kaum umsetzbaren Lösungen näher brachten, sondern oft zu mehr Müdigkeit, Ärger und Frustration führten. Also ließ ich den kollegialen Austausch irgendwann ganz weg. Schließlich konnte ich die Zeit für meine Arbeit sinnvoller nutzen. Ärger und Frustration im Kontakt mit anderen kamen so nur noch einmal pro Woche regelmäßig vor, nämlich dann, wenn wir unsere wöchentliche Leitungssitzung hatten. Dazwischen hielten mich die vielen Mails und To-dos auf Trab. Auch hier konnte ich mich immer schlechter abgrenzen. Ich geriet schnell in Rage, da ich täglich mit Dingen konfrontiert war, die nicht funktionierten und die ich als Schulleiterin „in Ordnung" bringen musste. Mir gingen die Themen rund um Schulentwicklung und Change-Management so was von auf die Nerven. Regelmäßig musste ich nach den zwei Stunden Sitzung auf einen bewegungsintensiven Spaziergang, um mich bewusst abzuregen und wieder arbeitsfähig zu werden. Realistisch gesehen war ich gefühlt nach den Sitzungen jedoch den ganzen restlichen Tag zu nichts Sinnvollem mehr zu gebrauchen - so gefangen war ich in meiner eigenen Gedankenwelt voll (selbst-)kritischer und negativer Gedanken und Gefühlen. Ein richtiger Teufelskreis!

Zu Hause war es aufgrund des Lockdowns ja auch nicht gerade einfacher. Ich war zu dieser Zeit Single, und staunte gleichzeitig darüber, wie gut ich mit der sozialen Isolation umgehen konnte. Ich fand es eigentlich gar nicht so schlimm, denn ich brauchte für mich sehr viel Freiraum, in dem ich mich vom Arbeitsstress erholen konnte. Ich hatte gar keine Energie mehr, um mich auch noch auf Freunde oder Familienmitglieder einzulassen. Ich war froh, wenn ich in Ruhe gelassen wurde. Da die Situation rund um Covid einen zusätzlichen Wirbel erzeugte, schaute ich in meiner Freizeit oft Serien. Ich zweifelte nicht primär daran, dass alles wieder gut werden würde. Dieses Vertrauen in die Welt hatte ich von meinem christlich geprägten Großeltern mit auf dem Weg bekommen. Das war in dieser unsicheren Zeit sehr hilfreich und ermutigend. Ich war per se ein sehr zuversichtlicher Mensch. Daher hatte ich nie den Eindruck, dass mir die ganze Situation rund um Covid wirklich etwas anhaben konnte. Aber eben, die Serien gaben mir einen guten Vorwand, um mich auszuruhen und abzulenken. Oftmals waren die Wochenenden nicht viel mehr als das! Es waren schwierige Zeiten und ich hatte scheinbar meinen Weg gefunden, damit sinnvoll umzugehen.

Jedoch bemerkte ich mit der Zeit einige Veränderungen. Heute würde ich sagen, dass diese wie als Schleier in meinem Unterbewusstsein vorhanden waren. Ich fühlte mich zunehmend gestresst und demotiviert. Früher ging ich immer gerne zur Arbeit. Jetzt musste ich mich am Sonntagabend richtig überwinden und konnte oftmals schlecht einschlafen, weil ich gedanklich wieder bei der Arbeit war. Irgendwann war das nicht nur am Sonntagabend so, sondern auch an den Wochentagen. Hinzu kam, dass mir unbemerkt immer mehr Fehler bei der Arbeit passierten. Ich wurde unachtsam, vergaß Termine und arbeitete aus meiner Sicht ungenau. Ich bin mir nicht sicher, ob ich dabei nur sehr viel stärker von meinen hohen Ansprüchen angetrieben wurde oder ob ich tatsächlich schlechtere Leistungen erbrachte. Ich denke, es war wahrscheinlich beides.

An einem Morgen stand ich zum Beispiel bereits um sechs Uhr früh vor einer geschlossenen Schulzimmertür in einem Regelschulhaus. Ich wunderte mich, warum die Klassenlehrpersonen noch nicht für das bevorstehende Gespräch vor Ort waren. In einem anderen Klassenzimmer sah ich bereits Licht. Als ich den Lehrer fragend darauf ansprach, dämmerte es mir plötzlich, dass ich wohl die Zeit falsch eingeschätzt hatte. Wie peinlich! Ich ging noch völlig verwirrt ins Lehrerzimmer und setzte mich für eine erneute Kaffeepause alleine hin. Was war passiert? Ich war vor dem Wecker aufgewacht und dachte gleichzeitig, ich hätte verschlafen. Ich war daraufhin völlig gehetzt ins Schulhaus gespurtet, weil ich angenommen hatte, dass ich zu spät zum Gespräch kommen würde. Ach herrje! Was für eine Verwirrung! Ich hatte wirklich zu viel um die Ohren! Na ja, ich wollte das Beste daraus machen, mich jetzt nicht auch noch über meine eigene Unfähigkeit aufregen. Ich hatte gestern keine Zeit mehr gehabt, meine Mails zu beantworten. Eigentlich war das ja gerade ideal! Sofort begann ich auf meinem Handy die neusten Mails zu lesen und zu bearbeiten. Ich hatte mir bereits angewöhnt, diese möglichst in jeder freien Minute abzuarbeiten, denn die tägliche Mailflut war oft überwältigend, auch wenn ich bereits gelernt hatte, diese hinsichtlich Priorität und Dringlichkeit zu sortieren.

Das Einschlafen gelang mir immer schlechter. Ich hatte gefühlt noch nie einen wirklich tiefen Schlaf, sodass ich das auf ganz unterschiedliche Ursachen zurückführte. Mit den Covid-Maßnahmen und dem Homeoffice konnte ich meinen Tagesrhythmus zusätzlich optimieren. Ich bemerkte, dass mir das Arbeiten am Morgen besonders gut gelang und ich sehr speditiv und mit klarem Kopf arbeiten konnte. Hinzu kam, dass meine innere Uhr mich immer früher, noch vor dem Wecker, aus den Federn holte. Ich konnte regelmäßig ab fünf Uhr morgens, manchmal sogar schon um vier Uhr dreissig, einfach nicht mehr einschlafen. Warum sollte ich also nicht die Zeit nutzen und bereits meine Mailflut vom Vorabend in Angriff nehmen? Dies gab mir die Möglichkeit, ohne schlechtes Gewissen gegen elf Uhr zum Sport zu gehen und mich nach dem Essen noch kurz für ein „Powernap" hinzulegen. Ich war, wegen meiner Schlafprobleme um diese Tageszeit eh kaum mehr leistungsfähig. Mit der Zeit machte ich aus der Not eine Tugend. Covid hatte das Sozialleben für den Moment sowieso lahm gelegt. Warum also sollte ich abends überhaupt lange aufbleiben? Ich war ab achtzehn Uhr meist so müde und k.o., dass ich hätte umfallen können. Um besser einschlafen zu können, schaltete ich frühzeitig mein Handy aus, schaute noch etwas Serien und versuchte dadurch, die Themen und Probleme aus dem Arbeitsalltag möglichst zu verdrängen. Um zwanzig Uhr war ich dann so erschlagen, dass ich todmüde ins Bett fiel und in einen unruhigen Schlaf tauchte. Spätestens um vierundzwanzig Uhr wurde ich das erste Mal wach. Mein Unterbewusstsein war völlig in Alarmbereitschaft. Oft wachte ich mehrmals in der Nacht schockartig auf und war verwirrt. Ich wusste nicht, was geschehen war. Meist wurde ich vier- bis fünfmal pro Nacht wach und konnte jedes Mal nur schlecht wieder einschlafen. Aber ich hätte das damals tatsächlich nicht als starke Schlafstörung eingeordnet. Ich hatte mich irgendwie schleichend daran gewöhnt.

Am Tag fühlte ich mich zunehmend erschöpft und ausgelaugt. Die Motivation fürs Arbeiten, für persönliche Gespräche mit meinen MitarbeiterInnen oder Fachkollegen kam mir völlig abhanden. Ich zog mich unmerklich immer mehr zurück, sagte, ich hätte so viele Termine und sei deswegen nicht im Büro und könne deshalb nicht persönlich für ein Gespräch vor Ort sein. Telefonanrufe nahm ich nur mehr widerwillig entgegen und manche Anrufe ignorierte ich sogar, wenn ich mich besonders kraftlos fühlte. Ich hatte einfach keine Nerven mehr, mich den vielen Anforderungen, Fragen und Themen zu stellen. Aber auch hier war alles wie in Watte gepackt. Ich betrachtete mein Verhalten und mein Erleben irgendwie wie in Trance und war unfähig, die Situation realistisch einzuschätzen, geschweige denn eine Veränderung herbeizuführen.

Wie jedes Jahr spitzte sich die Situation kurz vor den Ferien zu. Der Stress war lähmend, da jeder und jede noch etwas von einem wollte und alle Themen subjektiv betrachtet extrem wichtig waren. Ich versuchte mich wegen meiner schwindenden Energien ganz gezielt immer mehr auf das Kerngeschäft „Schüler, Eltern und Team" zu konzentrieren. Diesen Wunsch äußerte ich auch im Mitarbeitergespräch mit meiner neuen Chefin. Sie reagierte völlig gelassen und meinte, ich könne meine zusätzlichen Ämter wie die Arbeit im Verband ohne Weiteres aufgeben, wenn ich denn selbst jemanden finden würde, der meine Nachfolge übernehmen würde. Dies gelang mir zum Glück recht schnell. Innerhalb weniger Wochen hatte ich alles soweit organisiert, dass zumindest diese zusätzlichen Aufgaben mir nicht noch mehr Zeit und Energie stehlen würden. Allerdings fühlte ich mich auch etwas wenig wertgeschätzt, da ich all diese Ämter und Zusatzaufgaben seit Jahren mit Herzblut und hohem Engagement ausführte. Jetzt zu hören, dass diese nicht unbedingt weitergeführt und ohne Weiteres an jemand anderen abgegeben werden konnten, verletzte mich. Hinzu kam, dass ich zunehmend den Eindruck hatte, dass meine Chefin im Hintergrund meine Arbeit kontrollierte oder meine Äußerungen während der Sitzung besonders auf die Goldwaage legte oder kritisch reagierte. Ich weiß nicht, ob dies der Wahrheit entsprach oder ob ich einfach selbst zunehmend selbstkritisch und getrübt war in meiner Eigenwahrnehmung. Der Kontakt mit meiner Chefin verunsicherte mich zunehmend und ich begann immer mehr, an meinen Leistungen zu zweifeln. Es fehlte mir an Wertschätzung und Vertrauen. Im Gegenzug wurde mir das Wohl meines Teams immer wichtiger. Ich reagierte merklich gereizt, wenn ich deren Anliegen bei meiner Chefin oder im Kollegium nicht durchsetzen konnte. Dies beschäftigte mich gedanklich und emotional über Tage hinweg und hielt mich bei Tag und Nacht in Alarmbereitschaft. Zu dieser Zeit fielen mir diese persönlichen Wesensveränderungen schon nicht mehr auf. Der Hormoncocktail in meinem Blut trübte bereits meine Wahrnehmung und verunmöglichte einen realistischen Blick auf die Situation.

Kurz vor den nächsten Ferien kam die Mitteilung, dass ein Fachkollege wegen Erschöpfung für längere Zeit zu Hause bleiben würde. Das tat mir unendlich leid! Ich war persönlich sehr betroffen, denn ich wusste genau, wie es sich anfühlen musste, so erschöpft zu sein. Andererseits stimmte mich die Nachricht auch traurig und wütend, da ich selbst nicht die Größe hatte, mir selbst die dringend nötige Pause zu gönnen. Ich bewunderte meinen Kollegen für den Mut, scheinbar mit Leichtigkeit für einige Wochen auszusteigen und zu Hause zu bleiben. Die Hürde, sich vom Arzt krankschreiben zu lassen, war für mich enorm groß. Ich wollte nicht aufgeben! Ich wollte und musste es irgendwie anders schaffen! Ich wollte nicht, dass irgendjemand von meiner Schwäche und meinen Selbstzweifeln Wind bekam.

Endlich Ferien! Ich hatte es geschafft. Leider merkte ich ziemlich bald, dass es mir trotz Ferienzeit nicht gelang, vom Stress wirklich runterzukommen. Die erste Woche lief ich zu Hause wie ein Tiger im Käfig förmlich hin und her. Verreisen war zu Covid-Zeiten ja für niemanden möglich. Jedoch war auch der Gang ins Fitnesscenter, ein Besuch in der Sauna oder Kaffee trinken um die Ecke nicht mehr möglich. Dies waren bisher meine Inseln im Alltag gewesen. Nun waren diese für unbestimmte Zeit gestrichen. Hinzu kam, dass ich seit Wochen wieder starke

Rückenschmerzen verspürte. Es war kaum auszuhalten! Erstaunlicherweise wurden die Schmerzen besonders ausgeprägt, wenn ich in mein Büro ging, um zu arbeiten. Daher kam mir die Homeoffice-Empfehlung und -Pflicht gerade recht. Auch die soziale Isolation kam mir eigentlich wie gerufen. Schon in den vergangenen eineinhalb Jahren hatte ich auch an den Wochenenden immer weniger Lust darauf, Freunde zu treffen. Wenn, dann reichte meine Energie meist nur fürs Kaffeetrinken an einem Samstag oder Sonntag. Die restliche Zeit verkroch ich mich in meinen vier Wänden, um mir Ruhe zu gönnen, ausreichend zu schlafen und mich von all den Erwartungen und dem Stress der Arbeitswoche zu erholen.

Mein Glück war, dass ich zu dieser Zeit bereits in therapeutischer Behandlung war. Ich hatte vor einigen Monaten bereits den Eindruck, dass ich psychologische Unterstützung gebrauchen könnte. Mit meinem Hintergrund als psychologische Beraterin war es für mich keine große Hürde, die professionelle Hilfe in Form von Psychotherapie in Anspruch zu nehmen. Von einer Burnout-Erkrankung war jedoch nie die Rede. Mehrmals bot meine Therapeutin zwar in unseren Gesprächen an, dass sie mich zur Entlastung krankschreiben würde. Ich wollte das zu diesem Zeitpunkt aber partout nicht wahrhaben und mobilisierte von Woche zu Woche neue, ungeahnte Kräfte, die es mir ermöglichten, bis zu den nächsten Schulferien auf diesem hohen Leistungs- und Stress-Level weiterzuarbeiten und einfach zu funktionieren. Für die Ferientage hatte ich mir das Ziel gesetzt, mich möglichst gut zu erholen. Ich musste mir einfach nur genug Ruhe gönnen, dann würde das schon wieder in Ordnung kommen. Ich war Meisterin darin, mir das auf unterschiedliche Weise einzureden.

Die Erholung während der Ferientage gelang mir jedoch absolut nicht. In der zweiten Ferienwoche merkte ich bereits, dass etwas nicht stimmte. Ich fühlte mich gereizt, müde und gestresst, ohne dass sich ein mir erklärbarer Grund zeigte. Ich fand einfach nicht zu meinem entspannten, normalen Selbst zurück. Ich vermied bewusst jeglichen sozialen Kontakt, um mich nicht erklären zu müssen. Ich hatte kaum mehr Energie für alltägliche Dinge wie Duschen oder Einkaufen. Hinzu kam ein lästiges Augenzucken, welches schon vor ein paar Wochen einmal aufgetreten war. Dieses machte mir ernsthafte Sorgen, denn ich hatte die Befürchtung, dass sich durch den hohen Stresslevel neurologische Schäden abzeichnen könnten. Gegen Ende der Sportferien hatte ich mich aber doch soweit im Griff, um die Situation erneut klein zu reden. Ich hatte mich gedanklich stabilisiert, innerlich von Neuem angetrieben und war motiviert, meine Probleme aktiv in die Hand zu nehmen und Lösungen zu finden. Was genau die Probleme waren, war mir bis dahin jedoch nicht klar bzw. ich beschäftige mich auch nur oberflächlich damit. Für mich war einfach klar: Du darfst jetzt nicht aufgeben! Das wird schon! Ich hatte mich also bei meinem Hausarzt wegen der Zuckungen meines Augenlides angemeldet und mich zu einem Treffen mit einer guten Freundin durchgerungen. Ihr erzählte ich von meinem Augenleiden und sagte, dass ich wohl nahe an einer starken Erschöpfung sei, jedoch nächste Woche wieder arbeiten gehen wolle, weil ich eine extrem wichtige Sitzung nicht verschieben könne. Meine Freundin war natürlich skeptisch und redete mir ins Gewissen. Ich wich ihren Einwänden irgendwie aus und entgegnete ihr, dass ich selbst wohl am besten wisse, wie ich weiter vorgehen müsse und dass ich bereits in Begleitung einer Psychologin sei. Somit war das Thema für mich abgehakt.

In den ersten Tagen nach den Sportferien achtete ich bewusst darauf, dass ich wenig zusätzliche Außentermine hatte. Ich wollte mir einen entspannten Neustart ermöglichen. Wahrscheinlich lag es doch an mir, dass ich nicht fähig war, mich ausreichend abzugrenzen. Viele andere Schulleiter kämpften ja mit denselben Herausforderungen und schafften es ja auch. Ich wollte also unbedingt weitermachen, mit dem Kopf durch die Wand, wie man so schön sagt. Ich hatte einen starken Durchhaltewillen. Die unglaublich wichtige Planungssitzung, an der ich unbedingt am Donnerstag teilnehmen wollte, schaffte ich gerade noch so. Es gelang mir, im sozialen Auftreten die Fassade zu wahren und adäquate Leistung und Präsenz zu zeigen, danach ging ich völlig erschöpft nach Hause. An diesem Punkt war mir plötzlich klar: So geht es nicht weiter! Ich kann nicht mehr! Ich war nahe an einem innerlichen Heulkrampf, weinen konnte ich trotzdem nicht.

Nun war es soweit: Ich ließ mich Ende Woche von meinem Hausarzt wegen Erschöpfung und starker Rückenschmerzen für zwei Wochen krankschreiben. Er beurteilte mein Augenleiden als Stresssymptomatik und verschrieb mir erneut Physiotherapie wegen der Rückenschmerzen. Ich hatte wohl eine starke Entzündung eingefangen. Ich war innerlich wie aufgelöst, fühlte mich schlapp, aber auch erleichtert und schuldig. Ich machte mir Sorgen um mein Team. Ich wollte und musste nach zwei Wochen unbedingt wieder arbeiten gehen! Alles, was liegen blieb, musste ich später ja wieder aufarbeiten. Das wollte ich unbedingt vermeiden. Dies teilte ich so auch meiner Chefin mit. In zwei Wochen wäre ich wieder auf dem Damm! Davon war ich überzeugt.

Die nächsten Wochen gingen genau so weiter. Analog zu den Sportferien konnte ich den Stresslevel trotz Pause kaum merklich reduzieren. Ich hatte nun noch stärkere Schlafstörungen als zuvor und verspürte gleichzeitig eine bleierne, innere Müdigkeit und Unruhe. Die Gedanken kreisten Tag und Nacht. Es war teilweise zum Verrücktwerden. Ich klammerte mich an die Vorstellung, in zwei Wochen wieder arbeiten gehen zu können. Ich las weiterhin meine Mails und war so gedanklich in ständigem Kontakt mit meinen MitarbeiterInnen. Meiner Chefin schrieb ich, dass ich sicherlich bald wieder auf den Beinen sei. An diese Vorstellung klammerte ich mich mit aller Kraft fest.

Der Gedanke, dass mein Team oder andere erfahren oder denken könnten, ich hätte ein Burnout, beunruhigte mich massiv. Zwei Wochen nach meiner Krankschreibung ging ich erneut zum Arzt. Ich hatte ständige Muskel- und Gliederschmerzen. Diese waren zusammen mit der Müdigkeit und Abgeschlagenheit kaum zum Aushalten. Allerdings hatte ich ähnliche Symptome bereits seit Jahren und führte sie auf eine Histaminintoleranz zurück. Vielleicht hatten diese Schmerzen aber auch mit der Erschöpfung oder einer ernsthaften Erkrankung zu tun? Das wollte ich nun unbedingt abklären lassen. Mein Hausarzt nahm mich und meine Symptome zum Glück sehr ernst. Er veranlasste mehrere Bluttests und die Überweisung zu einer Rheumatologin. Ich sagte ihm, dass meine Psychologin eine weitere Krankschreibung für zwei Wochen guthieß. Ich selbst hatte so starke Rückenschmerzen, Glieder- und Muskelschmerzen sowie Schlafstörungen und anhaltende Müdigkeit und Erschöpfung, dass ich mir eine Verlängerung der Krankschreibung um zwei Wochen für dieses eine Mal noch erlauben würde. Krankhaft hielt ich mich bei der Begründung immer noch an die anfänglich genannten Symptome „Erschöpfung und starke Rückenschmerzen".

Meiner Freundin schrieb ich am Wochenanfang per WhatsApp, dass ich wieder arbeiten gehen würde und die Zuckungen im Lid schon wieder besser seien. Ich schämte mich so sehr für meine Unfähigkeit und Schwäche! Gedanklich klammerte ich mich immer noch daran, dass ich bald wieder auf den Beinen sein würde, obwohl ich innerlich spürte, dass ich auch in den kommenden Tagen die nötige Energie nicht mobilisieren können würde. Ich hatte bis dahin immer noch nicht den Eindruck, wirklich in einem Burnout zu stecken. Es waren aus meiner Sicht ja primär die Rückenschmerzen, die Schlafstörungen und die enorme Belastung bei der Arbeit, welche die Hauptgründe für meine Arbeitsabsenz waren und mich verständlicherweise einfach temporär sehr viel Kraft kosteten und ausser Gefecht setzten. Ich würde das schon wieder in den Griff bekommen - irgendwie.

Das Vorhandensein von Schlafstörungen hätte ich in dieser Phase nur bedingt bejaht. Ich konnte nicht richtig durchschlafen, ok. Das hieß konkret, dass ich alle zwei Stunden aufwachte, manchmal sogar aufschreckte, aber nicht genau wusste, warum. Ich konnte zudem abends schlecht einschlafen, ja. Aber wie viele Menschen hatten diese Probleme ebenfalls?! Das war ja nicht wirklich etwas Besonderes?! Die Tatsache, dass ich am Morgen regelmäßig meist schon um vier Uhr dreissig aufwachte und nicht mehr einschlafen konnte, ließ ich als Entschuldigung nicht gelten. In meinem Elend versuchte ich einfach, abends umso früher ins Bett zu gehen, da ich tatsächlich über den Tag hindurch einfach todmüde war. Daraus leitete ich für mich ab, dass ich eher eine Frühaufsteherin war und sich mit zunehmendem Alter dies wohl immer stärker abzeichnen würde. Und eben, ich hatte beruflich ja auch sehr viel um die Ohren. Es ließ sich alles ganz logisch erklären. Mein Körper reagierte nur auf all die Herausforderungen. Eigentlich war aus meiner Sicht soweit immer noch alles in bester Ordnung. Wenn die Erschöpfung endlich vorüber war, würde ich bald wieder auf den Beinen stehen. Ich brauchte nur eine kurze Pause. Das war alles!

Burnout Diary – Blitzlichter

„Burnout ist wie ein flächendeckender Waldbrand. Du weißt nicht genau, wo das Feuer ausgebrochen ist und was die Ausbruchsursache war. Beim Betrachten der Flammen aus unmittelbarer Nähe wird dir aber unweigerlich klar, dass die Situation im wahrsten Sinne des Wortes „brenzlig" ist und die Folgen einer ökologischen Katastrophe gleichen."
Rebecca Petersen

Ich bin müde. Endlich sind Ferien. Ich habe es gerade noch geschafft. Zum Glück hat niemand etwas davon gemerkt, wie es mir wirklich geht. Jetzt habe ich etwas Zeit, mich zu erholen. Das wird schon wieder. So, wie es sonst auch immer geklappt hat. Meine Arbeit ist anspruchsvoll. Aber ich liebe es, so gefordert zu sein und meine Fähigkeiten sinnvoll einsetzen zu können. Ich brauche jetzt einfach etwas Ruhe. Viel Ruhe!

Ich bin unruhig. Schon ist die erste Ferienwoche vorbei und ich fühle mich alles andere als erholt. Ich tigere in meinen vier Wänden herum. Kann mich am Tag kaum auf etwas konzentrieren. Ich versuche mich abzulenken. Ich versuche bewusst herunterzukommen. Aber es klappt einfach nicht. Ich bin immer noch müde. So müde. Und abends kann ich trotz aller Müdigkeit nicht einschlafen. Was ist nur los mit mir? Vielleicht muss ich mir einfach noch etwas Zeit geben? Einfach etwas abwarten? Mir Ruhe gönnen? Ja, so wird es gehen.

Die Ferien gehen zu Ende. Ich muss wieder zurück an die Arbeit. Ich muss wieder zurück, es gibt noch so viel zu tun. Und die Sitzung nächste Woche ist wirklich wichtig. Wenn ich dort nicht anwesend bin, blockiere ich die weitere Planung. Das geht nicht. Das ist meine Aufgabe und

Verantwortung. Ich muss da hin. Ich muss unbedingt vor Ort sein.

Meine Psychologin würde mich krankschreiben. Aber ich möchte nicht. Eigentlich ist es nicht viel anders wie die anderen Male. Meine Arbeit war schon immer anspruchsvoll. Ich war schon immer sehr müde zu dieser Zeit des Jahres. Neu ist, dass ich nicht mehr runterkomme. Ich bin wie ein Tiger in einem Käfig. Ich fühle mich eingesperrt. Aber ich bin das Problem. Meine Kollegen machen diese Arbeit seit Jahren. Ich muss einfach lernen, mich besser abzugrenzen. Andererseits bin ich wirklich unendlich müde. So müde. Das macht mir Angst. Das hatte ich so noch nie. Ich weiß nicht weiter. Ich weiß wirklich nicht weiter. Am besten mache ich einfach so weiter wie bisher.

Die Sitzung habe ich erfolgreich gemeistert. Ich hoffe, dass niemand gemerkt hat, wie leer ich mich gefühlt habe. Eine Hülle, die einfach noch irgendwie funktioniert hat. Lächeln kann ich schon aus dem Stegreif. Ich bin eine Meisterin darin, bei der Arbeit meine professionelle Rolle zu spielen. Den Schein zu wahren. Aber ich kann nicht mehr. Ich kann wirklich nicht mehr. Jetzt ist es anders. Anders als die letzten Male, wenn ich nach den Ferien wieder gestartet bin. Mein Körper fühlt sich leer und taub an. Alles in mir sträubt sich mit letzten Kräften gegen den Kollaps. Ich spüre mich nicht mehr und doch ist mir innerlich zum Heulen zumute. Das bin nicht mehr ich. Ich weiß eigentlich gar nicht mehr, wer ich wirklich bin.

Ich muss weiterkämpfen. Der Arzt hat mich nun wegen meiner Rückenschmerzen und Erschöpfung krankgeschrieben. Vorerst für zwei Wochen. Das muss reichen! Was werden meine Fachkollegen denken? Ich kann so immerhin sagen, dass die Rückenschmerzen der Grund für meine Abwesenheit waren. Das wäre ja nicht das erste Mal. Länger auszufallen geht nicht. Sonst muss ich mich erklären! Das möchte ich vermeiden. Ich muss also weiterkämpfen. Ich gebe nicht auf! Was bleibt mir auch anderes übrig? Niemand kann mir helfen.

Nun bin ich schon über einen Monat zu Hause. Es geht mir kaum merklich besser. Ich spüre mich immer noch nicht. Kann kaum einschlafen und wache in der Nacht vier bis fünf Mal auf. Ohne Grund. Manchmal träume ich und wache weinend auf. Ich bin froh, dass ich wöchentlich zu meiner Therapeutin gehen kann. Das ist mein einziger Fixpunkt, den ich aber dringend brauche. Sonstige Sozialkontakte vermeide ich bewusst. Ich habe keine Kraft dafür. Wozu auch? Es kann mir sowieso niemand helfen.

Ich tigere herum. Mein ganzes Nervensystem ist immer noch in Alarmbereitschaft. Gleichzeitig bin ich vollends erschöpft und total müde. Ich schlafe viel, aber eben qualitativ nicht gut. Ich gehe meist bereits um neunzehn Uhr ins Bett, weil ich morgens gegen vier Uhr dreissig aufwache. Was für einen Schlafrhythmus habe ich mir hier nur angewöhnt? Aber ich kann sowieso nicht logisch denken, geschweige denn Teil einer normalen Gesellschaft sein und meine Leistung erbringen. Im Moment bin ich zu nichts zu gebrauchen. Ich fühle mich schuldig. Ich schäme mich. Das ist auch der Grund, warum niemand in meinem Umfeld weiß, dass ich im Moment nicht arbeite. Das Wort Burnout nehme ich nicht in den Mund, weil mir sonst sofort die Tränen kommen. Das möchte ich vermeiden. Ich habe keine Kraft, all diese Emotionen auszuhalten. Ich muss mich abgrenzen und am besten verdrängen, was hier mit mir gerade passiert.

Ich lese immer noch meine Mails. Ich möchte weiterhin wissen, was in der Schule läuft. Ich kann noch nicht loslassen. Als ich von meiner Chefin erfahre, dass sie bereits eine Stellvertretung gefunden hat, bin ich geschockt. Ich bin tatsächlich einfach ersetzbar. Aber was ist mit meinem Team? Und die bevorstehenden Dinge, die zu erledigen sind? Ich kann mir kaum vorstellen, wie jemand das

„einfach so" übernehmen kann. Aber ich muss loslassen. Irgendwie. Ich bin immer noch Tag und Nacht in Gedanken bei der Schule, bei meiner Chefin, meinen Kollegen und meinem Team. Wie werde ich nur erklären, dass ich so lange nicht arbeiten konnte? Was wird man über mich denken?

So langsam begreife ich, dass ich tatsächlich ein Problem habe und sich dieses nicht einfach in den nächsten Wochen in Luft auflösen wird. Die Arztzeugnisse werden nun direkt im Vier-Wochen-Rhythmus ausgestellt. Dies ist eine Entlastung für mich, denn ich bin jedes Mal schon Tage vor der Entscheidung zur Weiterführung der Krankschreibung unter grossem Stress. Dann kann ich nur mehr schlecht verdrängen und die Unsicherheit und die Schuldgefühle kommen in mir hoch, nehmen mich ein und dominieren meinen Alltag. Die Therapie verläuft gut, auch wenn ich eigentlich gar keine Idee oder Vorstellung davon habe, was das längerfristige Ziel ist, geschweige denn, wie ich dorthin kommen werde. Ich bin überfordert mit dem, was sich in mir zeigt. Ich habe keinen Zugang zu mir oder meinen Empfindungen. Es ist so vieles im Moment nicht zugänglich. Ich lebe ein sehr zurückgezogenes, isoliertes Leben. Ich weiß, dass das nicht „normal" ist, aber eigentlich kenne ich schon fast nichts anderes mehr. Und Energie und Kraft habe ich im Moment sowieso nicht. Es reicht gerade für die alltäglichen Dinge, auch wenn ich teilweise immer noch Mühe habe, am Morgen überhaupt aus dem Bett zu kommen. Duschen oder mich vor die Tür bewegen ist manchmal schon zu viel. Und somit gibt es halt Tage, an denen ich nur für mich bin, in meiner kleinen Wohnung. Und das ist ok so, solange ich niemandem begegne oder mich jemand nach meinem Befinden fragt. Und das kann ich durch meinen Rückzug ja zum Glück bewusst steuern.

Immer wieder gerate ich gedanklich in Stress. Ich merke einfach kaum eine Verbesserung. Was, wenn sich mein Zustand nie bessern wird? Was, wenn ich nie mehr richtig arbeitsfähig werde? Ich kann mit dieser Unsicherheit nur schlecht umgehen. Alles, was ich weiß ist, dass ich im Moment immer noch Ruhe brauche und mit niemandem aus meinem Umfeld darüber reden möchte. Am besten lassen mich einfach alle in Ruhe! Ich möchte nur schlafen und endlich, endlich zur Ruhe kommen und mich ein klein wenig besser fühlen.

Bildlich gesprochen – Das Unausweichliche – nicht sehen wollen

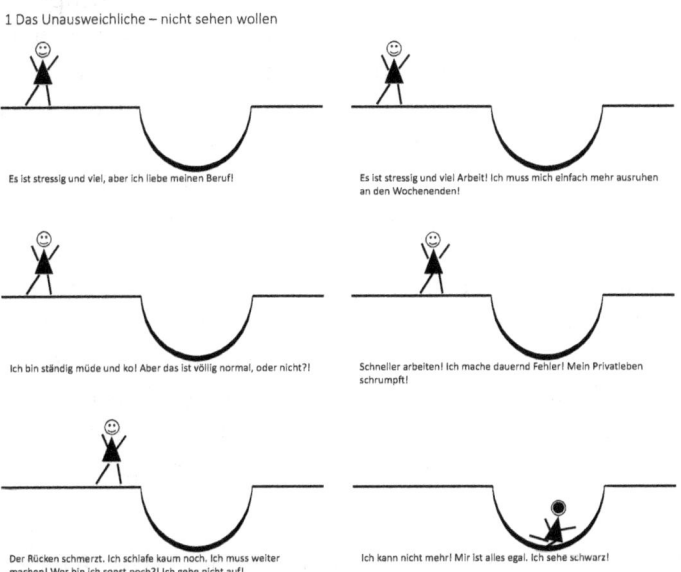

1 Das Unausweichliche – nicht sehen wollen

Es ist stressig und viel, aber ich liebe meinen Beruf!

Es ist stressig und viel Arbeit! Ich muss mich einfach mehr ausruhen an den Wochenenden!

Ich bin ständig müde und ko! Aber das ist völlig normal, oder nicht?!

Schneller arbeiten! Ich mache dauernd Fehler! Mein Privatleben schrumpft!

Der Rücken schmerzt. Ich schlafe kaum noch. Ich muss weiter machen! Wer bin ich sonst noch?! Ich gebe nicht auf!

Ich kann nicht mehr! Mir ist alles egal. Ich sehe schwarz!

Für (mögliche) Betroffene – Selbstreflexion und Resilienz lernen

In dieser ersten Phase meiner Burnout-Erkrankung war ich über Monate so gestresst, dass ich mich gar nicht wirklich fühlen oder wahrnehmen konnte. Ich war mir der tatsächlichen Situation und dem gravierenden (Gesundheit-) Zustand, in dem ich mich befand, ganz lange nicht bewusst. Im Zwei-Wochen-Takt wollte ich immer wieder zurück in meine berufliche Tätigkeit, obwohl meine Rückenschmerzen kaum auszuhalten waren und ich starke Schlafstörungen hatte, die ich aber nicht als solche erkannte. Hinzu kamen Motivationsprobleme, Niedergeschlagenheit, Angstzustände, starke Unruhe und Erschöpfung sowie Glieder- und Muskelschmerzen. All diese Symptome hielten mich trotzdem nicht davon ab, zurück in meinen stressigen Arbeitsalltag zu wollen und mich diesbezüglich selbst unter grossen Druck zu setzen. Meine alten Muster, das hohe Leistungsstreben und das „Nicht-schwach-sein-Wollen" hatten mich nach wie vor stark im Griff. Ich bin dankbar, dass mein Körper mir schlussendlich so klare Zeichen gesetzt hat, dass ich gar nicht mehr zurückkehren konnte. Ich glaube, dass ich es anders gar nicht zugelassen hätte. Ich war so in meinem Denken und meiner Routine vom „Ständig-über-die-eigenen-Grenzen-Gehen" gefangen. Meine Sturheit und mein unbändiger Leistungswille hätten mich sonst wahrscheinlich bis zum Herzinfarkt zum Weiterarbeiten und Weiterfunktionieren getrieben.

> Tun Sie sich das bitte nicht an! Nehmen Sie sich Zeit für die Selbstreflexion! Schauen Sie hin! Fühlen Sie in sich hinein! Seien Sie ehrlich mit sich selbst! Warten Sie nicht zu lange, bis der Hormoncocktail Sie noch weiter von sich selbst wegbringt. Hören Sie hin, wenn Sie ein Bekannter oder eine

> Freundin darauf anspricht! Holen Sie sich früh genug professionelle Unterstützung! Alles andere ist es einfach nicht wert!

Rückblickend haben mir in dieser Situation ganz einfach der Mut und der Blick für mögliche Alternativen und das große Ganze gefehlt. Was hätte ich denn anderes machen sollen? Was hätte ich denn verändern können? Etwa kündigen? Eigentlich liebte ich meinen Job doch und die Arbeit mit meinem Team machte mir großen Spaß. Ich wollte die Stelle nicht wechseln, auch wenn ich ab und an mit dem Gedanken spielte. Gegen Ende, kurz vor dem Moment, als gar nichts mehr ging, hatte ich dann nicht mehr die Kraft, mich punkto Stellensuche zu engagieren und mich aktiv um eine andere Stelle zu bemühen. Ich hatte innerlich bereits aufgegeben, war nur mit dem Abarbeiten meiner To-dos beschäftigt! Ich funktionierte einfach weiter, so gut es eben ging. Das war in dieser Situation aus meiner Sicht der einfachste und effizienteste Weg, auch wenn das eigentliche Ziel völlig außer Sichtweite geriet und ich mich dabei selbst verlor.

Nachträglich betrachtet war das mit Abstand der effizienteste und einfachste Weg, mich und meinen Körper gezielt auszurauben und mich über meine körperlichen und physischen Grenzen hinwegzusetzen. Und zu welchem Preis? Ich war ein emotionales und energetisches Wrack geworden, eine Maschine, die nur noch funktionierte. Ich hatte monatelang starke Schuld- und Schamgefühle. Ich ging allen Menschen so gut es ging aus dem Weg, weil ich Angst vor der Auseinandersetzung hatte. Ich konnte mich emotional nicht mehr abgrenzen, war fast schon durchlässig geworden und hatte dementsprechend große Ängste. Ich hatte auch Existenzängste. Der Gedanke daran, dass ich nie wieder genesen und zu meiner ursprünglichen Kraft und Leistungsfähigkeit zurückfinden würde, war schier unerträglich. Wer war ich dann noch, wenn ich nicht mehr arbeiten konnte? Ich hatte starke körperliche Beschwerden, welche oftmals somatischer Natur waren, sodass die Behandlung sich nicht ganz einfach und linear gestaltete. Für manche Symptome gab es aus meiner Sicht einfach keine Erklärung. Ich hatte lange Zeit starke Selbstzweifel, Motivationsprobleme und starke Erschöpfungszustände. Alltägliche Dinge wie Duschen, mich zu einem Spaziergang zu motivieren, das Abendessen zuzubereiten waren ein richtiger Kraftakt. Stärkere und schwächere depressive Phasen wechselten sich ab. Wobei ich mich selbst nicht als depressiv eingeordnet hätte. Ich war sehr erschöpft und hatte starke körperliche Beschwerden. Dazwischen gab es wenige Stunden oder Tage der Zuversicht, an denen ich mit dem Moment gehen konnte und die momentane Situation und meine Begrenztheit annehmen konnte, ohne mich dafür abzuwerten. Das waren die guten Momente, an denen ich mich orientieren wollte.

Die Zeit der akuten Erkrankung und Genesung war für mich persönlich eine große Herausforderung, welche viel Geduld, Selbstannahme und Selbstreflexion erforderte. Die Phase dauerte mehrere Monate und war physisch und psychisch sehr intensiv.

Ich hatte in dieser ersten Phase gar keine Kraft mehr, Entscheidungen zu treffen oder mich dem Kontakt mit anderen Menschen auszusetzen. Aus diesem Grund hatte ich für mich entschieden, niemandem von meinem gesundheitlichen Zustand und der Arbeitsunfähigkeit zu erzählen. Auch meiner Familie nicht! Man könnte daraus vielleicht vermuten, dass der Kontakt zu meiner Familie nicht gut genug gewesen ist. Doch dem kann ich mit gutem Gewissen widersprechen! Der Entscheid, mich in dieser Phase ganz auf mich zu konzentrieren und mich dem Außen mit möglichen Bewertungen, Ratschlägen und Diskussionen nicht auszusetzen, war einzig und allein ein Entscheid zum Schutz und zur Stärkung meiner Autonomie. Ich hatte in dieser Zeit, sicher auch durch die starken Scham- und Schuldgefühle, ganz stark das Bedürfnis, mich abzugrenzen. Aus der Transaktionsanalyse wusste ich, dass dies im Sinne der Autonomie sinnvoll und in Ordnung war. Ich widersetzte mich damit ganz bewusst dem inneren Drang, andere in mein Erleben und meine Erkrankung einbeziehen zu müssen. Natürlich machte ich mir große Gedanken darüber, was meine Familie wohl über diesen Entscheid denken würde und auch das löste wieder Schuldgefühle in mir aus, denn ich selbst nahm ihnen in dieser Zeit die Möglichkeit, für mich da zu sein. Und trotzdem kann ich rückblickend sagen, dass es für mich der richtige Weg war und einen wichtigen Entscheid darstellte. Denn in dieser Phase hatte ich gar keine andere Wahl, als mir, meinen Bedürfnissen und meiner Gesundheit 100 % treu zu bleiben. Den Schuss vor den Bug hatte ich mit der Burnout-Erkrankung ja nun erhalten. Ich musste etwas ändern und das war der erste Schritt, den ich vollzog und aus meinem Inneren spürte. Ich akzeptierte, dass mich meine Angst steuerte und ich mich abgrenzen musste und das war OK!

Daraus abgeleitet möchte ich hier festhalten: Niemand kann einem sagen, was richtig oder falsch ist. Niemand kann einem sagen, wie lange die Regenerationszeit dauern wird. Niemand kann sagen, ob es je wieder so sein wird, wie es einmal war. Mit dieser Anspannung und Angst musste ich umgehen lernen. Und ganz ehrlich: Auch wenn mich die Burnout-Erkrankung rückblickend zu einem neuen, besseren Menschen gemacht hat, wünsche ich niemanden diese Grenzerfahrung! Seien Sie deshalb schlauer als ich! Schauen Sie hin und seien Sie ehrlich mit sich selbst!

Falls Sie selbst Unterstützung benötigen oder die Vermutung besteht, dass sie von einem Burnout betroffen sind, holen Sie sich auch im Zweifelsfall Rat und eine professionelle Einschätzung von einer Fachperson. Es gibt viele Beratungsstellen, welche Sie bei Bedarf an eine passende Fachperson weiterleiten können. Sie können einen ersten Fragebogen ausfüllen, der Ihnen vielleicht Anhaltspunkte liefert. Nehmen Sie die herausfordernde Situation und Ihre Sorgen, Bedenken und Ängste ernst und warten Sie nicht zu lange, bis der Hormoncocktail ihre Wahrnehmung vernebelt.

> Wenn Sie nach wie vor unsicher sind, welche nächsten Schritte Sie gehen möchten und ob Sie tatsächlich Burnoutgefährdet sind, könnte Ihnen die Idee „Brief an Betroffene" weiterhelfen. Sie finden die Beschreibung und Briefvorlagen (Teile 1 und 2) im Anhang.

Stark ist der, der Schwäche zulassen und eingestehen kann und sich, falls nötig, tatsächlich eigenverantwortlich und proaktiv Unterstützung holt! Auch wenn es sich nicht immer so anfühlt, so kann ich das rückblickend mit Überzeugung und aus Erfahrung sagen!

Die Angst davor, dass man nicht mehr aufstehen wird, wenn man erst mal aufgegeben hat, hat sich in meinem Fall nicht bewahrheitet. Diese Befürchtung hat mich besonders lange begleitet und nachhaltig davon abgehalten, mir eine mögliche Burnout-Erkrankung einzugestehen. Die Phase der Schwäche und Erholung war zwar anstrengend, unangenehm und persönlich herausfordernd, aber ich musste sie zulassen, um wieder zu meiner ursprünglichen Stärke und Kraft zurückzufinden. Jetzt weiß ich: Es ist möglich, dass sich der Körper und die Seele nach einer Genesungszeit wieder erholen und neue Kraft und Klarheit daraus entstehen kann. Ich fühle mich nach der Burnout-Erkrankung und einer ausreichend langen Genesungs- und Wiedereingliederungszeit stärker, weiser und kompetenter als zuvor, auch wenn ich das zu Beginn nie für möglich gehalten hätte.

> Es ist also möglich, dass nach einer Phase der Schwäche wieder eine Verbesserung eintritt. Es lohnt sich, die eigene Situation ehrlich zu betrachten und eigene Schwäche zuzulassen, auch wenn die Situation unausweichlich erscheint und noch keine Lösungen sichtbar sind! Holen Sie sich wenn nötig Unterstützung und haben Sie Vertrauen in sich! Sie müssen nicht gleich Ihr ganzes Leben verändern. Erste nächste Schritte können schon viel bewirken, damit wieder mehr Klarheit und Zuversicht entsteht. Jedoch lohnt es sich, die eigene Situation ernst zu nehmen und in all dem die Wirkung von langanhaltendem Stress nicht zu unterschätzen.
> Ich wünsche Ihnen von Herzen alles Gute!

Für Angehörige, Freunde und MitarbeiterInnen – Systemdenken

Meine Freundin hatte mich mehrmals darauf angesprochen und versucht, mich für das Thema Burnout zu sensibilisieren. Zu dieser Zeit reagierte ich mit Abwehr. Ich wollte es selbst nicht wahrhaben. Zudem war ich der Meinung, dass ich selbst wohl am besten wusste, was mir gut tut und wo meine Grenzen sind. Rückblickend kann ich das klar verneinen.

Als Angehörige und Freunde ist es trotzdem enorm wichtig, dem Betroffenen seine Autonomie und Selbstbestimmung zuzugestehen. Ganz ehrlich: Ich denke nicht, dass meine Freundin mehr für mich hätte tun können! Ich war zu diesem Zeitpunkt ganz einfach nicht (mehr) offen für irgendwelche Inputs oder Ratschläge, insbesondere nicht in direkter Konfrontation.

Von anderen Betroffenen habe ich erfahren, dass die Partnerin oder der Partner interveniert hat und es so auf Druck von außen möglich war, therapeutische Hilfe in Anspruch zu nehmen. Jemand aus der Selbsthilfegruppe hat berichtet, dass es für sie sogar eine Erleichterung war, als sie auf eine mögliche Burnout-Erkrankung angesprochen wurde. Sie sehen, auch hier ist die Palette möglicher Reaktionen sehr unterschiedlich. Leider ist es oft so, dass Betroffene keine Hilfe zulassen (können), weil sie sich gefühlt in einer Sackgasse zwischen inneren und äußeren Erwartungen befinden. Insbesondere das Akzeptieren der eigenen Grenzen und die Einsicht in das Problem stellen eine unüberwindbare Hürde dar.

Ich hätte vielleicht zugehört, wenn mich jemand, der selbst direkt betroffen war, darauf angesprochen hätte. Vielleicht hätte ich mich dann eher darum bemüht, meinen Zustand ehrlicher zu betrachten und mit dem aktuellen Wissenstand zu vergleichen. Aus diesem Grund habe ich einen Brief an mögliche Betroffene verfasst, welcher im Anhang abgedruckt ist und Ihnen helfen soll, den Zugang zu vermeintlich betroffenen Personen zu vereinfachen.

In diesem Sinne möchte ich Sie darin bestärken, Ihrem Bauchgefühl und Ihrer Einschätzung zu vertrauen und diese dem (möglichen) Betroffenen zur Verfügung zu stellen. Alles andere liegt dann in der Verantwortung der jeweiligen Person! Sie tragen per se keine Verantwortung für deren Wohlbefinden oder Einsicht und das ist gut so!

Verhalten Sie sich dementsprechend fürsorglich und gleichzeitig gut abgegrenzt. Nur so können Sie die Autonomie und Eigenverantwortung der vermeintlich betroffenen Person stärken, was wiederum positiven Einfluss auf deren Genesung und Genesungsbereitschaft haben wird.

> **Übersicht**
>
> Wenn Sie nach wie vor unsicher sind, welche nächsten Schritte Sie gehen möchten und ob es eine gute Idee ist, eine Person auf eine mögliche Burnout-Erkrankung anzusprechen, könnte Ihnen der Anhang „Brief an Betroffene" weiterhelfen. Sie finden die Beschreibung und Briefvorlagen (Teile 1 und 2) im Anhang.
> Ich wünsche Ihnen von Herzen ein gutes Abwägen und viel Achtsamkeit und Verständnis!

Für Führungskräfte – Cooperate/Social Responsibility

Vielleicht kommt die Mitteilung, dass einer Ihrer MitarbeiterInnen an einem Burnout leidet, völlig überraschend. Vielleicht habe Sie es aber auch schon kommen sehen und es hat sich in den letzten Wochen und Monaten abgezeichnet.

Die Symptome und Umstände einer Burnout-Erkrankung sind so unterschiedlich wie die Menschen selbst. Und doch gibt es klare Anzeichen und Bedingungen, die einen Burnout begünstigen. Lesen Sie dazu mehr in Ausgangslage/Burnout.

Als Führungskraft spielen Sie auf unterschiedliche Weise eine tragende Rolle in Ihrem Betrieb, wenn auch nur indirekt in Bezug auf die Gesundheit ihrer MitarbeiterInnen. Sie haben jedoch direkten Einfluss auf die Atmosphäre, die Kultur und das Arbeitsklima in Ihrer Organisation. Sind diese von Achtsamkeit geprägt? Ist das Thema Gesundheit und Resilienz in Ihrer Organisation ein Thema, über das gesprochen wird? Wie eng arbeiten die einzelnen Teams zusammen? Wie stark und kontinuierlich wird an der Teamfähigkeit gearbeitet? Wie offen, wertschätzend und direkt wird untereinander kommuniziert?

Wie wird mit Arbeitsplatzkonflikten umgegangen? Herrscht ein kollegiales Arbeitsklima? Woran erkennen Sie das? Wie stark stehen Konkurrenz und Leistung im Vordergrund? Gibt es Möglichkeiten des informellen, ehrlichen und offenen Austauschs? Wie ist die generelle Haltung gegenüber Diversität? Wie werden Unterschiede, sprich unterschiedliche Haltungen, Werte und Normen, ausgetauscht und sinnvoll eingeordnet? Werden diese gefördert, übersehen oder sogar abgewertet? Wie stark werden Individualität und individuelle Stärken und Ressourcen im Team gefördert und gezielt eingesetzt? Welche Feedbackkultur wird gelebt? Ist diese von Wertschätzung und Achtsamkeit geprägt? In welcher Art und Weise wird Abgrenzung und Individualität gelebt und wertgeschätzt?

Diese und weitere Fragen tragen dazu bei, dass eine Burnout-minimierende und Resilienz-fördernde Arbeitskultur und -atmosphäre geschaffen wird! Die Burnout-Erkrankung wird leider oft zu spät erkannt und führt zu einer längeren Abwesenheit des Betroffenen. Und diese kommt sie und den Betrieb teuer zu stehen – dies nicht nur finanziell, weil die Leistungen der Krankenversicherung und des Case-Managements in Anspruch genommen werden müssen, sondern auch weil die längere Abwesenheit Einfluss auf die Teamzusammenarbeit und -leistung hat. Meist ist nicht klar, wie lange die Person nicht arbeiten kann, also müssen Sie immer wieder kurzfristig einen Ersatz einsetzen und einarbeiten. Das ist für Sie und das Team sehr anstrengend und zeitaufwendig. Zudem verlieren Sie wichtiges Know-how und eine sehr engagierte Arbeitskraft, welche im Idealfall nach der Genesung zurück in ihren Betrieb kommt oder je nach Situation ganz den Betrieb wechselt. Sie sehen, dass die betrieblichen Auswirkungen einer Burnout-Erkrankung massiv sind.

Aus diesem Grund lohnt es sich, als Organisation aktiv zu werden, und die eigene Verantwortung für die Früherkennung und Prävention zu übernehmen. Und dabei können Sie als Führungskraft einen wichtigen Beitrag leisten. Sie können selbst achtsam sein, ihr Team interessiert kennenlernen, sodass sie einen besseren Eindruck von deren Stärken und Schwächen haben. Sie können einen offenen und wertschätzenden Kontakt vorleben und mögliche Arbeitsplatzkonflikte direkt und frühzeitig ansprechen oder sich dabei Unterstützung von einer externen Fachperson, einem Coach oder Berater holen. Einen ersten Schritt in die richtige Richtung haben Sie ja nun schon gemacht, indem Sie dieses Buch lesen und sich ausreichend und ganzheitlich informieren.

Falls Sie in Ihrem Team jemanden haben, bei dem eine allfällige Burnout-Erkrankung vorliegen könnte, rate ich Ihnen, dies in einem geschützten Rahmen anzusprechen. Sie finden dazu auch Angaben im Abschnitt Fakten und Fragen in Phase VI - Der Leuchtturm – Einordnen der Unsicherheit. Wenn Sie nach wie vor unsicher sind, welche nächsten Schritte Sie gehen möchten und ob es eine gute Idee ist, eine Person auf ein mögliche Burnout-Erkrankung anzusprechen, kann Ihnen die Idee „Brief an Betroffene" wichtige Anhaltspunkte liefern. Sie finden die Beschreibung und Briefvorlagen (Teil 1 und 2) im Anhang dieses Buches.

Aber auch die gängigen Führungsthemen der Kommunikation, Haltung, Schaffung einer funktionierenden Teamkultur, Struktur und Führung etc. sind wichtig. Im Sinne der Burnout-Prävention ist es wichtig, ein tragendes, wertschätzendes, offenes und achtsames Arbeitsklima zu schaffen, indem z. B. Arbeitskonflikte lösungsorientiert angegangen und gelöst werden können. Es braucht eine positive Fehlerkultur, indem individuelle Stärken genutzt werden und die Schwächen als Entwicklungspotenzial angesehen werden. Als Führungskraft sind Sie in all dem Vorbild und treibende Kraft zugleich! Haben Sie den Mut, die Themen Gesundheit, Resilienz und Burnout, aber auch Themen wie Kommunikation, Wertschätzung, Respekt, Haltung, Werte, Diversität etc. verantwortungsvoll und konsequent in den Mittelpunkt zu stellen und direkt anzusprechen und nachhaltig zu prägen. Sie machen damit einen entscheidenden Unterschied! Ihre MitarbeiterInnen werden es Ihnen danken!

> Diese Art der Führung kann herausfordernd sein. Nichtsdestotrotz lohnt es sich, hier nötige Veränderungen anzugehen und ein Klima der Wertschätzung und des Vertrauens aufzubauen. Ich wünsche Ihnen von Herzen viel Erfolg und gutes Gelingen!

(Selbst-)Reflexion – Schritte zur Selbsterkenntnis

Im Kapitel (Selbst-)Reflexion gebe ich Ihnen immer wieder Anregungen und Fragen für die eigene Praxis und den persönlichen (Arbeits-)Alltag. Ich empfehle Ihnen, ihre Gedanken und Überlegungen jeweils schriftlich mit Datum festzuhalten. Dies ermöglicht es Ihnen, im Prozess immer wieder Rückschau zu halten und mögliche Veränderungen wahrzunehmen und daraus, falls nötig, nächste Schritte einzuleiten. Zu Beginn betrachten wir das Thema Resilienz und Gefährdung einer Burnout-Erkrankung aus allgemeiner Sicht. Ab Phase II - Die Flutwelle – Erkrankung lernen Sie schrittweise Konzepte aus der Transaktionsanalyse kennen, welche in allen Bereichen des Lebens Einfluss haben und Wirkung erzielen. Ich wünsche Ihnen viel Freude und spannende Entdeckungen bei der Bearbeitung!

Für (mögliche) Betroffene – zur persönlichen Selbstreflexion

Sie haben nun einiges über die Burnout-Erkrankung erfahren und sich während der Lektüre sicherlich bereits mit der eigenen Geschichte im Umgang mit Stress und Leistungsdruck befasst, wobei die Burnout-Erkrankung ja sehr viel mehr Auslöser und mitwirkende Einflüsse beinhaltet. Herausfordernd bei der Selbsteinschätzung ist, sich und die momentane Situation ehrlich, wertfrei und realistisch zu betrachten. Eine Burnout-Erkrankung entwickelt sich schleichend und nimmt in unterschiedlichen Phasen an Intensität und Schweregrad zu. Daher ist es wichtig, auch dies in die Beurteilung miteinzubeziehen.

Je nachdem, wie viel Zeit Sie zur Verfügung haben, können Sie unterschiedliche Ressourcen zur Selbsteinschätzung nutzen. Eine gute Möglichkeit bietet das Drei-Welten-Modell von Bernd Schmid. Es zeigt dabei die Privatwelt, die Organisationswelt und die Professionswelt. In der Mitte ist der Wesenskern Ihrer Persönlichkeit abgebildet, welche in allen drei Welten hineinwirkt. Schmid schreibt treffend: „Man muss wissen, wer man ist – auch ohne eine bestimmte Rolle in einer bestimmten Organisation" [1]. Wenn eine Disbalance oder belastende Situation entsteht, manifestiert sich dies meist bei den Schnittstellen der drei Welten. Jede Welt ist definiert durch Erfahrungen, Kultur, Werte, Sinn, Haltungen, unbewusste Glaubenssätze, (gegenseitige) Erwartungen, Kompetenzen, Aufgaben, Verantwortungen etc. an die jeweilige Rolle. Schmid sagt klar: „Nur auf eine oder zwei Welten zu setzen, mag für bestimmte Lebensphasen richtig sein. Doch ist auf die Dauer zu prüfen, wie man in allen drei Welten seinen Platz finden will" [1].

Genau dies könnte eine ihrer ersten (Selbst-)Reflexionsaufgaben darstellen.

- Prüfen Sie, in welcher der drei Welten und wodurch Sie in innere oder äußere (Werte-)Konflikte oder Engpässe geraten.
- Spüren Sie in sich hinein und was innere oder äußere Spannungen auslöst und was unnötig Energie kostet.
- Überlegen Sie zudem, in welchen Bereichen Sie besonders viel Sinnerfüllung erhalten oder ggf. vermissen.
- Wo könnten allenfalls gewisse Erwartungen in einen anderen Drei-Welten-Bereich verschoben oder auch vergrößert oder verkleinert werden, sodass die Anspannung und der Druck nachlassen?
- Wo gäbe es allenfalls neue Entwicklungsmöglichkeiten, die Sie als nächsten Schritt hinsichtlich ihrer Umsetzbarkeit überprüfen könnten?

Ich empfehle Ihnen zudem, einen Online-Test zur Selbsteinschätzung bezüglich Burnout-Erkrankung vorzunehmen. Diese sind meist kostenlos verfügbar und erfüllen ihren Zweck. Füllen Sie diesen ohne lange zu überlegen aus und klicken Sie jeweils die Antwort an, welche Ihnen aus einem ersten Impuls heraus passend erscheint.

Zum andern empfehle ich Ihnen eine kritische Selbstreflexion im Hinblick auf die folgenden vier Bereiche mit Fokus auf Resilienz und vorhandene Stressfaktoren vorzunehmen, welche aus meiner Erfahrung auch in Bezug auf eine mögliche Burnout-Erkrankung eine wichtige Rolle für eine gesunde Balance im Leben spielen:

- **Arbeitsplatz** und Rahmenbedingungen (Routinen, Werte, Sinn, Führungs- und Zusammenarbeitskultur, etc.)
- **Privatleben** und soziale Eingebundenheit
- **Persönlichkeit** und individuelle Eigenschaften
- **Gesundheitsbewusstes Verhalten** und Integration ins Alltagsleben

1. Reflektieren Sie für sich, wie intakt diese vier Bereiche in Ihrem Leben sind und nebeneinander funktionieren bzw. wie groß die Belastung in den jeweiligen Bereichen ausfällt und wodurch diese Belastungen ausgelöst werden. Hilfreich ist zudem, wenn Sie die spezifischen Belastungen, z. B. mit einer Skala von 1–10 bewerten. Folgen Sie auch hier ihrem ersten Impuls und seien Sie ehrlich mit sich selbst!
2. Als Alternative können Sie für sich dokumentieren, wie viel Energie Ihnen einzelne Bereiche geben oder nehmen. Je nachdem, wie sie den Fokus setzen, werden ggf. andere Einsichten oder Rückschlüsse möglich. Wenn Ihnen ein Bereich verbesserungswürdig erscheint, dann geben Sie sich etwas Zeit und überlegen Sie sich kleine Veränderungsschritte, welche meist leichter umzusetzen sind, sich aber nachweislich auf die Stimmung und das Erleben positiv auswirken. So werden Sie mit etwas Geduld nach und nach Ihre Ziele mit mehr Leichtigkeit erreichen und können unterwegs im Prozess wenn nötig immer wieder Anpassungen machen.
3. Wenn Sie nach wie vor unsicher sind, wo Sie in Bezug auf eine mögliche Burnout-Erkrankung stehen, nehmen Sie sich vor, die eben geschilderte Einschätzung in zwei bis vier Wochen erneut durchzuführen. Der Verlauf wird Ihnen zeigen, ob sich die Situation verschlechtert oder ob eine Belastung z. B. „nur" temporärer Natur war.
4. Holen Sie sich bei einer Verschlechterung oder zunehmender Unsicherheit unbedingt fachliche Hilfe und eine Einschätzung von außen. Warten Sie nicht zu lange! Wenn die Negativspirale einer Burnout-Erkrankung erst einmal gestartet ist, wird es immer schwieriger, diese zu erkennen und daraus auszusteigen.

5. Wenn Sie nach wie vor unsicher sind, welche nächsten Schritte Sie gehen möchten, könnte Ihnen der Anhang „Brief an Betroffene" weiterhelfen. Sie finden die Beschreibung und Unterlagen (Teile 1 und 2) im Anhang und könnten z. B. den Teil 2 des Briefs für das Einholen einer Fremdeinschätzung nutzen!

Fragen zur Selbstreflexion

- Was treibt Sie im Alltag und Berufsleben an? Was beflügelt Sie?
- Welche Werte und Überzeugungen leben Sie in den unterschiedlichen Bereichen? Wo entstehen allenfalls Konflikte, Widersprüche, Unklarheiten oder Missverständnisse im Innen oder Außen?
- Welcher Bereich des Drei-Welten-Modells nach Schmid ist derjenige, welcher Sie derzeit besonders mit Energie erfüllt? Wie gelingt Ihnen das?
- Welcher Bereich des Drei-Welten-Modells nach Schmid ist derzeit besonders kräfteraubend? Wodurch wird das ausgelöst?
- Welche Veränderungen oder nächsten Schritte können Sie in einem der drei Bereiche wagen, um eine merkliche Verbesserung hinsichtlich der (Energie-)Balance in Gang zu setzen?
- Wie schaffen Sie es, regelmäßig Achtsamkeit in Ihren Alltag zu integrieren, um Ihren Körper, Ihre Bedürfnisse und Gefühle bewusst wahrzunehmen?
- Wie schätzen Sie Ihre derzeitige Resilienzfähigkeit ein (Skalierung von 1–10)? Woran machen Sie diese Einschätzung fest?
- Wie gelingt es Ihnen, Schwäche und das Gefühl von Angst und Unsicherheit zuzulassen? Inwiefern wirkt allenfalls ein stark männliches oder weibliches Rollenbild mit hinein?

Phase I – Das Unausweichliche naht – Vorahnung

- Wie wichtig ist es Ihnen, stark und souverän zu wirken und dies gegen außen zu zeigen?
- Wie tragen Sie als Mann/Frau Ihrer Gesundheit und Resilienz Sorge? Inwiefern wirkt hier allenfalls ein stark männliches oder weibliches Rollenbild mit hinein?
- Wie würde Ihre beste Freundin/Ihr bester Freund wohl auf diese Frage in der Einschätzung Ihrer Resilienzfähigkeit antworten?
- Welche Kompetenzen sehen Sie bei sich in Bezug auf die Resilienzfähigkeit?
- Über welche der 18 Dimensionen der Resilienz verfügen Sie bereits? Welche könnten Sie noch entwickeln oder ausbauen (vgl. Ausgangslage/Resilienz)?
- Welche der 18 Dimensionen der Resilienz sind in Ihrer Familie oder Beziehung ersichtlich? Welche könnten noch integriert oder gemeinsam entwickelt werden (vgl. Ausgangslage/Resilienz)? In welchen Bereichen wäre eine Verbesserung oder Anpassung für Ihre Gesundheit förderlich? Wie könnten diesbezüglich nächste, konkrete Schritte aussehen?
- Was hält Sie derzeit davon ab, achtsam und wertschätzend mit Ihrer Gesundheit umzugehen?
- Wer in ihrer Familie könnte Ihnen diesbezüglich als Vorbild gedient haben? Wurde Ihnen dadurch eher ein ausbeuterischer oder fürsorglicher Umgang vorgelebt?
- Was würde Ihnen Ihr Bauchgefühl raten, wenn Sie es ehrlich und direkt zu Wort kommen lassen würden?
- Stellen Sie sich vor, dass über Nacht ein Wunder passiert ist. Die Veränderung ist positiv und bezieht sich nicht auf ihre Umwelt, sondern auf Ihre Innenwelt. Was wäre diese Veränderung und woran würden Sie erkennen, dass das Wunder tatsächlich passiert ist?

Für Führungskräfte – mit Blick auf die Organisation

Auch in der Schule bzw. in Ihrer Organisation lassen sich die vier von mir definierten Bereiche mit Fokus auf Resilienz und vorhandene Stressfaktoren zur (Selbst-)Reflexion nutzen. Wie schätzen Sie die Resilienzfähigkeit in den folgenden vier Bereichen bei Ihren MitarbeiterInnen ein? Was könnte zu Erleben von Stress und Druck führen?

1. Arbeitsplatz und Rahmenbedingungen (Routinen, Werte, Sinn, Führungs- und Zusammenarbeitskultur, etc.)
2. Privatleben und soziale Eingebundenheit
3. Persönlichkeit und individuelle Eigenschaften
4. Gesundheitsbewusstes Verhalten und Integration ins Alltagsleben

Zwar können Sie nicht in die Köpfe Ihrer MitarbeiterInnen schauen, Sie haben als Führungskraft aber doch eine gewisse Ahnung zur Einschätzung der momentanen Situation und können diese als Perspektive nutzen. Hier sind einige mögliche Fragen:

- Wie ist die momentane Stimmung vor Ort? Skalieren Sie von 1–10.
- Gibt es unausgesprochene (Werte-)Konflikte, die belastend wirken?
- Wie steht es um die Work-Life-Balance bei Ihren MitarbeiterInnen?
- Wie steht es bezüglich Work-Life-Balance bei Ihnen selbst?
- Wie schaffen Sie es als Führungskraft, regelmäßig Achtsamkeit in Ihren Alltag zu integrieren, um Ihren Körper, Ihre Bedürfnisse und Gefühle bewusst wahrzunehmen?

Phase I – Das Unausweichliche naht – Vorahnung

- Wer oder was braucht im Moment am meisten Nerven und Kraft in Ihrem Berufsalltag?
- Gibt es Personen, von denen Sie wissen, dass sie im Privatleben zusätzlich belastet sind?
- Gibt es MitarbeiterInnen, die den Beruf besonders in den Mittelpunkt stellen, weil das Familienleben nicht Priorität hat?
- Gibt es Personen die zu einer hohen Identifikation mit ihrer Rolle und Aufgabe neigen oder bei denen sich bereits eine Tendenz zur Überarbeitung zeigt?
- Gibt es Personen, die z. B. dazu tendieren, die Mittagspause wegzulassen oder die immer gestresst wirken?
- Welche Arbeitshaltung und Werte(-Kultur) ist in Ihrer Organisation vorherrschend? Erkennen Sie vielleicht sogar ein Muster?
- Wie sieht es bezüglich Persönlichkeitsstruktur ihrer MitarbeiterInnen aus? Gibt es Perfektionisten? Gibt es besonders wertorientierte Personen? Gibt es Arbeitstiere, welche auch am Wochenende oder spät abends noch am Arbeiten sind? Gibt es Alphatiere, die besonders hohe und klare Wertvorstellungen haben und die Qualitäts- oder Unternehmensentwicklung stark vorantreiben?
- Gibt es in Ihrer Organisation ausreichend Raum für Abgrenzung und Individualität? Wann und wie zeigt sich dies? Wie wird dies ausgelebt und wertgeschätzt?
- Wie „gesund" schätzen Sie ihr Team ein?
- Ist das Thema Gesundheit und Resilienz in Ihrer Organisation überhaupt Thema? Wenn ja, wo und wie zeigt sich dies?
- Wird bewusst auf körperliche und seelische Gesundheit geachtet? Werden MitarbeiterInnen dazu bestärkt, auf Ihre Gesundheit zu achten? Wenn ja, wie?
- Gibt es eine offene Kultur zur individuellen Psychohygiene?

- Wie schätzen Sie den kollegialen Austausch im Team ein?
- Wann ist eine besonders ausgeprägte Motivation und Leistungsbereitschaft bei Ihren MitarbeiterInnen spürbar?
- Wirken Ihre MitarbeiterInnen gestresst? Was löst dieses Stressempfinden aus?
- Wie würden Sie die Höhe und Art der Belastung beschreiben und von außen einschätzen?

Wichtig ist, sich in Erinnerung zu halten, dass diese Einschätzungen subjektiv sind. Es handelt sich dabei um reine Hypothesen, welche im Austausch und Gespräch mit den Betroffenen überprüft werden müssen. Es braucht hier besonders viel Feingefühl und Achtsamkeit und unbedingt einen geschützten, sicheren Rahmen! Dies kann z. B. auf Basis einer Teamentwicklung mit dem Fokus auf Resilienz, Burnout und der Gesundheit der MitarbeiterInnen geschehen oder aber auch im Rahmen der alljährlichen Mitarbeitergespräche. Wichtig ist, dass Sie die persönlichen Grenzen des Einzelnen wahren und die Autonomie des Einzelnen stärken. Dafür kann es hilfreich sein, wenn Sie Ihre Gedanken und/oder Bedenken mit dem Gegenüber teilen. Allerdings nur dann, wenn dies vom Gegenüber gewünscht ist und Offenheit zur Reflexion und ein vertrauensbasiertes Beziehungsverhältnis besteht.

Daneben ist es aber auch wichtig, dass Sie Ihre subjektive Einschätzung ernst nehmen und als wertvolle Ressource und als eine Art GPS achtsam und wirkungsvoll nutzen.

Fragen zur Selbstreflexion

- Was treibt Sie bei der Arbeit bewusst oder unbewusst an?

Phase I – Das Unausweichliche naht – Vorahnung

- Welche Werte sind Ihnen besonders wichtig? Wodurch leben Sie diese in ihrem Alltag aus?
- Gibt es allenfalls Widersprüche, Engpässe oder (Werte-) Konflikte?
- Wie schätzen Sie Ihre derzeitige Resilienzfähigkeit ein? Woran machen Sie diese Einschätzung fest?
- Wie schätzen Sie die Resilienzfähigkeit Ihrer MitarbeiterInnen ein?
- Welche Haltung besteht in ihrem Betrieb bezüglich dem „sich und seiner Gesundheit ausreichend Sorge tragen"?
- Welche Haltung leben Sie bezüglich dem „sich und seiner Gesundheit ausreichend Sorge tragen" selbst vor?
- Über welche der 18 Dimensionen der Resilienz verfügen Sie bereits? Welche können Sie noch entwickeln oder ausbauen (vgl. Ausgangslage/Resilienz)?
- Welche der 18 Dimensionen der Resilienz sind in Ihrem Team ersichtlich? Welche könnten noch integriert oder gemeinsam entwickelt werden (vgl. Ausgangslage/Resilienz)?
- Inwiefern könnte das Thema Resilienz in Ihrem Betrieb mehr Aufmerksamkeit erhalten?
- Woran würden Sie erkennen, dass das Thema Resilienz in ihrem Betrieb mehr Aufmerksamkeit erhält?
- Welche positiven Veränderungen würden daraus resultieren? Was würde sich erkennbar verändern an der Haltung, am Verhalten der MitarbeiterInnen? Der Führung? Der Kunden?
- Über Nacht geschieht ein Wunder. Es bezieht sich jedoch nicht auf ihre Person, sondern auf Ihren Betrieb, auf Ihre MitarbeiterInnen und die Führungsebene. Was wäre diese Veränderung und woran würden Sie erkennen, dass das Wunder tatsächlich passiert ist?

Literatur

1. Schmid, B. (2008). *Systemisches Coaching – Konzept und Vorgehensweisen in der Persönlichkeitsberatung* (S. 65–68). EHP-Verlag.

Phase II – Die Flutwelle – Erkrankung

Zusammenfassung Im Stadium der Flutwelle gibt es kein Halten mehr. Wie genau sich dies in Bezug auf eine Burnout-Erkrankung manifestiert, beschreibt die Autorin in dieser zweiten Phase. Sie tauchen in die Skripttheorie ein und erfahren, inwiefern Erlebnisse aus der Kindheit das derzeitige Leben immer noch unbewusst und einschränkend beeinflussen können und welche Möglichkeiten es gibt, diese mehr und mehr hinter sich zu lassen.

Die Flutwelle

Sie kommt unweigerlich, mit einer solchen Wucht und Durchschlagskraft, dass du gar nicht begreifen kannst, was eigentlich geschieht. Dein ganzer Organismus befindet sich in Schockstarre. Fliehen ist sinnlos. Du ahnst, dass etwas Einschneidendes geschehen wird. Dein Unterbewusstsein ist bereit, dem Unaufhaltsamen entgegenzutreten. Dein

Bewusstsein ist unfähig, die Katastrophe in seiner Fülle und Ganzheit zu erfassen. Es ist diese Stille, diese Totenstille, bis es dich schlussendlich überrollt. Du drohst unterzugehen. Dein Körper wird mit einer solchen Wucht mitgerissen, dass es dir den Atem raubt. Du lieferst dich aus. Nimmst entgegen, was dir entgegen kommt. Lässt dich treiben, bereit, an den kantigen, harten Stellen zu zerbersten und deinem Ende in die Augen zu blicken. Irgendwann, eine scheinbare Ewigkeit später, wird es ruhig. Du blickst um dich. Ist das das Ende? Du atmest noch. Es ist still. Totenstill. Du kannst dich nicht bewegen. Bist eingeklemmt in all dem Müll, Dreck und Geröll. Es spielt keine Rolle. Du hast keine Kraft mehr. Du bist bereit für alles, was kommt. Ob du überlebst, spielt im Moment keine Rolle. Du bist froh, dass es endlich ruhig ist. Dass diese Vorahnung dich nicht mehr lähmt. Du genießt die Stille, ohne das Ausmaß der Katastrophe zu begreifen. Dein Körper ist ruhig. Fühlt sich schwer an. Aber du hast keine Schmerzen. Wahrscheinlich der Schockzustand. Egal. Alleine kommst du hier sowieso nicht raus. Vielleicht findet dich jemand. Vielleicht beginnt es bald zu regnen, sodass der Boden sich etwas aufweicht und du dich befreien kannst. Wer weiß. Es spielt keine Rolle. Du gibst dich deinem Schicksal hin. Deine Kraft versiegt. Du wirst ruhig. Es ist vorbei. Endlich.

Meine Geschichte – Verstehen und Einordnen lernen

Diese Phase der Verleugnung vom ersten Anzeichen und des Nicht-Sehen-Wollens von eindeutigen Symptomen zog sich über die nächsten Wochen und Monate hin. Bei meiner Psychologin waren immer wieder die gleichen Themen im Fokus: Schuldgefühle meinem Team gegenüber, die Korrespondenz mit meiner Chefin, Schlafstörungen, Scham und Schuldgefühle wegen der längeren Absenz, Trauer über den Mangel an Energie, Wut über meine Unzulänglichkeit und das Nicht-Arbeiten- und Wie-früher-Funktionieren-Können. Mein Körper hatte früher doch auch immer mitgespielt. Ich war es gewohnt, an meine Grenzen zu gehen und sah das in gewissem Sinne als wichtige Fähigkeit und Stärke. Ich wollte auch jetzt noch mit dem Kopf durch die Wand. Jedes Mal, wenn wieder eine Verlängerung der Krankschreibung anstand, machte ich mir viele Gedanken und schlief vier bis fünf Tage vorher noch unruhiger als sonst. Ich befand mich in einem konstanten emotionalen Stress-Marathon-Lauf. Meine Psychologin blieb beständig, gelassen und überließ mir jeweils die Entscheidung, wie es mit den Absenzen und der Krankschreibung weitergehen sollte. Nach ca. zwei Monaten realisierte ich, dass es vielleicht sinnvoll und notwendig war, die Korrespondenz zu meiner Chefin ganz abzubrechen, da der Austausch per Mail immer noch einen erhöhten Stresslevel bei mir auslöste. Ich war tatsächlich wie auf Nadeln und fühlte mich kein bisschen erholter als zuvor.

Von den Symptomen her war es ein richtiger Horrorlauf. Ich war ständig müde und gleichzeitig total gestresst. In der Nacht wachte ich mehrmals auf und konnte am Morgen oft ab vier Uhr nicht mehr einschlafen. In der Nacht wachte ich vier bis sechs Mal auf und war natürlich am nächsten Tag total gerädert. Aber eben nicht nur wegen dem qualitativ und quantitativ schlechten Schlaf. Ich kam einfach nicht zur Ruhe, hatte immer noch starke Rücken-, Muskel- und Gelenkschmerzen. Manchmal meldete sich auch meine Migräne zurück. Mein Körper war wahrscheinlich durch den ganzen Hormoncocktail völlig aus dem Ruder geraten. Ich stand völlig neben mir und ging dem normalen Alltagsleben so gut wie möglich aus dem Weg. Ich verbrachte die meiste Zeit zu Hause in meinem Bett, wo ich entweder zu schlafen versuchte, meinen Gedanken nachhing oder mir starke Sorgen machte. Wenn es mit dem Gedankenkreisen nicht mehr ging, versuchte ich mich mit Serien abzulenken. Für mehr hatte ich keine Energie.

Ein besonderer Tiefschlag in dieser Anfangszeit war, als meine Chefin mir nach gut fünf Wochen mitteilte, dass sie eine Stellvertretung gefunden habe und es kein Übergabegespräch brauche. Ich solle jetzt einfach auf mich und meine Gesundheit schauen. Das brachte mich völlig aus dem Konzept! Ich fühlte mich missverstanden und in meiner Arbeit und meinem Engagement unzureichend wertgeschätzt. Wie konnte sie nur meine Aufgaben einfach so an jemand Neuen abgeben und tatsächlich glauben, das sei ohne Übergabegespräch möglich?! War sie sich denn nicht bewusst, wie anspruchsvoll und wichtig meine Aufgabe war?! Völlig außer mir rief ich bei meiner Psychologin an und bat um einen kurzfristigen Termin für ein Krisengespräch. Ich fühlte mich total verloren. Was war ich denn nun noch? Oder besser gesagt, wer glaubte ich zu sein?

Wir arbeiteten in dieser Sitzung intensiv daran, meine „neue" Identität und die entstandene Lücke wieder zu füllen, oder zumindest die noch vorhandenen Bruchstücke meiner Identität wieder zusammen zu puzzlen. Ich fühlte mich elend, verloren und völlig überfordert mit der neuen Situation. Ich hatte nun tatsächlich keine Arbeit und keine mir zugeteilten Aufgaben mehr. Unrealistische Existenzängste wie ein möglicher Jobverlust, aufkommende Missgunst meiner Fachkollegen, Gerüchte über einen möglichen Burnout in meinem Team, waren nun Teil meiner gedanklichen Realität. Mir war es immer noch sehr wichtig, dass die Bezeichnung „Burnout" nicht nach außen getragen wurde. Ich hatte furchtbare Angst davor, dass nun

Gerüchte über meine Abwesenheit in Umlauf gebracht würden.

Nachdem ich meiner Chefin mitgeteilt hatte, dass ich meine Mails nicht mehr lesen würde, beruhigte sich die Situation ein wenig. Zwar dauerte es abermals ca. zwei Wochen, bis ich mit den neuen Gegebenheiten zurechtkam, mit der Zeit gelang es mir aber allmählich, ruhiger zu werden. Der allgemeine Stresslevel legte sich. Ich merkte, dass ich in meinem Wohnquartier ständig Angst hatte, jemandem aus meinem Berufsalltag und damit schwierigen Fragen zu begegnen. Wie würde ich darauf reagieren? Welche Fragen würde ich beantworten müssen? Das führte dazu, dass ich wenn immer möglich nicht zu Pausen- oder Mittagszeiten in der Stadt unterwegs war und Orte mit vielen Menschen eher mied. Das tat ich sowieso schon, da mir ein Spaziergang im Wald einfach viel mehr Ruhe und gedanklichen Abstand brachte. Über Auffahrt und Pfingsten gönnte ich mir eine Auszeit in den Bergen. Ich plante einen Tapetenwechsel und buchte für längere Wanderungen eine gemütliche Ferienwohnung in den Alpen. Dieser Abstand zu meiner „Heimat-Realität" tat mir extrem gut. Auch wenn zu Beginn die Rückenschmerzen durch die erhöhte Belastung während des Wanderns verstärkt wurden, ging es mir von Tag zu Tag etwas besser. Insgesamt konnte ich hier freier atmen und meine Gedanken wurden leichter. Mit der Zeit gelang es mir, meine negativen Gefühle wie Trauer, Wut, Scham und die Schuldgefühle etwas nach hinten zu schieben. Ich entspannte mich zunehmend. Allerdings war die Anspannung gleich wieder beträchtlich höher, als ich in meinem Zuhause in der Stadt ankam. Es war, als ob jemand einen Schalter umgelegt hätte. Die Erholung und der gedankliche und emotionale Abstand waren in wenigen Stunden einfach so verpufft. Die Umgebung hatte dementsprechend großen Einfluss auf mein Befinden.

Nach gut drei Monaten und wöchentlichen Therapiesitzungen entschied ich von mir aus, einmal einen Burnout-Online-Test zu machen. Das Ergebnis haute mich schier aus den Socken. Gut 95 % der Fragen beantwortete ich mit „stark ausgeprägt", was auf eine klare „Burnout-Tendenz" hinwies. Im Anschluss fragte ich meine Psychologin, ob sie mir Unterlagen und Informationen zum Thema Burnout geben könne. Ich wollte mich genauer einlesen und das Phänomen besser verstehen. Ich erhielt zwei Broschüren. Das Durchlesen erforderte viel Kraft. Ich war emotional sehr betroffen und arbeitete mich deshalb schrittweise durch. Jeden Tag ein paar Seiten. Eine Broschüre pro Woche. Danach war auch mir klar: Ich war tatsächlich an einem „Burnout" erkrankt! Es fiel mir damals wie Schuppen von den Augen. Ich hatte die Symptome einfach nicht erkannt oder nicht sehen wollen. Mir einzugestehen, dass ich nun tatsächlich an einem „richtigen" und schwerwiegenden Burnout erkrankt war, machte mich unendlich traurig und verstärkte nochmals die Schuldgefühle. Ich fühlte mich so klein, schäbig und schwach. Ich war ausgebildete psychologische Beraterin und hatte daher eigentlich ausreichend Know-how zu diesem Thema. Was war hier falsch gelaufen? Wie konnte ich mich nur selbst über so lange Zeit so in mir und meinen Fähigkeiten täuschen?

Nach und nach gelang es mir immer öfter, in den Therapiesitzungen das Wort „Burnout" zu verwenden, auch wenn mir dabei oft noch die Tränen kamen. Mit der Zeit war es eine Erleichterung, eine Bezeichnung dafür zu haben. Ich war offensichtlich krank. Ich hatte ein Burnout. Ich hatte eine ernst zu nehmende Krankheit. Diese war heilbar.

Trotz der Definition fiel es mir immer noch sehr schwer, mit anderen über diese Thematik zu reden. Ich war immer noch sozial sehr isoliert, vermied jeglichen

Kontakt mit Freunden, da mir die Begegnungen sehr viel Kraft raubten und ich danach völlig erschöpft war. Ich denke, eine große Anstrengung dabei war auch, dass ich immer noch den Schein wahren wollte. Ich wollte nicht über mich oder meinen Zustand reden und sah gleichzeitig keine Möglichkeit, diesem Thema auf die Frage „Wie geht es dir denn?" auszuweichen. Also ließ ich mich gar nicht auf die Begegnungen mit Freunden oder Familienangehörigen ein. Mit der Situation rund um Covid fiel das gar nicht weiter auf. Die Menschen in meinem sozialen Umfeld waren ja immer noch soweit informiert, dass ich als Schulleiterin tätig war und jeder konnte sich vorstellen, wie viel Arbeit und Mehraufwand dies in den letzten Monaten unter Einfluss von Covid wohl bedeutet hatte.

In der Gesprächstherapie beschäftigte ich mich mit Themen der Identität, der Krankheit und Selbstfürsorge und meinen immer noch sehr stark vorhandenen Schuldgefühlen. Ich wusste aus meiner Ausbildung als Transaktionsanalytikerin, dass viele Skriptthemen durch Stress und Krisen wieder stärker hervortreten konnten. Skriptthemen bezeichnen Glaubenssätze, Denk-, Fühl- und Verhaltensmuster, etc., die in der Kindheit entstanden sind und im Hier und Jetzt nicht mehr zielführend oder sogar hemmend und einengend wirken. Dies war auch bei mir der Fall. Ich setzte mich selbst sehr unter Druck, wollte stark sein und möglichst bald und schnell wieder gesund werden. Für mich war Schwäche spüren und mir diese selbst eingestehen eine persönliche Niederlage, die ich lange nicht als Stärke einordnen konnte. Ich wollte nach wie vor oft mit dem Kopf durch die Wand und hätte meinen Körper und meine Seele am liebsten dazu gezwungen, wieder leistungsfähig zu sein. Doch das ging nicht und so kam ich immer und immer wieder an meine persönlichen Grenzen. Zudem musste ich ja auch noch mit den körperlichen Symptomen irgendwie klar kommen. Diese waren immer noch sehr ausgeprägt: Schwäche, Muskel- und Gelenkschmerzen, Rückenschmerzen, Migräne, Schlafstörungen, Angstzustände, Existenzängste, soziale Isolation. In dieser anspruchsvollen Zeit wurde ich von meinem Hausarzt kompetent und gut begleitet. Er half mir, indem er die Ruhe bewahrte, mir aufmerksam zuhörte und gleichzeitig die teilweise diffusen Symptome nicht überinterpretierte. Ich fühlte mich gehört, verstanden und ernst genommen. Auch gelang es ihm, mir zu vermitteln, dass es in Ordnung war, mich auszuruhen und mir und meinem Körper ausreichend Zeit für die Genesung zu lassen.

Ein wichtiger Meilenstein für mich war die Erkenntnis, dass ich nicht meine Krankheit bin. Diese bestimmt nicht meine Identität. Und sie war wie gesagt behandelbar. Dies musste ich mir immer wieder vor Augen halten, besonders in den Momenten, in denen ich meine Grenzen, die Müdigkeit und Erschöpfung intensiv spürte. Es würde irgendwann besser werden, auch wenn es sich im Moment nicht so anfühlte. Das entwickelte sich bei mir schon fast zu einem Mantra, welches ich mir täglich wieder vor Augen führte.

In all der Zeit vermied ich es weiterhin, meinem Umfeld von meiner Erkrankung zu erzählen. Ich ging sozialem Kontakt mit Freunden bewusst aus dem Weg. Zum einen, weil es mich sehr viel Energie kostete und ich meist lieber mit mir alleine sein wollte. Zudem wollte ich vermeiden, dass ich bei Fragen ausweichend antworten oder gar lügen musste. Das konnte ich mit meinem Gewissen kaum vereinbaren. Andererseits spürte ich, dass ich mir im Moment ausreichend Schutz gewähren musste. Der soziale Rückzug schien für mich die beste und einzige Lösung. Ich hatte das Recht, mich zurückzuziehen und zu schützen. Auch wenn mein Gegenüber den Kontakt vermisste. Im Moment musste ich zwingend zu mir und meiner Gesundheit schauen. Ich hatte keine andere Wahl!

Nach gut drei Monaten überwand ich mich doch, mal wieder eine Freundin zum Kaffee zu treffen. Was konnte schon passieren? Eigentlich nichts. Ich hatte mir das wohl einfach über die Zeit eingeredet. Ich würde im Moment dann schon merken, ob es sich richtig anfühlte, die Wahrheit zu sagen. So redete ich mir gut zu, damit ich den Termin dann auch wahrnehmen konnte. Ich war mittlerweile Meisterin darin, Gespräche immer wieder bewusst auf mein Gegenüber zu lenken und ausweichend zu antworten. Dies war zu einer neuen Überlebensstrategie geworden. Der Nachmittag mit meiner Freundin verging wie im Flug und wir hatten eine schöne Zeit. Gegen Ende begann meine Freundin dann aber doch bezüglich meiner Arbeitssituation genauer nachzufragen. Ich hätte lügen müssen, also entschied ich mich für die Wahrheit. Meine Freundin reagierte verständnisvoll, war aber mit Kinderbetreuung und Nachbarschaftsbesuch so eingespannt, dass das Gespräch neben ein paar gutgemeinten, plakativen Ratschlägen insgesamt sehr oberflächlich blieb. Auf dem Nachhauseweg überrollten mich die aufkommenden Gefühle. Was hatte ich mir nur dabei gedacht? Ich hatte Schweißausbrüche und mir traten plötzlich Tränen in die Augen. Wie nur konnte ich meine eigenen Grenzen einfach so überschreiten und einer Außenstehenden anvertrauen, dass ich ein Burnout hatte? Wie konnte ich nur so unachtsam sein? Abermals überkamen mich starke Schuldgefühle und ein lähmendes Schamgefühl. Rational wusste ich, dass das übertrieben war. Emotional war ich jedoch völlig am Ende mit meinen Nerven. Meine Gedanken kreisten. Ich verkrampfte mich total und konnte den Sinn und Zweck nicht erkennen, warum ich mich überhaupt irgendjemandem in Zukunft je mehr anvertrauen sollte. Es war es einfach nicht wert, verletzt zu werden. Natürlich war dieses Erlebnis Thema in meiner nächsten Therapiesitzung. Es ging immer wieder um dieselben Themen – Grenzen und

Schutz und wie ich es selbst schaffte, mir ausreichend Sorge zu tragen. Aufgrund dieser Begegnung entschied ich für mich aus Selbstschutz, vorerst niemandem mehr von meiner Situation oder meiner Erkrankung zu erzählen. Ich hatte einfach nicht die Kraft dazu!

Ich beschäftigte mich in dieser Zeit intensiv mit dem Thema Intuition. Ich hatte auf so viele Fragen einfach keine Antwort. Wenn ich diese in meinen Gedanken suchte, tendierte ich dazu, im Gedankenkarussell festzustecken und nicht mehr aussteigen zu können. Ich war dadurch total gestresst und müde und merkte, dass das in vielen Fällen völlig kontraproduktiv war. Der Zugang über meine Intuition war daher viel einfacher und ich bemerkte, wie mich dieses Thema beflügelte und in vielen Momenten neue Perspektiven, Hoffnung und Zuversicht gab. Und dies hatte ich in der momentanen Verfassung definitiv nötiger denn je.

Mehrere Wochen später traf ich eine andere Freundin zum Kaffee. Ich war vorrangig wieder sehr nervös, machte mir viele Gedanken und redete mir ein, dass ich, wenn ich nicht wollte, nichts von mir erzählen müsste. Es war mein Recht, mich ausreichend zu schützen. Wir spazierten durch ein kleines Städtchen und ich entspannte mich. Für einen Moment konnte ich sogar vergessen, in welcher Situation ich mich befand. Und dann ergab es sich, unverhofft und spontan, dass ich dann doch den Mut hatte, von meiner Krankheit zu erzählen. Meine Freundin reagierte ganz anders. Sie hörte einfach nur ruhig zu. Ich erzählte ihr von den anhaltenden Schlafstörungen, der Erschöpfung, den Selbstzweifeln und Schuldgefühlen. Sie gab mir keine gut gemeinten Ratschläge. Sie hörte einfach nur zu! Ich fühlte mich verstanden, ohne bewertet oder eingeordnet zu werden. Was für eine Erleichterung!

Ich spielte in der Zeit noch mit dem Gedanken, doch schon vor dem Schuljahresende wieder arbeiten zu gehen.

Das ständige Nichtstun gepaart mit den anhaltenden Schuldgefühlen machte mir zu schaffen und der für mich einzige Ausweg schien mir, mich wieder den Herausforderungen zu stellen. Meine Freundin meinte zu dieser Idee, sie wisse aus eigener Erfahrung aus der Arbeit als Schulleiterin, dass ein gut geleitetes Schulteam auch eine Zeit lang ohne den Chef auskommen würde. Zudem meinte sie, dass dies aufgrund meiner momentanen Befindlichkeit völliger „Nonsens" sei. Das Team würde sicher auch gut noch etwas ohne mich auskommen und ich solle nun „gopf nomol" (Schweizer Dialekt für „verdammt nochmal") endlich zu mir und meiner Gesundheit schauen. Sie nahm mich in den Arm und drückte mich kräftig. Das gab mir Mut! Ich fühlte mich ernst genommen! Mir kamen abermals die Tränen. Wie sehr hatte ich einen solchen ermutigenden Zuspruch von außen gebraucht?! Zudem half mir der Hinweis, dass mein Team sicherlich noch etwas länger ohne mich auskommen würde. Das traf sicherlich zu, denn ich hatte ein wirklich tolles Team!

Nun hatte ich ein ermutigendes Erlebnis bezüglich Austausch mit einer Freundin. Die Erfahrung, mir selbst Offenheit und Schutz bieten zu können, gab mir Mut und ein gutes Fundament, auf das mein Selbstvertrauen weiter aufbauen konnte. Bisher hatte ich mit meinem damaligen Partner noch nicht über meinen Zustand gesprochen. Wir hatten uns kurz vor Beginn meiner Krankschreibung kennengelernt und weil ich der Meinung war, dass es sich nur um eine kurze Auszeit handeln würde, erzählte ich ihm anfänglich nichts von meinen Problemen. Mit der Zeit wurde es immer schwerer, dieses Thema überhaupt anzusprechen. Da wir nicht zusammen wohnten und wir erst in der Anfangsphase einer möglichen Beziehung waren, entschied ich mich auch hier weiterhin fürs Schweigen. Es war ja schon fast normal, dass ich im sozialen Kontakt, in Gesprächen mit ihm, dem Thema rund um mein Befinden und meiner Gesundheit erfolgreich auswich. Das bewusste Verdrängen verschaffte mir am Wochenende, wenn wir uns trafen, eine Art Insel, welche mir gedanklich Erleichterung und eine Pause von der Realität ermöglichte. Das tat mir sehr gut. Natürlich bemerkte er, wie erschöpft ich oft war. Ich versuchte jedoch auch hier, gute und nachvollziehbare Erklärungen zu finden, um den Schein so gut als möglich zu wahren. Ich erfand plausible Ausreden und versuchte unter der Woche, mich nachträglich und im Eilverfahren ausreichend von der gemeinsamen, für mich oftmals intensiven Paarzeit, auszuruhen.

Irgendwann wollte ich ihm die Wahrheit sagen. Das spürte ich. Es war mir wichtig, ihn einzuweihen und zu sehen, wie er darauf reagiert. Aber auch für diese Umsetzung musste ich mir über Wochen zuerst Mut erarbeiten. Nach meinem positiven Erlebnis mit meiner Freundin schaffte ich es nach ein paar Wochen dann doch, ihn in die Thematik rund um meine Erkrankung einzuweihen. Glücklicherweise reagierte auch er verständnisvoll, wertfrei, liebevoll und gut abgegrenzt. Ihm war eine gewisse Inkongruenz bezüglich meiner Aussagen und Handlungen bereits aufgefallen. Er konnte sie jedoch für sich nie wirklich sinnvoll deuten und einordnen. Rückblickend machten für ihn auf diese Weise viele meiner Aussagen und Handlungen mehr Sinn. Das wirkte sich klärend, entspannend und insgesamt positiv auf unsere Beziehung aus. Eine weitere Hürde war geschafft und ich entspannte mich zunehmend.

Nun waren bereits drei Personen in meinem engeren Umfeld bezüglich meiner Burnout-Erkrankung eingeweiht. Bei meiner Familie entschied ich mich jedoch weiterhin bewusst fürs Stillschweigen. Ich wollte nicht, dass sich meine Mutter und meine Geschwister unnötig Sorgen um mich machten. Ich hatte die Befürchtung, dass das

Thema Burnout dann überall und immer Thema war und mir der gedankliche Abstand noch schwerer fallen würde. Zudem war es so für mich viel einfacher, mich zeitlich und emotional ausreichend abzugrenzen. Das Stillschweigen erleichterte mir, mich während der kommenden Wochen voll und ganz auf mich und meine Genesung zu konzentrieren. Anfang Juni entschied ich in Absprache mit meiner Psychologin, dass ein Start mit der Arbeit erst nach den Sommerferien sinnvoll war. Dies gab mir nochmals gut zwei Monate für den Heilungsprozess. Hoffentlich würde das ausreichen.

Burnout Diary – Blitzlichter

„Burnout ist wie ein freier Fall ins Bodenlose. Du realisierst erst in der Luft, dass sowohl die Reißleine wie auch der Rettungsschirm beim Abflug vergessen gingen."
Rebecca Petersen

Ich schlafe immer noch sehr schlecht. Über den Tag verteilt muss ich mich mehrmals hinlegen. Abends gehe ich immer sehr früh zu Bett, zum einen sehe ich nicht ein, warum ich länger wach bleiben sollte und zum anderen bin ich eh meistens ab 18 Uhr so müde, dass ich tot umfallen könnte.

Die Rückenschmerzen sind langsam etwas besser geworden. Die Physiotherapie trägt ihren Teil dazu bei. Zum Glück! Ich bin jedoch zu erschöpft, um bereits wieder Sport zu treiben oder Krafttraining zu absolvieren. Das muss warten! Durch die Selbstreflexion bemerke ich, wie die Rückenschmerzen kommen und gehen, je nach Situation und meinen aufwühlenden Gedanken. Ich kann mittlerweile sogar daran ablesen, wie sehr ich mir Sorgen mache oder wie sehr mich eine Situation belastet. Die

Schmerzen scheinen mit meinen Schuld- und Schamgefühlen in Zusammenhang zu stehen. Ich muss mir an diesem Punkt wohl eingestehen, dass hier eine psychosomatische Verbindung besteht.

Nichtsdestotrotz: Die Zeit vergeht schnell. Die Tage scheinen nur so zu verfliegen. Gefühlt kriege ich kaum etwas Sinnvolles zustande. Das nagt an meinem Selbstwert. Wer bin ich denn noch, wenn ich nichts leisten kann? Was hat mein Leben dann für einen Sinn? Kann es tatsächlich sein, dass meine Arbeit einen solch hohen Stellenwert eingenommen hat, der schlussendlich meine ganze Identität bestimmt? Woran habe ich früher eigentlich wirklich Freude gehabt? Es ist schon so lange her, dass ich mich daran erinnern kann, etwas für mich unternommen oder getan zu haben, das mir wirklich Freude bereitet hat. Nicht dass mir das nicht wichtig gewesen wäre. Ich war einfach immer zu müde oder zu beschäftigt und hatte wohl den Moment verpasst, mir das früh genug einzugestehen und etwas nachhaltig daran zu verändern.

Erneut geht es darum zu entscheiden, wann ich wieder arbeiten gehen werde. Die Ferien sind schon fast vorüber und ich werde wieder nervös und unruhig. Bin ich schon so weit? Ich denke nicht. Was werden wohl meine MitarbeiterInnen und meine Chefin sagen? Wie werden sie auf mich reagieren, wenn ich zurückkomme? Bin ich überhaupt schon wieder arbeits- und leistungsfähig? Im Gespräch mit meiner Therapeutin merke ich, dass mir nur schon die Gedanken daran zu viel werden. Die Angst blockiert mich und setzt mich großem Druck aus. Nur schon ein Gespräch mit der Case-Managerin bedeutet für mich zusätzlichen Stress, den ich über Tage hinweg im Vor- und Nachhinein für mich einordnen und verdauen muss. Hinzu kommt, dass meine Psychotherapeutin bald aufhören wird zu arbeiten. Das ist ein Rückschritt! Wie soll ich nur wieder zu jemand Neuem ausreichend Vertrauen aufbauen können? Das wird wieder Zeit brauchen und mich in meinem Genesungsverlauf zurückwerfen. Ich habe Angst vor dem Therapeutenwechsel und fühle mich an die Wand gedrängt. Aber mir bleibt nichts anderes übrig, als dort weiterzumachen, wo ich stehen geblieben bin und mit dem auszukommen, was gerade ist und was sich zeigen wird.

Angst dominiert meine Welt. Es fällt mir schwer, zuversichtlich zu bleiben. Ich habe so viele Befürchtungen. Das Vertrauen in meinen Körper und in meine Leistungsfähigkeit habe ich scheinbar verloren. Ich zweifle sehr an mir und an meinen Fähigkeiten. Die Erinnerung an die letzten Wochen vor meinem Ausscheiden betrübt mich. Jetzt zu realisieren, wie gehetzt ich unterwegs war und wie sehr ich mich und meinen Zustand verleugnet und meine Situation missinterpretiert habe, erschreckt und verunsichert mich zutiefst. Was, wenn mir das wieder passiert? Ich habe es nun schon einmal erlebt und es hat nach dem „Ausstieg" Monate gedauert, bis ich die „Entfremdung" von mir selbst bemerkt habe und in ihrem vollen Umfang erkennen konnte.

Es gibt auch gute Tage. Das sind die, an denen ich mich überwinden kann und versuche, das Gute zu sehen. Tagen, an denen ich den Fokus auf das lenke, was gerade im Hier und Jetzt um mich passiert. In denen ich mein Wohlbefinden nicht von meiner Arbeit oder meinen Leistungen abhängig mache. In denen ich mich zur Zuversicht „überliste", auch wenn ich mich manchmal dabei schuldig fühle, denn Verdrängen gehört eigentlich nicht zu meiner „perfekten" Welt. Ich habe gelernt, Probleme anzugehen und in Aktion zu treten. So habe ich bisher jede Hürde gemeistert. Schritt um Schritt, einfach immer vorwärts in Richtung Ziel. Diese Strategie funktioniert bei der Genesung von einem Burnout nicht mehr. Ich bin zur Geduld verdammt, kann nicht erzwingen, dass meine Genesung schneller voran geht. Sie verläuft nicht linear und ich trage gefühlt nur wenig dazu bei. Meine Aufgabe ist mit dem Moment zu gehen und wieder und wieder Vertrauen in mich und das Leben zu schöpfen, mir einzureden, dass alles gut kommen wird. Zuzulassen, dass ich manchmal schwach bin und dies als „neu entdeckte" Stärke zu sehen und anzuerkennen.

Unter der Woche lebe ich immer denselben Tagesablauf. Aufstehen, lesen, meditieren, duschen, schreiben oder spazieren, essen, ausruhen, lesen, ausruhen, ins Bett gehen. Ich pflege keine Sozialkontakte. Meist habe ich pro Tag noch einen zusätzlichen Termin, sei es Physio- oder Psychotherapie, Arztkonsultation, etc.. Das ist dann schon ausreichend stressig für mich und ich genieße jeden Tag, an dem ich keinen solchen Termin wahrnehmen muss. Wenn möglich plane ich solche Termine für den Nachmittag ein, weil es am Morgen einige Zeit dauert, bis ich in die Gänge komme. Und wenn ich zu einem bestimmten Zeitpunkt irgendwo sein muss, ist das für mich mit viel Stress und Druck verbunden. Ich bin definitiv nicht mehr so leistungsfähig und planerisch strukturiert wie früher. Und ich habe einen Widerwillen gegen das Müssen entwickelt. Ich möchte wollen können, aus innerer Freude und aus Sinnhaftigkeit, mit Fokus auf mein Wohlbefinden und meine Gesundheit.

Wenn ich spazieren gehe, achte ich darauf, möglichst nicht zu Zeiten unterwegs zu sein, in denen ich Arbeitskollegen oder MitarbeiterInnen begegnen könnte. Ich vermeide es, in meinem Büroquartier unterwegs zu sein. Schnell sind Schuld- und Schamgefühle da, die mich unendlich traurig stimmen. Dem gehe ich bewusst aus dem Weg. Am liebsten gehe ich sowieso an Orte, an denen kaum Leute unterwegs sind. Ein Spaziergang im Wald oder in den Park, das tut mir gut und lässt mich für wenige Stunden vergessen, in welcher verfahrenen Situation ich mich momentan befinde.

Immer noch sind nur kleine Verbesserungen sicht- und spürbar. Das entmutigt mich zunehmend. Der Schlaf ist sehr unruhig und das Einschlafen gelingt mir kaum ohne Medikamente. Mittlerweile erachte ich meine Tagesaufgabe darin, mich bei Laune zu halten und mein Möglichstes zu tun, dass ich den Mut und die Selbstachtung nicht gänzlich verliere. Meine Laune ist schwankend. Es gibt Tage, da geht es mir extrem mies und ich möchte mich einfach nur heulend in meinem Bett verkriechen. Und das ohne ersichtlichen Grund. Und es gibt Tage, da keimt die Hoffnung wieder in mir auf. Das einzige, was ich tun kann, ist zu lernen, mit diesen Hochs und Tiefs gut umzugehen und mich und mein Selbstvertrauen und meinen Selbstwert nicht daran zu messen. Das kostet oftmals viel Kraft. Ich habe immer noch nicht ausreichend Energie und sehe keinen Sinn darin, mich über meine Erkrankung mit anderen Personen auszutauschen. Das Leben ist so schon schwer genug, auch ohne dass ich weitere Perspektiven oder Ratschläge in meine Lebenswelt integrieren muss oder den Fokus bewusst auf das lege, was in meinem Leben nicht funktioniert. Ich möchte positiv sein und im Moment gelingt mir das am besten, wenn ich für mich alleine bin und zu meinen Bedürfnissen schauen kann.

Die Zeit vergeht. Ich arbeite immer noch nicht. Die Schuld- und Schamgefühle sind stark präsent. Aber sie bringen mich nicht weiter. Ich suche immer wieder mögliche Gründe und Erklärungen für meinen Zustand. Versuche herauszufinden, wie es soweit kommen konnte. Versuche, irgendwie Sinn daraus zu schöpfen. Im Moment kann ich diesen noch nicht benennen. Ich hoffe so sehr, dass mir das nie, nie wieder passieren wird! Andererseits möchte ich einfach das Beste daraus machen, die Vergangenheit hinter mir lassen, nach vorne schauen. Aber es bleibt mir sowieso nur der Blick nach vorn und das Aushalten und Wahrnehmen im Moment. Ich merke, dass es nicht viel bringt, schon irgendwelche Pläne zu schmieden. Es ist wie es ist und ich muss langsam aber sicher akzeptieren, dass nichts in meinem privaten wie beruflichen Umfeld mehr so sein wird wie vor meiner Burnout-Erkrankung.

Bildlich gesprochen – Die Flutwelle – Der Fall in die Tiefe – Sinnkrise

2 Die Flutwelle – der Fall in die Tiefe – Sinnkrise

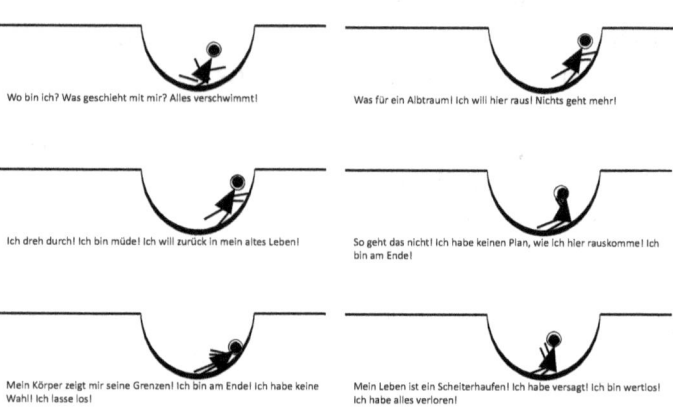

Wo bin ich? Was geschieht mit mir? Alles verschwimmt!

Was für ein Albtraum! Ich will hier raus! Nichts geht mehr!

Ich dreh durch! Ich bin müde! Ich will zurück in mein altes Leben!

So geht das nicht! Ich habe keinen Plan, wie ich hier rauskomme! Ich bin am Ende!

Mein Körper zeigt mir seine Grenzen! Ich bin am Ende! Ich habe keine Wahl! Ich lasse los!

Mein Leben ist ein Scheiterhaufen! Ich habe versagt! Ich bin wertlos! Ich habe alles verloren!

Für (mögliche) Betroffene – Selbstreflexion und Resilienz stärken

In der akuten Phase eines Burnouts kann es sein, dass Sie sich neben der totalen Erschöpfung und Müdigkeit gleichzeitig traurig, gereizt, wütend oder aggressiv fühlen. Jegliche Emotionen sind möglich und ok, auch wenn sie der Situation nicht immer zugeordnet werden können. Nicht selten sind Emotionen wie Trauer, Scham oder Schuld mit dabei. Es scheint, dass der durch den Stress völlig durcheinander geratene Hormonhaushalt das Emotionsempfinden ordentlich durcheinander schüttelt. Es ist möglich, dass Sie zu Beginn gar nicht mehr wirklich etwas fühlen oder unfähig sind, sich selbst und ihren Körper wahrzunehmen! Das war bei mir lange Zeit so und das Erschreckende war, dass ich es gar nicht mehr als Unterschied zu früher wahrnehmen konnte! Es scheint, dass bei mir im Stress- und Überlebensmodus aus Eigenschutz eine Abspaltung vom eigenen Wahrnehmen und Empfinden stattgefunden hat. Ich denke rückblickend oft, dass mein Körper und meine Seele in all der Zeit eigentlich clever reagiert haben - ein Zusammenbruch aus Selbstschutz. Ich wollte einfach nicht hinhören und habe die unzähligen körperlichen und seelischen Anzeichen übersehen oder bewusst übergangen.

In dieser zweiten Phase habe ich die Symptome nochmals schlimmer erlebt als vor dem eigentlichen Ausstieg. Das mag daran liegen, dass ich nach viel Zeit, Schlaf und Erholung langsam zurück zu meinem Denken fand und realisierte, was da eigentlich von statten ging. Ich nahm die Schmerzen und die Erschöpfung viel bewusster wahr und ordnete sie als klare Schwäche und Misserfolg ein. In dieser Phase können nochmals ganz neue, unterschiedliche Symptome auftauchen, welche sowohl den Körper wie auch die Psyche, das Innenleben, betreffen. Aus meiner Erfahrung hat sich gezeigt, dass die körperlichen Symptome am Ende der Wahrnehmungsskala zu finden sind und dass vorher bereits ein inneres Unwohlsein, eine Überforderung, Grenzüberschreitung, Verletzungen etc. unbemerkt stattgefunden haben. Zu Beginn der akuten Phase war mir das schlichtweg nicht bewusst. Die Rückenschmerzen waren aus meiner Sicht das eigentliche Problem! Ich hätte nie gedacht, dass der langanhaltende Stress und die daraus resultierenden körperlichen Auswirkungen die eigentliche Ursache all meiner Beschwerden und

Symptome waren. Mir war nicht bewusst, dass ich schon lange Zeit davor viel zu viel Stress und Druck zugelassen hatte, ohne adäquat darauf zu reagieren und etwas an diesem Umstand zu ändern.

Ich hatte kurz vor dem Burnout einfach kaum mehr Kraft und Energie, um mir über solche Dinge Gedanken zu machen. Nach einigen Monaten der Erholung konnte ich meinen Körper und meine Gedanken schrittweise immer besser wahrnehmen und Ereignisse (äußerlich oder innerlich) für mich einordnen und einem Körperempfinden zuordnen. Diese „Selbstschulung" dauerte aber lange und ich ertappte mich immer wieder dabei, in die Falle zu treten und zu spät zu merken, wodurch der körperliche Schmerz ursprünglich ausgelöst wurde.

Hinzu kam meine Ungeduld bezüglich Genesung, die sich immer wieder mit dem Gefühl von Angst, Hoffnungslosigkeit und Ausweglosigkeit vermischte. Das Vertrauen in den eigenen Körper und die eigene Person zurückzugewinnen, ist ein langwieriger Prozess! Es ist harte Arbeit, um ehrlich zu sein! Aber es wird besser und es lohnt sich! Auch wenn immer wieder einmal Rückschläge zu verzeichnen sind oder über lange Zeit keine merklichen Verbesserungen ersichtlich sind. Es wird besser werden! Hormonell wie auch psychisch werden Sie Fortschritte machen, die Sie schrittweise wieder zu sich selbst finden lassen! Halten Sie durch, bleiben Sie auf der Spur und orientieren Sie sich wenn immer möglich an Ihren Bedürfnissen und daran, was Ihnen im Moment gerade gut tut und was Ihnen die nötige Kraft und Zuversicht spendet.

> Es lohnt sich, dranzubleiben und nicht aufzugeben! Besserung wird sich einstellen, auch wenn es sich anders anfühlt und Rückschläge passieren können! Auch das ist Teil des

> Genesungsprozesses! Nutzen Sie die Chance, sich und Ihren Körper neu kennenzulernen! Ich wünsche Ihnen von Herzen alles Gute und weiterhin viel Zuversicht!

Für Angehörige, Freunde und MitarbeiterInnen – Systemdenken

Die akute Phase des Burnouts ist eine schwierige Phase, die sich je nach Person ganz unterschiedlich äußert. Zudem kann die Befindlichkeit über den Tag verteilt auf und ab schwanken, ohne dass es dazu wirklich einen bestimmten Auslöser gibt. Es ist daher wichtig, im Zusammenleben viel Freiraum, Ruhe und Schutz zu bieten und wenn möglich mit dem Moment zu gehen. Der Betroffene hat schon genug mit sich selbst zu tun und meist ist das schon Anstrengung genug. Einfach zu funktionieren, geht zu diesem Zeitpunkt nicht mehr und ist aus meiner Sicht auch kontraproduktiv. Es braucht Vertrauen in den Betroffenen und die Situation, dass dessen Körper und Psyche sich mit der Zeit wieder erholen werden und sich Besserung einstellen wird.

Kleine Dinge des Alltags können bereits eine Herausforderung darstellen, auch wenn keine Depression diagnostiziert wurde. Menschen mit einer Burnout-Erkrankung sind zudem Meister darin, den Schein zu wahren. Oftmals sieht man der Person nicht direkt an, wie es in ihrem Innersten wirklich aussieht. Und es ist auch nicht so, dass das Reden über die Burnout-Erkrankung hilfreich sein muss. Manchmal tut es gut, einfach abzuschalten und in einem Umfeld zu sein, in dem man so tun kann, als ob alles in Ordnung ist und man sich nicht erklären muss.

Diese Phase bedarf viel Feingefühl und Verständnis von außen und ist eine große Herausforderung für das Zusammenleben in der Familie. Die akute Phase zeichnet sich dadurch aus, dass es viel Geduld, Hoffnung und Zuversicht von allen Beteiligten fordert, ohne dabei wirklich abschätzen zu können, wann und ob die Befindlichkeit sich tatsächlich verbessern wird. Oftmals passieren positive Veränderungen unmerklich und werden erst im Nachhinein „als größeres Ganzes" wahrnehmbar. Manchmal werden Verbesserungen zuerst von der Außenwelt wahrgenommen, lange Zeit bevor es der Betroffene/die Betroffene selbst wahrnehmen kann. Aus diesem Grund kann ein persönlicher Austausch von Zeit zu Zeit hilfreich sein. Natürlich nur, wenn es dem/der Betroffenen auch ein Bedürfnis ist. Hier hilft, wenn Sie einfach offen und ehrlich kommunizieren und mitteilen, wie es Ihnen dabei geht und welche Unsicherheiten oder Fragen bei Ihnen vorhanden sind. Das kann schon beträchtlich zur Entspannung einer Situation und zum gegenseitigen Verständnis beitragen.

> Als Familie und MitarbeiterInnen haben Sie eine wichtige Funktion in der Genesungsphase. Es bedarf nicht immer aktiver Hilfestellung. Jedoch ist Ihre Präsenz, Wertschätzung und Unterstützung wichtig. Es ist nicht immer einfach zu erkennen, was gerade unterstützend wirkt. Sie müssen dies aber auch nicht alleine herausfinden. Fragen Sie im Zweifelsfall am besten nach! Der Genesungsweg kann lange und kräftezehrend sein - auch für die Beteiligten! Ich wünsche Ihnen von Herzen gutes Durch- und Aushalten in der Ungewissheit!

Für Führungskräfte – Cooperate/Social Responsibility

Die akute Phase der Burnout-Erkrankung und was der/die Betroffene in dieser Zeit durchmachen wird, bleibt für Sie als Führungskraft wahrscheinlich mehrheitlich im Verborgenen. Über Burnout gibt es so viele Vorstellungen und Vorurteile, welche im Team in Umlauf geraten können. Daher macht es wie gesagt Sinn, die Gefahr einer Burnout-Erkrankung frühzeitig und präventiv in Ihrer Organisation zu thematisieren oder im Idealfall das Thema Resilienz wiederkehrend im Rahmen der Teamentwicklung und eines nachhaltigen Gesundheitsmanagements zu integrieren.

Die Diagnose Burnout muss nicht immer gleich schon von Beginn weg klar sein und gegen außen kommuniziert werden. Ist der Betroffene aufgrund von Erschöpfung und körperlichen Symptomen krankgeschrieben, kann es sich um eine Burnout-Erkrankung handeln, muss es aber nicht. Das genauere Ausmaß zeigt sich wahrscheinlich erst im Verlauf der Krankschreibung. Denn oft erkennen Burnout-Betroffene selbst in der akuten Phase die Symptome nicht oder nur vereinzelt und haben selbst den Blick für das größere Ganze aus den Augen verloren.

Oftmals ahnen sie zwar, dass etwas „Zentrales" in ihrem Leben nicht mehr stimmt. Sie merken dabei vielleicht, dass sie ständig unter Stress stehen, sie ihre Leistung nicht mehr erbringen können und die Motivation gänzlich im Keller ist, jedoch sind manche Betroffene gut darin, den Schein zu wahren und sich selbst und Ihre Außenwelt zu täuschen. Sie wollen einfach nicht sehen, was Sache ist und haben keine wirkliche Idee, was denn ihre Situation verbessern könnte. Gegen Ende fehlt dann die Kraft, etwas aktiv an der belastenden Situation zu verändern. Viele Betroffene wollen am liebsten zurück an ihren Arbeitsplatz, jedoch lassen der Körper und die Psyche es ab einem bestimmten Punkt einfach nicht mehr zu. Hier wirkt nicht nur die gängige Überforderung durch Stress, sondern allenfalls bereits der Hormoncocktail der zunehmenden Burnout-Erkrankung, der die Eigenwahrnehmung nachhaltig trübt.

Ein Burnout in dieser Situation anzusprechen ist eine Gratwanderung, weil der Burnout-Betroffene die Hinweise gegebenenfalls abwehrt oder nicht ernst nimmt. Ich bin jedoch der Meinung, dass je sensibilisierter ein Team im gemeinsamen Umgang und bezüglich einer Burnout-Erkrankung ist, es desto einfacher wird, die eigene Wahrnehmung einem anderen adäquat und gut abgegrenzt zu kommunizieren und so seine Eindrücke und Einschätzungen wertschätzend und wirkungsvoll beim Gegenüber zu deponieren.

Oftmals werden Führungskräfte und MitarbeiterInnen im Team in Bezug auf das Ansprechen unsicher, weil sie selbst zu wenig über die Burnout-Erkrankung wissen und sich daher nicht anmaßen wollen, von außen ein Urteil zu fällen oder eine subjektive Einschätzung vorzunehmen. Oftmals ist es aber auch so, dass der Betroffene sehr bewusst und geschickt seinen Zustand zu verbergen weiß. Manchmal betrifft es sogar gerade die Personen, die vordergründig noch besonders unterstützend und motivierend auf andere reagieren, obwohl es innerlich in der Person bereits seit Längerem „brodelt", sodass die Burnout-Erkrankung bis zum Zusammenbruch von Körper und Seele unentdeckt bleiben kann. Das heißt, dass Sie die Burnout-Erkrankung im schlechtesten Fall gar nicht wirklich erkennen können und daher auf Ihr Bauchgefühl hören sollten und trotzdem gut abgegrenzt bleiben müssen. Manche Betroffene sagen im Nachhinein, dass sie extrem erleichtert waren, als endlich jemand im Team oder die Führungskraft sie darauf angesprochen hat. Erst durch die Außensicht konnten sie sich selbst eine vorliegende Burnout-Erkrankung eingestehen und sich Hilfe holen.

Fakt ist, dass sich eine Burnout-Erkrankung in einigen Fällen tatsächlich nicht verhindern lässt. Es macht aus meiner Sicht aber Sinn, das Thema trotzdem ernst zu nehmen und in den Teamentwicklungsprozess bewusst einzubauen und die Resilienz und Gesundheit der Mitarbeitenden regelmäßig in den Fokus zu stellen und sich darüber auszutauschen. Dies ist eng verbunden mit gelingender, wertschätzender Kommunikation im Team, einer Klärung bezüglich Haltung, Werte und Ziele in der Organisation und der Möglichkeit zur Selbstreflexion bezüglich persönlicher Ausrichtung, Stärken und Ressourcen, welche als Ganzes in den Erfolg des Betriebs einfließen werden. Schafft es eine Organisation, diese unterschiedlichen Ebenen bewusst und gezielt anzusprechen und zu fördern, und eine „gesunde" Teamkultur zu schaffen, ist in Bezug zur Prävention einer Burnout-Erkrankung schon vieles getan.

> Als Führungskraft tragen Sie eine wichtige Schlüsselfunktion in der Erkrankungsphase. Das Spannungsfeld zwischen der Frage „Was braucht der/die MitarbeiterIn?" und „Was braucht das Team und/oder die Organisation?" ist oftmals anspruchsvoll. Vielleicht ist auch lange unklar, wie es für die Person betrieblich weitergehen wird. Diese Ungewissheit gilt es auf beiden Seiten auszuhalten! Ich wünsche Ihnen von Herzen gutes Aus- und Durchhalten in dieser anspruchsvollen Phase!

(Selbst-)Reflexion – Schritte zur Selbsterkenntnis

Ein wichtiges Konzept aus der Transaktionsanalyse ist in diesem Zusammenhang das Skript [1]. Es beschreibt in der Kindheit entwickelte Gefühls-, Gedanken- und Verhaltensmuster, welche durch Stress und Krisen wieder stärker hervortreten können. Im Skript enthalten sind Werte, Normen, Glaubenssätze, Erfahrungen, Einschränkungen, Erwartungen, etc., welche wir aus der Kindheit bewusst oder unbewusst übernommen haben und welche im Hier und Jetzt immer noch unser Erleben, Denken, Fühlen und Handeln als Erwachsene prägen. Das Skript wird laut Eric Berne, dem Begründer der Transaktionsanalyse, in den ersten sieben Lebensjahren als unbewusster Lebensplan gebildet und beeinflusst ab dann unser weiteres Leben. Nach neuester Auffassung wird von anderen Autoren postuliert, dass sich das Skript nachträglich anpassen und ergänzen lässt. Trotzdem können Erlebnisse und Einsichten aus der frühen Kindheit besonders prägend wirken und unser Erleben unbewusst oder bewusst auf einschränkende Art und Weise beeinflussen. Die Bewusstwerdung in Bezug auf mögliche (Gedanken-, Gefühls- und Verhaltens-) Muster, Einschränkungen, Skriptüberzeugungen und Prägungen kann daher eine Art Befreiung und Entspannung bedeuten und zu mehr Autonomie und Handlungsfreiheit führen. Je nach persönlicher Situation und vorhandener (Burnout-)Symptomatik kann es situativ Sinn machen, psychotherapeutische Sitzungen in Anspruch zu nehmen, um aufkommende Skriptthemen und mögliche Krisen aufzufangen und aufzuarbeiten sowie im Sinne der Stärkung der Autonomie nach Eric Berne (vgl. Phase III - Das Meer – Genesung und Rückschläge) möglichst nachhaltig und lebensverändernd neue Einsichten und Handlungsweisen zu verankern. Die Art der jeweiligen Behandlung liegt, in Absprache mit dem behandelnden Therapeuten, aber abschließend immer in der eigenverantwortlichen Einschätzung des/der Betroffenen selbst.

Für (mögliche) Betroffene

In Bezug auf das Thema Burnout und Resilienz kann die Betrachtung des eigenen Skripts und der Skriptüberzeugungen (Schlegel, 2002) besonders hilfreich sein. Im Folgenden habe ich Ihnen einige Fragen zur Reflexion aufgelistet:

- Wie war die Zeit während der Schwangerschaft, bevor Sie auf die Welt gekommen sind? Wie entspannt/gestresst haben Ihre Mutter/Ihr Vater die Zeit der Schwangerschaft erlebt? Wie stressig war Ihre Geburt?
- Welches Motto oder welcher Leitsatz begleitet Sie in Ihrem beruflichen Wirken?
- Wie waren Ihre Eltern in Bezug auf Arbeitseinsatz und Pflichterledigung eingestellt?
- Wie war das Stressempfinden Ihrer Eltern? Was hat Stress ausgelöst? Wie wurde mit stressigen Situationen umgegangen?
- Wie wurden in Ihrer Familie Gefühle ausgedrückt? Welche Gefühle waren erlaubt? Vorherrschend? Welche wurden nicht toleriert oder sogar abgewertet?
- Gibt es Ereignisse, welche Ihnen in Bezug auf Erschöpfung und Überlastung besonders in Erinnerung geblieben sind? Wie haben Sie sich dabei gefühlt? Was haben Sie gedacht? Wie haben Sie sich verhalten? Was haben Sie daraus abgeleitet?
- Welche Glaubenssätze haben Sie in Ihrer Kindheit besonders geprägt?

- Was treibt Sie in Ihrem beruflichen oder privaten Alltag an? Wie zeigt sich dies in Ihrem Denken, Fühlen, Handeln und Entscheiden?
- Welche nächsten Schritte könnten Ihnen in Bezug auf Ihre Arbeitshaltung Entlastung bieten?
- Wie einfach fällt es Ihnen, Dinge zu delegieren oder die Verantwortung an andere abzugeben?
- Wie gehen Sie mit Niederlagen oder Unsicherheiten um? Wie erklären Sie sich diese? Wer ist aus Ihrer Sicht dafür verantwortlich?
- Wie würden Sie sich als Person beschreiben? Wer sind Sie? Was macht Sie als Person aus? Worin besteht Ihre Daseinsberechtigung? Wie wichtig ist Ihnen Ihre Arbeit?
- Was bereitet Ihnen neben der Arbeit Freude? Was hat Ihnen als Kind Freude bereitet? Wie stark kommt dieses „innere Kind" heute noch zum Ausdruck?
- Welcher langgehegte Wunsch/Traum schlummert bereits seit Jahren in Ihnen? Wie könnten nächste, erste Schritte für die Umsetzung aussehen?
- Wie und wofür wurden Sie früher gelobt? Wofür haben Sie von Ihren Eltern Beachtung und Wertschätzung erhalten? Wie wurden diese ausgedrückt? Wofür wurden Sie besonders gelobt oder bestärkt? Wie war das bei Ihren Geschwistern?

Für Führungskräfte – Mit Blick auf die Organisation

Auch in Bezug auf die Organisation spricht man im Bereich der Organisationsentwicklung in der Transaktionsanalyse von einem Skript. Damit ist eine Art „Organisationsgedächtnis bzw. eine Organisationsgeschichte" gemeint. Hierzu gibt es einige spannenden Fragen für die Reflexion:

- Gibt es Themen, welche in Ihrer Organisation immer wieder vorkommen? Welche? Welcher Nutzen ergibt sich allenfalls daraus?
- Gibt es eine Geschichte/ein Ereignis/eine Person, die Ihre Organisation besonders geprägt hat? Wenn ja, welche/welches? Wie und wodurch ist dieser Einfluss auch heute noch spürbar?
- Gibt es Gefühle, welche in Ihrer Organisation besonders stark auftreten oder gar nicht gelebt/ausgedrückt werden dürfen?
- Welche Glaubenssätze/Motto/Redewendungen etc. prägen Ihre Organisation?
- Gibt es unausgesprochene Regeln, Rituale oder Verhaltensweisen?
- Wie würden Sie die Art der Führung beschreiben? Wie ist diese vergleichbar mit Ihrem Vorgänger/Ihrer Vorgängerin?
- Welche Führungskultur wird von Ihrem Team besonders wertgeschätzt? Worauf beziehen Sie diese Einschätzung?
- Welche Rollen nehmen Sie in Ihrer Organisation ein? Wie wichtig sind Sie als Führungskraft für Ihr Team? Welche Werte sind Ihnen besonders wichtig? Wie zeigen sich diese im Alltag?
- Wo könnte auch mit weniger viel erreicht werden? Wo bräuchte es dagegen mehr Engagement?
- Woraus schöpft Ihr Team Energie und Motivation? Wo verpufft aus Ihrer Sicht am meisten Energie und Motivation? Wie könnte hier eine Verbesserung angestrebt werden?
- Wie zeigen Sie Ihrem Team/Ihren Mitarbeitenden Ihre Wertschätzung?
- Wie groß ist der Spielraum des Einzelnen für eigene kreative Ideen und Umsetzungen?

- Gibt es Themen/Bereiche, die Sie gerne verändern würden? Welcher Nutzen besteht darin, diese genauso zu belassen, wie sie sind? Was davon könnte/müsste sogar bewahrt werden? Wo wäre eine Neugestaltung sinnvoll und wozu?
- Wie würden Sie Ihre Organisation in einem Bild beschreiben?
- Wie würde ein Außenstehender Ihre Organisation in einem Bild beschreiben? Gibt es prägnante Unterschiede? Wenn ja, welche? Haben diese etwas zu bedeuten?

Literatur

1. Schlegel, L. (2002). *Handwörterbuch der Transaktionsanalyse* (2. Aufl., S. 272–277). Herder Verlag.

Phase III – Das Meer – Genesung und Rückschläge

Zusammenfassung Das Meer mit seinen endlosen Weiten und wiegenden, beruhigenden Wellenbewegungen bietet den perfekten Einstieg in die nächste Phase der Burnout-Erkrankung. Es zeigen sich unterschiedliche Herausforderungen und die Symptomatik bleibt komplex. Immer wieder zeigen sich neue Herausforderungen und Hürden. Das Konzept der Autonomie, welches in der Transaktionsanalyse weitreichender ist, als das was umgangssprachlich unter Selbständigkeit verstanden wird, bietet einen ganzheitlichen, heilenden Zugang. Es eröffnet sich eine neue Betrachtungs- und Herangehensweise für ein erfüllendes, bewusstes Leben mit eigenem Wirkungs- und Verantwortungsbereich - im Einklang mit der Natur des Menschseins.

Das Meer

Ich treibe vor mich hin. Das Wasser spritzt mir ins Gesicht. Ich wache auf. Wo bin ich? Überall nur Wasser. Kein Land in Sicht. Ich treibe im offenen Meer. Gut, dass ich eine ausgezeichnete Schwimmerin bin. Doch wie lange werden meine Kräfte reichen? In welche Richtung soll ich mich fortbewegen? Wie kann ich mich orientieren? Wonach soll ich mich ausrichten? Immer wieder verschlucke ich mich. Die Wellen sind ordentlich hoch. Ich bin allein. Die Angst steigt in mir hoch. Wie konnte ich mich nur in eine so missliche Lage bringen? Wie konnte ich mich überhaupt so weit hinaus treiben lassen? Werde ich je wieder festen Boden unter den Füssen spüren? Werde ich mich je wieder in Sicherheit wiederfinden? Wohin führt mich mein Weg? Wohin wird mich die Strömung treiben? Hat es überhaupt einen Sinn, eine bestimmte Richtung einzuschlagen? Macht es Sinn, zu versuchen, die Kontrolle zu behalten? Oder soll ich mich besser einfach treiben lassen und meine Kräfte sparen? Schon wieder verschlucke ich mich. Ich habe bestimmt schon etliche Mengen Salzwasser geschluckt. Ich werde unruhig, schon fast hysterisch. Wenn ich nur daran denke, welche Tiere mich auf weiter See angreifen könnten?! Was, wenn tatsächlich noch ein Sturm aufkommt und mich die Wellen in die Tiefen reißen? Da ist das Salzwasser wohl mein kleinstes Problem. Ich muss ruhig bleiben. Darauf vertrauen, dass es gut kommt. Dass ich gerettet werde. Dass ich mich selbst retten kann. Ich muss einen Mittelweg finden zwischen aktivem Tun und Mich-einfach-treiben-Lassen. Ich muss die Fassung bewahren. Ich muss wach bleiben und darf die Hoffnung nicht verlieren. Einfach den Kopf über Wasser halten, so gut es geht. Überleben! Das ist das Ziel. Es wird gut kommen. Irgendwie. Es muss. Ich bin noch nicht bereit loszulassen.

Meine Geschichte – Licht am Ende des Tunnels

In der Anfangsphase war es noch so, dass ich mich, meine Bedürfnisse und meinen Körper kaum oder nur schlecht wahrnehmen konnte. Die starke Erschöpfung, die körperlichen Beschwerden wie Muskel-, Gelenk- und Rückenschmerzen, Herz-Rhythmus-Störungen und Schlafstörungen dominierten meinen Alltag. Nun waren immer mehr Phasen vorhanden, in denen ich mich körperlich besser fühlte, zumindest was die Schmerzen anging. Allerdings wechselte mein Befinden täglich, manchmal stündlich, ohne dass ich einen bestimmten Auslöser dafür festmachen konnte.

Mit der Zeit stellte ich fest, dass ich über den Tag verteilt ein klein wenig mehr Energie zur Verfügung hatte. Und dabei reden wir von ca. dreissig Minuten, die ich für etwas Bestimmtes investieren konnte. Ich hatte wieder Energie, mir Dinge für die Zukunft zu überlegen oder etwas länger beim Lesen eines Buches zu verweilen. Auch fiel es mir leichter, auf Spaziergänge zu gehen oder mich morgens unter die Dusche zu stellen. Der ganze Tagesablauf nahm wieder Form an, auch wenn mich meist nur ein Termin wie Physiotherapie, an dem ich zu einem bestimmten Zeitpunkt pünktlich vor Ort sein musste, total aus dem Konzept brachte und mich merklich unter Stress setzte. Ich merkte, dass es von Vorteil war, diese Termine auf den Nachmittag zu verlegen, damit ich am Morgen ausreichend Zeit hatte, in meinem Tempo in den Tag zu starten.

Ich hatte immer noch gar kein Bedürfnis nach sozialen Kontakten. Das Credo hieß weiterhin Rückzug und sicheren Abstand halten. Auch verschwieg ich meine Erkrankung weiterhin vor meinen Familienangehörigen und

Freunden. Ich hatte einfach keine Energie, um mir neben meinen persönlichen Gedanken, auch noch Gedanken zu den Reaktionen anderer zu machen oder mich auf dieser Ebene mit Fragen rund um das Thema Burnout zu beschäftigen. Wenn ich mich also doch zu einem Treffen mit einer Freundin überwinden konnte, antwortete ich einfach ausweichend und grenzte mich so bewusst ab. Zu Beginn reagierte ich auf geplante Treffen mit starker Angst. Ich merkte, dass nur schon die Zeit vor dem Treffen, meist schon einige Tage vorher, für mich großen gedanklichen Stress bedeutete. Ich schützte mich daher so, dass ich meinen Freunden im Voraus per WhatsApp mitteilte, dass es mir nicht so gut gehen würde, ich aber nicht darüber reden wolle. Wenn die Person darauf verständnisvoll reagierte, war ich beruhigt und konnte etwas gelassener an das geplante Treffen gehen.

Weiter bemerkte ich, dass sich immer wieder starke Gefühle der Wut und Frustration in meinen Alltag einschlichen. Die Sinnlosigkeit, welche ich zu Beginn der Krankheitsphase fühlte, war weniger geworden. Dafür waren nun Wut und Frustration, auf mich selbst und andere, zum Teil in einer solchen Intensität spürbar, dass ich gar nicht recht wusste, was ich damit anfangen sollte. Es fiel mir dabei schwer, immer dingfest zu machen, woher diese Gefühle stammten. Ich hatte jedoch viel Zeit für die gedanklichen Auseinandersetzungen. Ich merkte, wie sehr meine Burnout-Erkrankung nicht nur von mir selbst abhing, sondern einen stark systemischen Charakter aufwies. Natürlich konnte ich die Verantwortung nicht einfach abschieben. Viele meiner persönlichen Themen waren der Ausschlag für die schlussendlich manifestierenden Probleme. Jedoch sah ich mit der Zeit auch meine Ohnmacht und das Ausgeliefertsein den betrieblichen Vorkommnissen und Gegebenheiten gegenüber. In meinem Fall war das eine neue Chefin mit völlig anderem Führungsstil, erschwerte Kommunikation, wenig entgegengebrachtes Verständnis, Vertrauen und mangelnde Wertschätzung. Hinzu kam ein sehr hohes Arbeitspensum, eine unglaublich hohe Führungsspanne, nebem dem „normalen" Alltag einer Schulleitung mit komplexen Fragestellungen, unvorhersehbaren Ereignissen und vielen unterschiedlichen Erwartungen und Ansprüchen von zahlreichen Stakeholdern. Ich hatte schon vor meiner Erkrankung als ausgebildete Organisationsberaterin die systemischen Herausforderungen innerhalb unserer Organisation ansatzweise erkannt und für mich reflektiert. Mir nun aber einzugestehen, dass eben diese kumulierten Herausforderungen mit zu meiner Burnout-Erkrankung beigetragen haben könnten, und ich bis zum Schluss nicht den Mut und die Kraft hatte, wie andere aus dem System auszusteigen und zu kündigen, das war für mich schwer zu akzeptieren. Zum Glück war es mir aufgrund meiner kaum mehr vorkommenden Rückenschmerzen möglich, wieder mit Krafttraining zu starten. Dies half mir, mit den vorhandenen Emotionen sinnvoll umzugehen und mich und meinen Körper auf gute Weise zu fordern und zu spüren. Meine Fitness hatte in den letzten Monaten stark abgenommen, denn ich hatte ja keine Energie, mich ausreichend zu bewegen. Dabei war ich schon als Jugendliche sehr sportaffin. Für mich war Sport immer ein guter Weg, mich in Balance zu halten und vom stressigen Alltag zu erholen. Ich freute mich daher sehr darüber, als es mir wieder möglich war, für kurze Einheiten das Krafttraining zu besuchen.

Dem gegenüber hatte ich ein neues Empfinden entwickelt. Ich fühlte einen starken Widerstand, sobald ich das Gefühl bekam, etwas zu müssen. Meine Therapeutin erklärten mir, dass dies bei Burnout-Betroffenen oft vorkam. Es gab einen gewissen Punkt, an dem „Das-nicht-mehr-müssen-Wollen" sehr ausgeprägt war, denn ein Burnout-Betroffener war in der Vergangenheit ja Meister darin, sich selbst unter Druck zu setzen und das „Müssen" über die persönlichen Grenzen hinaus umzusetzen. Dies leuchtete mir ein, jedoch war die Intensität dieses Bedürfnisses des „Nicht-mehr-müssen-zu-Wollens" für mich oftmals überwältigend. Ich fühlte mich als Rebellin, welche in meiner Bewertung in der Gesellschaft wohl keinen Platz mehr finden würde. Ich fragte mich oft, ob ich bezüglich Arbeitsstelle in der heutigen, leistungsorientierten Welt überhaupt noch einen Platz finden würde. Ich liebte meine Arbeit als Schulleiterin. Gleichzeitig spürte ich, dass ich nie wieder in diesen „Überforderungs- und Mangel-Zustand" zurückkehren und meinen Körper körperlich und seelisch auf diese Weise ausbeuten wollte.

Große Überwindung kostete mich die erste Untersuchung beim Vertrauensarzt. Auch hier verspürte ich starke Schuld- und Schamgefühle. Es fiel mir schon schwer, über meinen derzeitigen Zustand und meine Unzulänglichkeit mit meiner Psychotherapeutin zu sprechen. Nun sollte ich das mit einer fremden Person durchstehen. Die Rückenschmerzen wurden schon am Vortag wieder so stark, dass ich kaum mehr gehen konnte. Die Untersuchung dauerte gut dreieinhalb Stunden. Für mich eine Strapaze, von der ich mich die nächsten zwei Tage erholen musste. Da es sich bei mir nun nicht wie zu Beginn schriftlich von mir angegeben um eine Erschöpfung und starke Rückenschmerzen handelte, entschied die Vertrauensärztin, dass in einem nächsten Schritt noch eine weitere Untersuchung durch einen Psychologen stattfinden sollte. Das leuchtete mir ein. Jedoch bedeutete das eine weitere Hürde, die es zu meistern galt. Mir blieb aber auch nichts erspart! Allerdings schätzte ich das genaue Vorgehen der Ärztin und die zusätzliche Begleitung vom Case-Management. Dies erhöhte aus meiner Sicht die Chance, dass mir der Neustart nach den Sommerferien gelingen würde. Auch wenn dieses Ziel im Moment noch in weiter Ferne lag, machte ich mir doch bereits Gedanken zur konkreten Umsetzung.

Es gelang mir immer besser, mein Kranksein zu akzeptieren und mich in meinem „neuen" Alltag zurecht zu finden. Zwar war es immer noch so, dass ein Termin pro Tag wie Gesprächstherapie, Physiotherapie, Besuch beim Hausarzt etc. für mich eine Herausforderung darstellte, und die Tatsache, dass ich zu einer bestimmten Zeit an einem bestimmten Ort sein musste, mich oftmals überforderte und starken Stress auslöste. Auch gab es immer noch Tage, an denen ich selbst das Duschen am Morgen als eine schier unüberwindbare Aufgabe wahrnahm und ich mich bereits am Morgen total erschöpft vom Briefkasten hoch in den dritten Stock quälte. Aber gerade solche kleinen Routinen versuchte ich beizubehalten, um einen zumindest halbwegs „normalen" Alltag zu erleben. Mein Stresslevel war glücklicherweise etwas gesunken. Ich lebte in einer Art Blase und vermied es, mich an dem aufzureiben, was eben im Moment nicht so war, wie ich es gerne gehabt hätte. Das gelang mir natürlich nicht immer. Mein Körper und meine Seele brauchten viel Zeit für die Heilung und noch immer war ich gedanklich ständig bei meiner Arbeit und meinem Team.

Ich hatte immer wieder sehr schlechte Tage, an denen ich mit Sinnlosigkeit und schweren Gedanken zu kämpfen hatte. Die Angst, nicht mehr zurück in ein „normales" Leben zu finden, nicht mehr leistungsfähig zu sein, lähmte mich und raubte mir alle Zuversicht. Ich hatte oft den Eindruck, dass meine Genesung nur schleppend, wenn überhaupt, positiv voranging. Immer wieder waren Rückschläge zu verzeichnen. Tage, an denen es mir scheinbar ohne Grund körperlich und/oder seelisch wieder schlechter ging. Tage, an denen ich schon morgens müde und niedergeschlagen war. Tage, an denen ich Muskel- und Gliederschmerzen hatte oder meine Rückenschmerzen sich wieder mit neuer Intensität zurückmeldeten. Tage, an denen ich an mein Team und an meine Chefin denken musste und die starken Scham- und Schuldgefühle wieder in den Vordergrund rückten. Ich hasste diese Tage und konnte doch nicht verhindern, dass sie mich ungefragt einholten.

Irgendwann entschied ich für mich, dass es so nicht weitergehen konnte! Ich hatte den Eindruck, vor mich hin zu vegetieren und bezüglich meines Gesundheitszustandes nicht vorwärts zu kommen. Ich fühlte mich wütend und hilflos. Ich hatte keine Kraft, mich gegen diese Gefühle zu wehren, geschweige denn meine Heilung voranzutreiben und zu beschleunigen. Ich hatte gefühlt komplett die Kontrolle über mein Leben verloren. Ich konnte einfach nicht aus meiner Haut fahren oder der Situation entfliehen. Ich fühlte mich in eine Sackgasse gedrängt, ganz mit dem Rücken zur Wand. Der Drang war da, etwas aktiv tun zu können und nicht einfach nur „abzuwarten", damit setzte ich mich selbst unter Druck. Das war insgesamt natürlich kontraproduktiv für meinen Entwicklungsweg. Mein Hirn durchsuchte in diesen Tagen alle möglichen Optionen der positiven Veränderung. Ich hatte mich bewusst gegen einen Klinikaufenthalt entschieden. Ich spürte, dass das für mich mehr Stress als Unterstützung bedeuten würde. Ich war gerne in meinen eigenen vier Wänden. Gleichzeitig zweifelte ich stark an mir und meinem bisherigen Weg. War ich wirklich fähig, den Heilungsprozess alleine mit wöchentlicher Gesprächstherapie zu bewältigen? Oder hatte ich mir zu viel zugetraut und zugemutet? Ich spürte, wie mein Verantwortungsgefühl gegenüber meinem Arbeitgeber und die Schuldgefühle wieder überhandnahmen. Ich war es mir und meinem Arbeitgeber schuldig, wieder gesund zu werden! Ich musste einfach alles dafür tun, schnell wieder arbeitsfähig zu werden! Allerdings hatte ich keinen wirklichen Plan, wie ich das bewerkstelligen konnte.

Eines Abends kam mir der Gedanke an eine Komplementärmedizinerin, welche mir vor Jahren eine Freundin wegen der Rückenschmerzen empfohlen hatte. Vielleicht konnte sie mir helfen und meine Heilung vorantreiben? Einige Wochen später war ich auf dem Weg ins Tessin. Neben der Behandlung plante ich auch gleich ein paar Tage „Ferien" und Abstand vom Alltag. Auch wenn ich mich zum Packen und zur geplanten Abreise fast schon zwingen musste, hatte ich doch den Eindruck, das Richtige zu tun. Zumindest hatte ich so nichts unversucht gelassen. Meine Erschöpfung und die Rückenschmerzen waren immer noch vorherrschend. Ich schleppte mich regelrecht zum Bahnhof und überstand die Reise ins Tessin gerade so. Ich war nach der Anreise sehr müde und emotional erschöpft. Den Termin mit der Komplementärmedizinerin hatte ich am gleichen Tag gegen Abend. Ich weiß nicht, ob es die neue Umgebung, die Sonne und/oder die wunderbare Aussicht und der Abstand zum Alltag waren, aber schon nach der ersten Behandlung fühlte ich mich nach kurzer Zeit merklich besser. Zum Glück war ich meinem Bauchgefühl gefolgt. Ich schöpfte wieder etwas Hoffnung und verbrachte sehr kraftgebende Tage im Tessin.

Getrübt wurde diese positive Stimmung nur durch den Besuch meines Freundes übers Wochenende. Ich konnte es kaum aushalten, dass mir jemand wieder so nahe kam und sich auf mich fokussierte. Ich schämte mich für diese Empfindungen, weil ich meinen Freund sehr gern hatte. Aber ich hatte irgendwie keine andere Wahl und spürte gleichzeitig, dass ich wohl noch nicht wieder richtig beziehungsfähig war. Das mag jetzt etwas hart klingen. Aber das Bedürfnis, einfach nur auf mich schauen zu können und die Tage ohne Verpflichtungen, Termine oder Druck zu erleben, waren für mich zur primären Überlebensstrategie geworden. Ich wusste selbst nie, in welcher Verfassung ich am nächsten Tag aufstehen würde und welche Art von Emotionen mit welcher Intensität über mich hereinbrechen würden. Wenn ich also mit jemandem den ganzen Tag zusammen war, hatte ich selbst viele Vorstellungen und Erwartungen an mein Befinden und dabei auch ein gewisses Verantwortungsgefühl der anderen Person gegenüber. Und allem gerecht zu werden, überforderte mich zeitweise sehr. Natürlich konnte ich mein Befinden und mein Erleben nicht aktiv steuern. Mein Freund hatte diese Erwartungen auch nie selbst empfunden oder in dieser Art ausgesprochen. Das war alleine mein Empfinden. Dieser Umstand und das Gefühl der Ohnmacht lösten starke Wut mir selbst gegenüber und tiefe Trauer aus. Ein Teufelskreis, der den Kontakt zu meinem Freund zunehmend belastete, obwohl er sehr viel Verständnis für mich und mein Erleben zeigte.

Zurück in meinem Alltagsleben hatte ich nach den wenigen Tagen im Tessin zwar körperlich etwas Kraft geschöpft, jedoch merkte ich nach kurzer Zeit, wie schwer es in meinem Herzen nach meiner Rückkehr wurde. Die Arbeit bzw. das „Nicht-arbeiten-und-funktionieren-Können" lagen wieder schwer auf meinem Gemüt. Und gleichzeitig war eben dieser Umstand, dass mir meine Arbeit und mein Team so viel bedeuteten, und ich daraus einen Teil meiner Identität und Daseinsberechtigung ableitete, ja einer der Gründe, warum ich als Führungskraft so engagiert unterwegs war. Ich hatte da wirklich noch einiges an mir zu arbeiten, das spürte ich.

Insgesamt war ich während meiner Arbeitsunfähigkeit nicht oft von zu Hause weg. Die Wochen vergingen auch so unglaublich schnell und meist hatte ich einige wenige Termine, welche bereits meinen ganzen Wochenplan ausfüllten. Es war immer noch so, dass nur ein Termin am

Tag mich genug herausforderte und ich schnell in Stress geriet und mich überfordert fühlte. Während der offiziellen Schulferien hatte ich nochmals eine Woche in den Bergen eingeplant. In Absprache mit der Case-Managerin war die Rede davon, dass ich nach den Sommerferien wieder mit der Arbeit als Schulleiterin beginnen würde. Ein therapeutischer Arbeitsversuch war als erster Schritt geplant. Allerdings zeigte mir der folgende Zwischenfall, dass ich noch längst nicht bereit war, in die Arbeitswelt einzutreten.

Es ging um die Planung der Anreise für die Ferien. Mein damaliger Freund und ich hatten es verpasst, uns vorgängig genauer abzusprechen. Mein Freund konfrontierte mich damit, dass er aufgrund eines Arbeitstermins nicht mit demselben Zug mit mir in die Ferien reisen konnte, aber später nachkommen würde. Das gab mir direkt einen Stich ins Herz. Nicht das ich das nicht aushalten konnte. Es kam einfach so unvorhergesehen und war entgegen meinen Erwartungen. Ich stolperte völlig verstört vor mich hin, mein Herz raste und ich konnte nicht mehr klar denken. Mein ganzer Körper war in Alarmbereitschaft geraten. Ich konnte es am ganzen Körper spüren und fühlte mich total ausgeliefert und hilflos. Ich bekam so starke Herzschmerzen und hatte plötzlich Angst, dass ich einen Herzinfarkt erleiden würde. Auf dem Nachhauseweg versuchte ich, mich mit allen Mitteln gedanklich zu beruhigen. Ich setzte mich auf eine Bank und meditierte. Ich legte meine Füße hoch und versuchte mich auf meinen Körper und meinen Atem zu konzentrieren. Nichts half! Ich war völlig fertig. Und all das nur wegen einer kleinen Unstimmigkeit? So konnte ich auf keinen Fall ins Arbeitsleben zurück. Wie oft hatte ich als Schulleiterin mit stressigen, unvorhergesehenen Zwischenfällen oder unangenehmen Telefonaten zu kämpfen? Wenn mich solche Kleinigkeiten jedes Mal so in einen Stresszustand versetzen würden, wäre mein Körper in Windeseile wieder auf einem zu hohen, ungesunden Stresslevel und das wollte ich auf keinen Fall riskieren. An einen Wiedereinstieg war dementsprechend momentan nicht zu denken. Es war einfach noch zu früh!

Ganz generell stellte ich zunehmend fest, wie schnell ich von äußeren Reizen überfordert war und überempfindlich reagierte. Lärm, Gerüche, Hektik, Farben und Muster waren mir schnell zu viel und lösten starken Stress in mir aus. Einkaufen in der Stadt war für mich ein Graus. Ich konnte mich bei gemütlichem Shopping nicht wie andere Menschen entspannen. Menschenansammlungen versuchte ich per se aus dem Weg zu gehen. Am liebsten ging ich in ein ruhiges Café. Exponierte Orte mied ich so gut es ging. Auch kleidete ich mich bewusst unauffällig. Ich hatte innerlich meist das Bedürfnis, einfach in der Menge zu verschwinden und dadurch meine eigene Welt (und die Burnout-Erkrankung) zu vergessen. So schmerzlich war es immer noch, sich der eigenen Grenzen und der anhaltenden Überforderung bewusst zu sein.

Das hatte weiterhin auch einen großen Einfluss auf meine sozialen Kontakte. Ich wollte partout nicht über mich reden und zog mich daher nach wie vor zurück. Die Frage, wie es mir denn gehe, konnte ich schon gar nicht mehr hören. Daher war es einfacher, meinen Freunden gezielt aus dem Weg zu gehen, um mich nicht erklären zu müssen. Es war ständig ein Dilemma zwischen dem Gefühl, jemanden anlügen zu müssen oder ausweichend zu reagieren oder alternativ über meine inneren, emotionalen Grenzen hinaus zu handeln. Letzteres konnte ich im Moment nur sehr schlecht ertragen! Ich hatte ständig das Gefühl, meine wahren Gefühle verleugnen zu müssen und mir dadurch selbst nicht treu zu sein. Die Erfahrungen der letzten Monate hatten mir gezeigt, dass ich nur sehr schlecht mit den unterschiedlichen Reaktionen anderer umgehen konnte. Wenn ich eine schlechte Erfahrung machte, war das umso schlimmer. Aber auch die guten konnten mich je nach Situation sehr aufwühlen. Ich fühlte mich schnell überfordert, wurde ängstlich und unsicher und dann wütend auf mich selbst. Es war eine ständige Gefühlsachterbahn, welche viel Energie kostete und diese hatte ich im Moment einfach nicht vorrätig zur Verfügung.

Je mehr ich für mich zur Ruhe kam und mich wieder fühlen und wahrnehmen konnte, desto mehr wurde mir bewusst, wie ich mich durch die Burnout-Erkrankung verändert und von mir selbst entfernt hatte. Es wurde mir zudem klar, wie stark ich vom Stress, der körperlichen Erschöpfung und emotionalen Überforderung im Alltag gesteuert und eingegrenzt wurde. Das stimmte mich oftmals so traurig und machte mich gleichzeitig wütend auf mich selbst. Warum nur konnte ich nicht einfach funktionieren, wie alle anderen das taten? Warum konnte ich nicht einfach wieder gesund werden?

Irgendwann kam mir die Idee, die Unterstützung einer Selbsthilfegruppe in Anspruch zu nehmen. Ich suchte im Internet nach einem Angebot und wurde fündig. Ich hatte bisher noch keine Erfahrung mit einer solchen Gruppe. Die Treffen fanden alle zwei Wochen statt. Natürlich war ich zu Beginn etwas unsicher, aber ich hatte den Eindruck, dass es mir helfen könnte, in einem geschützten Rahmen mit Gleichgesinnten über meine Erfahrungen zu sprechen. Ich hatte die Hoffnung, dass ich auf viel Verständnis stoßen und mein Empfinden durch den Austausch besser einordnen können würde. Erfreulicherweise wurde ich sehr gut aufgenommen. Der Austausch wirkte auf mich ermutigend und bereichernd, auch wenn die Konfrontation mit dem Thema zeitweise herausfordernd war. Dies war für mich ein wichtiger Schritt hin zu regelmäßigen Sozialkontakten.

Im Umgang mit den vielen Emotionen, welche für mich nun wieder besser und intensiver spürbar waren und mich in manchen Situationen zu überwältigen drohten, versuchte ich mich mit täglichen Achtsamkeits-Meditationen zu beruhigen und ins Lot zu bringen. Das klappte manchmal ganz gut. Loslassen und der Heilung Zeit lassen, das war mein gestecktes Ziel. Mit dem gehen, was gerade vordergründig Thema war. Sich nicht zu viele Gedanken machen. Das war natürlich ein langer Weg. An gewissen Tagen holte mich die Vergangenheit wieder ein. Ich konnte meine Gedanken einfach nicht abstellen. Es ratterte in meinem Kopf. Unwichtige Dinge, welche ich zu ordnen versuchte, um so möglichst wieder Kontrolle über mein Leben zu gewinnen. Auch wenn ich wusste, dass mir das nur wenig half, war ich einfach nicht fähig, meine Gedanken abzustellen oder loszulassen.

Das Leben erschien mir trotz des entspannten Tagesablaufs sehr oft als übermäßig anstrengend. Ich wollte mehr, wollte etwas erreichen und bewirken, wollte endlich wieder glücklich sein und unbeschwert leben. Dieses Gefühl von früher, als ich noch jünger war, fehlte mir besonders. Ich wollte es zurück erobern. Ich war es seit meiner Jugend gewohnt, dass mein Körper einfach das tat, was ich wollte. Es war für mich ganz normal, ab und zu über meine emotionalen und körperlichen Grenzen hinauszugehen. Warum sollte ich das auch nicht tun? Zu dieser Zeit hatte ich nicht die leiseste Ahnung, was ich auf lange Sicht mit dieser Haltung und den ständigen Grenzüberschreitungen anrichten würde. Jetzt war dies natürlich anders!

Trauer war in dieser Phase ein ständiger Begleiter. Manchmal aus heiterem Himmel wurde mir schwer ums Herz und ich wusste gar nicht genau, was der Grund dafür war. Ähnlich zeigte es sich mit der Wut. Urplötzlich stieg diese in mir auf und ich wusste oft nicht, was ich mit dieser negativen Energie in mir drin sinnvoll anfangen sollte.

Eigentlich waren diese Emotionen ein klares Anzeichen für meinen Fortschritt. Denn zu Beginn meiner Burnout-Erkrankung fühlte ich ja gar nichts und hatte weder Zugang zu meinem körperlichen Empfinden noch zu meiner Gefühlswelt.

In einer Therapiesitzung beschrieb ich meine Wahrnehmung einmal wie folgt: Es ist, als ob ich vor einigen Monaten mit einem kleinen Loch (voller Probleme) gestartet bin. Mit der Zeit wurde das Loch immer größer und ich fiel in eine Art Grube. Heute blicke ich vor mich hin und entdecke mit Schrecken, dass ich vor einem riesigen Krater nach einer gewaltigen Explosion stehe. Meine Psychologin meinte darauf hin zu mir: „Wissen Sie, Frau Petersen, nicht das Loch hat sich verändert. Sondern ihr Blick darauf!"

Ja, der Krater war wirklich groß und lähmte mich oft in meiner Existenz und Zuversicht. Ich fühlte mich ohnmächtig und der Burnout-Erkrankung ausgeliefert. Besondere Probleme bereiteten mir weiterhin soziale Kontakte. Ich konnte mich einfach kaum dazu motivieren, mich einem Gegenüber auszusetzen und mit der Person in Beziehung zu treten. Auch wenn sie mir sehr am Herzen lag. Dieses Empfinden und das Bedürfnis nach Abgrenzung ließen mich stark an mir zweifeln. Wie sollte ich so nur je wieder gut integriert am Sozial- und Arbeitsleben teilnehmen können?

Eine Kollegin, eine der wenigen, die während meiner Burnout-Erkrankung Bescheid wusste und bei der ich mich im Kontakt einigermaßen sicher fühlte, fragte mich einmal, was ich denn den ganzen Tag lang machen würde und ob es mir nicht langweilig sei oder mir die Decke auf den Kopf fiele? „Nein, dies ist nicht der Fall", entgegnete ich ihr. Ich hatte meist ausreichend mit mir selbst zu tun, versuchte mich abzulenken oder mich mit einer Tätigkeit zu motivieren und auf andere Gedanken zu bringen.

Hinzu kamen die einzelnen Termine, welche mir Struktur gaben, aber oftmals eben auch stressig waren. Zudem schlief ich immer noch viel und oftmals unruhig, sodass ich an vielen Tagen immer noch sehr früh zu Bett ging. Entweder aus Müdigkeit von der letzten Nacht, in der ich nicht so gut geschlafen hatte, oder aus Erschöpfung aufgrund der Ereignisse und körperlichen oder emotionalen Anstrengungen über den Tag.

Es gab Tage, da hatte ich den Eindruck, wirklich in einer Depression zu stecken. In der Zeit vorher hätte ich nie von einer Depression gesprochen. Die Häufigkeit, Intensität und Unvorhersehbarkeit meiner Emotionen und Empfindungen waren eine neue Herausforderung für mich. Es war, als hätten sich meine Gefühle wie ein Schleier über mich gelegt. Die Schwere von Trauer und Wut konnte ich körperlich als Schmerz spüren und sie waren intensiver als je zuvor. Das war eine neue Situation für mich, da ich in der ersten Phase der Burnout-Erkrankung ja nichts mehr gefühlt hatte. Nun waren die Emotionen mit geballter Kraft zurückgekehrt und es lag an mir, damit umgehen zu lernen. Das war ein weiterer, wichtiger Entwicklungsschritt für mich, der mich viel Energie und Kraft kostete.

Aus der Theorie der Transaktionsanalyse wusste ich, dass es sowohl authentische Gefühle wie auch Ersatzgefühle gab. Dabei gibt es nach Eric Berne die vier authentischen Gefühle Wut, Angst, Trauer, Freude, welche bezogen auf das Hier und Jetzt auftreten können und in der jeweiligen Situation angemessen sind und einen Nutzen haben. Die Ersatzgefühle (auch Maschengefühle genannt) wie Ohnmacht, Gier, Schuld, Scham, Neid, etc. hingegen überdecken sozusagen ein ursprüngliches, authentisches Gefühl, da dieses in der frühen Kindheit von Bezugspersonen nicht beachtet, toleriert oder abgewertet wurde. Wobei sich authentische Gefühle auch als Ersatzgefühl

Phase III – Das Meer – Genesung und Rückschläge

manifestieren können, d.h. Wut kann z. B. als authentisches Gefühl oder auch als Ersatzgefühl erlebt werden. Solche und andere Konzepte und Theorien halfen mir in vielen Stunden meiner Genesung bei der Selbstreflexion. Transaktionsanalyse war für mich schon seit Jahren ein wichtiger Begleiter und in vielen Momenten eine Unterstützung fürs sinnvolle Einordnen. Beim Umgang mit Gefühlen geht es in erster Linie um das bewusste Wahrnehmen im Körper, das wertfreie Beobachten-, Differenzieren-, Einordnen- und sinnvoll Ausdrücken-Können. Die Spanne meiner Gefühlswahrnehmung während der akuten Phase des Burnouts und nach ca. sechs Monaten, als mein Hormonhaushalt sich langsam wieder normalisierte, waren enorm! Es war, als ob ich ein neuer Mensch geworden wäre, der das Leben nun plötzlich wieder in vielen bunten Farben wahrnehmen konnte. Ich realisierte, dass ich mich tatsächlich während der Burnout-Erkrankung total und völlig unbemerkt von mir selbst entfernt hatte. Dieser Umstand schockierte und verletzte mich zutiefst. Andererseits stimmte mich die Tatsache, dass ich mich wieder fühlen konnte, unendlich dankbar. Nichtsdestotrotz kam ich auch jetzt noch immer wieder an meine persönlichen Grenzen. Momente, in denen ich mich verloren, hilflos und unnütz fühlte. Aber auch das gehörte anscheinend zur Heilung mit dazu.

Auf meinem Weg zurück in ein gesundes, normales Leben halfen mir immer wieder Rückbezüge auf gemachte Kindheitserfahrungen. Das Verstehen- und Einordnen-Können, warum ich in gewissen Situationen so oder anders fühlte oder reagierte, gab mir Orientierung und Sicherheit. So hatte ich zumindest ab und zu das Gefühl, nicht nur geduldig abwarten zu müssen, sondern aktiv etwas für meine Heilung tun zu können.

Dies stand in starkem Kontrast zu meinen inneren Antreibern „Sei stark! Streng dich an! Sei perfekt!" (vgl. Phase

V – Antreiber). Es gelang mir, in immer mehr Lebensbereichen meine einengenden Muster (im Denken, Fühlen und Handeln) zu erkennen und neue, autonome Entscheidungen für mein Leben im Hier und Jetzt zu treffen. Natürlich gab es dabei auch Rückschläge. Gerade in stressigen Situationen und im sozialen Umfeld sind wir Menschen dazu geneigt, in unsere alten (Verhaltens-, Gefühls- und Denk-)Muster zu geraten. Das war auch bei mir so. Und doch half mir die Ruhe und Zeit der Genesung, meinen negativen Gedanken- und Verhaltensmustern und -Schemata immer weiter auf den Grund zu gehen und daraus neue Erkenntnisse zu ziehen. Diese Selbsterkenntnis brauchte oftmals Mut und Kraft und ich war froh, dass mir sowohl mein Hausarzt, meine Psychologin und meine Case-Managerin in der langen Zeit der Genesung sehr viel Verständnis entgegenbrachten. So konnte ich mir selbst diesen Raum und ausreichend Zeit für die Heilung, von innen und außen, mehr und mehr zugestehen.

Der Weg zurück war steinig. Jedes Mal, wenn ich wieder ein Arztzeugnis nachreichen musste, kamen abermals starke Schuld- und Schamgefühle in mir hoch. Das verunsicherte mich und ich brauchte jedes Mal wieder mehrere Tage, bis sich meine Gedanken wieder weg von meiner Arbeitsstelle, meinem Team und meiner Chefin zurück ins Hier und Jetzt bewegten. Bewusst setzte ich Methoden aus der positiven Psychologie ein, um diesen Prozess voranzutreiben. Ich fokussierte mich auf das Gelingende und wechselte in herausfordernden Situationen meine Betrachtungsweise. Ich arbeitet mit ermutigenden Glaubenssätzen (Affirmationen) und änderte die Bewertung ins Positive. Wenn es meine Energie zuließ, halfen mir Spaziergänge, mich und meinen Körper zu spüren. Als ich wieder einmal in einem schrecklichen Tief erstarrt war und mich tagelang in einer depressiven, traurigen Stimmung befand, hatte ich eine persönliche Einsicht, welche mir wieder Mut machte.

Phase III – Das Meer – Genesung und Rückschläge

Ich stellte mir vor, dass sich meine Genesung wie eine Art „Achterbahn" anfühlte und ich die Auf- und Ab-Bewegungen zwar nicht voraussehen konnte, gleichzeitig wusste ich aber, dass nach jedem Tief auch wieder ein Hoch kommen würde. Der Moment des Stillstands, in der Schwebe, war vielleicht einfach ein Vorzeichen dafür, dass die Fahrt weitergeht, auch wenn ich im Moment nichts davon bemerkte, und dass die Hochs und Tiefs dabei einfach zur Achterbahnfahrt dazu gehörten? Konnte es tatsächlich sein, dass mein Leben gerade wieder so richtig Fahrt aufnahm und ich darauf vertrauen konnte, irgendwann am Ziel anzukommen? Dieser Gedanke begleitete mich mehrere Wochen und ich hatte dabei oft Angst, dass ich mich „zu früh freuen würde." Gleichzeitig schöpfte ich neue Hoffnung. Ich fühlte mich in vielen Momenten immer noch sehr verletzlich und instabil und doch waren erste Veränderungen ins Positive spürbar.

Nach mehr als sechs Monaten stabilisierte sich mein Allgemeinzustand merklich. Auch das Ein- und Durchschlafen gelang wieder etwas besser. Die Energie über den Tag verteilt hielt länger an und regulierte sich ohne mein aktives Zutun. Ich hatte wieder mehr Nerven und Geduld, manchmal sogar Freude daran, mich in soziale Kontakte zu begeben. Zudem machte ich mir plötzlich von mir aus Gedanken zu einem möglichen Wiedereinstieg! Noch vor Kurzem war dieses Thema im Gespräch mit meiner Psychologin absolut tabu gewesen, weil ich sofort spürte, wie ich in eine innere Blockade geriet. Und nun spürte ich von einem Tag auf den anderen von mir aus, dass ich bereit dazu war und mich aktiv mit der Vorstellung eines Wiedereinstiegs auseinandersetzen wollte. Das war neu und ein absolut wunderbares Gefühl!

Burnout Diary – Blitzlichter

„Burnout ist, wie wenn dein Spiegelbild in tausend Stücke zersplittert und du beim Aufheben der Scherben realisierst, dass es nicht nur das Spiegelbild war, das zerbrochen ist. Erst dann macht es wirklich Sinn, die einzelnen Bruchstücke wieder zusammenzukleben."
Rebecca Petersen

Ich fühle mich wie ein kleiner Wurm – schäbig und unscheinbar. Am liebsten würde ich einfach so im Erdboden verschwinden und nicht mehr auftauchen.

Es heißt wohl nicht umsonst, dass Burnout eine Erschöpfungsdepression ist. Zuerst die Erschöpfung, dann die Depression. Ich spüre diese tiefe Leere in mir, eine Traurigkeit, die ich nicht erklären und nicht einordnen kann. Sie besucht mich auch in meinen Träumen. Ich wache manchmal weinend oder schluchzend auf und kann mich nur mehr wenig an den Inhalt des Traums erinnern.

Ich mache weiter wie bisher. Was bleibt mir anderes übrig? Ich kann nichts weiter tun, als meiner Genesungskurve Geduld entgegenbringen und nicht aus der Balance zu geraten, wenn es wieder schlechte Tage und merkliche Rückschritte gibt. Die Rückenschmerzen werden stetig besser. Ich merke, dass mein Energielevel über den Tag verteilt länger konstant bleibt. Ich erlebe mehr Tage am Stück, an denen ich die Zuversicht und Hoffnung erfolgreich in meine Präsenz und mein Bewusstsein holen kann.

Bezüglich sozialer Kontakte bin ich einen Schritt weiter. Das heißt konkret, dass ich mich nun schon präventiv schützen gelernt habe, sprich, ich informiere meine Freunde, dass es mir gesundheitlich nicht so gut geht und ich daher nicht gefragt werden möchte, wie es mir geht und was die Gründe dafür sind. Dies erlaubt es mir, mich ausreichend zu schützen und doch in Kontakt mit anderen zu kommen. Das ist genau das, was ich brauche. Ich weiß, dass ich wieder lernen muss, mich im sozialen Kontakt sicher und unbeschwert zu bewegen. Aber das kann ich nicht einfach von heute auf morgen. Dies ist also ein erster Zwischenschritt, der mich wieder etwas ruhiger schlafen lässt. Ich bin vor den Treffen zwar immer noch nervös und ich überlege mir gut, wen ich wirklich treffen möchte. Ich hinterfrage meine Freundschaften mehr und bin achtsamer, welche Personen in meinem Umfeld mir gut tun und unter welchen Umständen ich ein Treffen wirklich genießen kann.

Ich frage mich, welche Gründe es denn gibt, dass wir Menschen in sozialen Kontakt gehen. Früher waren wir noch unmittelbarer aufeinander angewiesen, auch in Bezug auf das Überleben (Jagd, Verteidigung, etc.). Wie ist das heute? Ich habe das Gefühl, dass wir soziale Kontakte auch dazu verwenden, uns von Problemen, Gefühlen und Gedanken abzulenken und das manchmal im Übermass. Viele Menschen halten es kaum einige Stunden mit sich selbst aus und ich frage mich, warum das so ist. Ich für meinen Teil habe während meiner Erkrankung die „Me-Time" noch viel mehr schätzen gelernt und realisiert, dass die wirklich wichtigen Antworten aus mir selbst heraus kommen. Die hilfreichen Hinweise finde ich meist dann, wenn ich mit mir alleine bin, die Stille aushalte und achtsam hinhöre und geduldig in mich hineinhorche. Eben diesen (Begegnungs-)Raum genieße und brauche ich im Moment ganz besonders. Er gibt mir Kraft und schafft Klarheit und Fokus für die nächsten Schritte, die es anzugehen gilt. Ich habe dann das starke Gefühl und die Gewissheit, nicht alleine zu sein und in Verbindung zu einem größeren Ganzen zu stehen. Das fühlt sich gut an. Ich werde meinen Weg schon irgendwie finden.

Mein Genesungszustand ist wider Erwarten schlecht. Ich vergesse regelmäßig Termine, obwohl ich sie in der Agenda eingeschrieben habe und nur ein Termin pro Tag ansteht. Per se überfordern mich Termine, die zu einer bestimmten Zeit anstehen. Mehrere Termine an einem Tag sind eine noch grössere Überforderung und ich muss noch immer sehr darauf achten, dass ich ausreichend Zeit für die Erholung einbaue und mich meine Gedanken, Gefühle sowie ein Empfinden von Unzulänglichkeit und Schwäche nicht völlig überfluten. Auch die sozialen Kontakte, zu denen ich mich teilweise überwinde, bereiten mir Mühe und versetzen mich schon Tage vorher in Nervosität und Unsicherheit. Ich weiß noch nicht mal genau, warum das so ist und kann nur bedingt beschreiben, wovor ich Angst habe.

Meine Laune ist im Keller. Ich habe das Gefühl, einfach nicht vorwärts zu kommen. Die Genesung verläuft schleppend. Ich merke kaum, dass es mir besser geht, weder körperlich noch psychisch. Ich verliere bald die Hoffnung und den Verstand. Hinzu kommt, dass ich seit einigen Wochen einen wirklich starken Gedächtnisverlust verspüre. Ich vergesse, dass ich eine Flasche Mineralwasser aus dem Schrank holen wollte. Ich vergesse an der Kasse beim Self-Check-Out zu zahlen und merke gerade noch rechtzeitig, vor dem Rauslaufen aus dem Laden, dass ich diesen Schritt ausgelassen habe. Was ist da nur los mit mir? Werde ich langsam verrückt? Ist das der Anfang einer beginnenden Demenz? Ich bekomme es mit der Angst zu tun. Welchen Schaden richtet dieser stressbedingte Hormoncocktail eigentlich in meinem Körper an? Ich muss dringend mit meinem Hausarzt reden und herausfinden, was da mit mir passiert.

Parallel dazu beginne ich in Eigenregie, mich bezüglich Burnout in Fachzeitschriften und Büchern einzulesen. Eigentlich etwas spät, aber ich hatte vorher gar nicht die

Kraft, mich dem zu stellen. Ich muss mehr über die Erkrankung wissen. Erst jetzt, beim Durchsehen der Fakten fällt mir auf, wie klar meine Symptome eigentlich waren. Ich fülle erneut einen Selbsttest aus. Das Ergebnis ist klar: „Sie sind in einem Burnout! Holen Sie Unterstützung bei einem Arzt oder Therapeuten." Na super! So weit war ich schon. Mir fällt es wie Schuppen von den Augen. Warum hatte ich das nicht früher erkannt? Ich lese und lese. Es gibt unzählige Ratgeber und Bücher zum Thema Stress und Burnout. Nur wenige berichten jedoch aus der Sicht von Betroffenen. Aber gerade diese Bücher machen mir Mut und beruhigen mich ein wenig. Es ging anderen auch so wie mir, auch wenn die individuellen Lebensgeschichten alle total unterschiedlich sind. Und Burnout scheint wirklich in allen Lebensphasen und in den unterschiedlichsten Gesellschaftsschichten und Berufsfeldern aufzutreten. Und es ist möglich, sich davon zu erholen! Diese Erkenntnis tut mir gut. Ich bin kein Einzelfall. Es gibt Hoffnung! Und doch fällt es mir immer noch schwer, meine Unzulänglichkeit und Schwäche als Stärke und Chance zu sehen. Wie konnte ich nur so blind sein? Wie konnte ich die Faktenlage nur so unglaublich falsch interpretieren und unbemerkt so lange Zeit ständig über meine körperlichen und seelischen Grenzen gehen? Ich möchte das nie wieder erleben! Ich möchte daraus lernen und mein Leben neu gestalten, sodass ich nicht wieder in alte Fahrwasser gerate. Das bin ich mir schuldig.

Wegen der depressiven Verstimmung trinke ich neuerdings Johanniskrauttee, den mir der Arzt empfohlen hat. Wenn das nichts nützt, werde ich wohl doch noch auf Psychopharmaka zurückgreifen müssen. Im Moment kann ich mir in jedem Fall nicht vorstellen, in diesem Zustand mit der Arbeit zu beginnen. Das Problem ist, dass sowohl der Tee wie auch die Antidepressiva eine gewisse Einnahmedauer voraussetzen, bis deren Wirkung einsetzt. Ich fühle mich daher etwas unter Zeitdruck, da mein zum gefühlt tausendsten Mal verschobener Wiedereinstieg ins Arbeitsleben in zwei Monaten geplant ist. Ich muss also bald eine Entscheidung treffen, ob das mit dem Tee wirklich die richtige Strategie ist. Hinzu kommt, dass in der Literatur oftmals Antidepressiva empfohlen werden, weil diese auch bei Schlafstörungen helfen und den Hormonhaushalt und die damit zusammenhängenden Hirnaktivitäten wieder normalisieren helfen, welche durch die Burnout-Erkrankung arg in Mitleidenschaft gezogen wurden. Ich muss mich wohl mit dem Gedanken anfreunden, dass das ein möglicher sinnvoller nächster Schritt sein wird.

Soziale Treffen und Events sind immer noch eine Überwindung für mich. Ich fühle mich an die Wand gedrängt, weil ich nie weiß, welche Empfindungen und Emotionen über mich hereinbrechen werden. Ich bin darauf angewiesen, dass mir Menschen nicht zu nahe treten, weil ich mich selbst emotional noch schlecht abgrenzen kann. Und ich möchte definitiv nicht in Tränen ausbrechen, denn dann müsste ich mich ja vor anderen erklären. Das möchte ich unbedingt vermeiden.

Zu meinen Schlafstörungen hinzugekommen sind seit gut einenhalb Wochen Herz-Rhythmus-Störungen. Mein Herz schlägt plötzlich schnell und unregelmäßig, sodass ich das Gefühl habe, dass es sogleich aus meinem Körper springt. Einen Auslöser kann ich jeweils nicht festmachen. Der Arzt meint, ich solle mich beruhigen. Die Herz-Rhythmus-Störungen könnten schon im Zusammenhang mit dem Burnout auftreten. Die Genesung brauche halt allenfalls doch länger als gedacht. Ich solle mir aber keine allzu großen Sorgen machen.

Ich habe wohl bald einen emotionalen Zusammenbruch. Es ist, als ob ich dabei von außen zuschauen könnte. In mir diese tiefe Traurigkeit und Betrübtheit, die ich jedoch nur selten nach außen dringen lasse. Aber sie ist da und es fühlt sich an, als ob ich gleich zerplatze vor Schmerz. In etwa so stelle ich mir eine depressive Verstimmung vor. Ich habe Angst. Ich denke, dass ich bald in die Gänge kommen muss. Aber mein Körper reagiert falsch. Ich stelle unterschiedliche Symptome fest. Neben der Bedrücktheit werde ich sofort ängstlich und nervös, wenn ich nur schon an ein Ereignis denke, bei dem ich „funktionieren" muss. Und ich bin im Alltag auffällig zerstreut. Nicht nur, dass ich dauernd Termine vergesse. Auch Dinge, die ich eigentlich machen wollte, wie z. B. ein wichtiges To-do aufschreiben, geraten urplötzlich und unbemerkt aus meinem Gedankenfeld und ich vergesse sie. Es fühlt sich an wie ein Blackout, das mir aber erst Minuten später, im Nachhinein, bewusst wird. Dazwischen mache ich etwas anderes, ein wenig wie in Trance oder in Watte gepackt. Erst als ich das Mail wieder sehe, fällt mir ein, dass ich ja noch den Termin in die Agenda aufschreiben wollte. Wie soll das nur weitergehen?

Mein Leben ist wirklich ein Auf und Ab. Es gibt Tage, da bin ich hoffnungsvoll und fühle mich zuversichtlich in Bezug auf den Wiedereinstieg in die Arbeitswelt. Wobei ich ehrlich zugeben muss, dass ich dem Gedanken immer noch erfolgreich aus dem Weg gehe. Zu schmerzhaft ist die Erinnerung an die eigene Unzulänglichkeit und Unfähigkeit. An anderen Tagen fühle ich mich demotiviert und verloren. Dann fehlt mir jegliche Perspektive, wie mein Leben wieder „normal" werden könnte. Ich werde unsicher und zweifle an meinen Fähigkeiten. Ich weiß zwar, dass es unrealistisch ist, anzunehmen, dass ich nichts mehr auf die Reihe kriege. Aber die Angst, die ich in diesen Momenten fühle, scheint in diesen Augenblicken sehr real und furchteinflößend.

Ich entschließe mich, nochmals zu meinem Hausarzt zu gehen, um mit ihm die Situation zu besprechen und allenfalls doch Antidepressiva zu nehmen. Diese Trauer und

Bedrücktheit macht mir Angst. Ich werde sie nicht los. Dieses schwere Gefühl um die Herzgegend bleibt und ich habe Angst davor, dass es vielleicht noch schlimmer wird. Das möchte ich verhindern.

Vielleicht ist es wirklich so, wie in den Fachartikeln beschrieben. Vielleicht braucht es den Einsatz von Antidepressiva über einen gewissen Zeitraum, damit sich mein Körper erholen und mein Hormonhaushalt sich wieder normalisieren kann. Vielleicht ist das der nächste sinnvolle Schritt?

Da die körperlichen Symptome und mein emotionaler Zustand sich eher wieder verschlechtert haben und ich zunehmend wieder nervöser wirke, habe ich in Absprache mit meiner Psychologin entschieden, mir nochmals knapp zwei Monate Abstand und Pause zu gönnen von der Arbeit. Diese ständigen emotionalen „Ups and Downs", welche sich durch einen möglichen Wiedereinstieg jeweils bei mir einstellen, sind kontraproduktiv. Ich brauche Ruhe und Abstand und das über einen längeren Zeitraum. Ich werde spüren, wenn ich wieder bereit bin und bis dahin gilt es, geduldig zu sein und die Zuversicht beizubehalten.

Ich fühle mich tatsächlich ruhiger seit dem Entscheid, dass ich sicherlich noch eineinhalb Monate nicht arbeiten gehen werde. Der Gedanke daran, meiner Genesung ausreichend Zeit geben zu können, ist heilend. Ich bin froh darum, dass ich diese Möglichkeit habe und nicht ständig wieder damit konfrontiert bin, eine Entscheidung zu treffen. Mein ganzer Organismus sehnt sich danach, endlich zur Ruhe zu kommen.

Es ist soweit. Meine Therapeutin ist nicht mehr da, früher als erwartet. Der Wechsel meiner zuständigen Psychologin fordert mich heraus. Ich mache mir viele Gedanken dazu, wer die neue Person sein wird und wie schnell es möglich sein wird, meine Themen aktiv und im vertrauten

Phase III – Das Meer – Genesung und Rückschläge   121

Rahmen weiter zu bearbeiten. Ich bin mir bewusst, dass das einige Zeit dauern wird. Mir fällt es schwer, Vertrauen zu jemandem aufzubauen. Nun muss ich gefühlt nochmals von vorn beginnen. Aber ich kann es nicht ändern. Und ich werde es schon irgendwie schaffen.

Die Konfirmation meines Neffen steht bevor. Ich freue mich und doch bin ich seit gut eineinhalb Wochen nervös. Das ist ein großes Ereignis, bei dem ich viele mir liebe Menschen treffen werde, die rein gar nichts von meinem Krankheitsstatus wissen. Dieser Gedanke zerreißt mich innerlich beinahe und doch weiß ich, dass im Moment „das Verschweigen" noch das Richtige für mich ist. Ich könnte noch viel weniger gut damit umgehen, wenn sie über meine Burnout-Erkrankung Bescheid wüssten. Nun gut, ich versuche, mich mit guten Gedanken selbst zu beruhigen. Ich möchte den Familienanlass genießen können. Zum Glück konnte ich organisieren, dass ich keinen aktiven Beitrag zur Feier leisten muss. Das hätte ich wohl nicht durchgestanden. Einfach anwesend zu sein wird schon eine große Herausforderung für mich werden. Ich bin gespannt, wie ich in dieser Situation zurechtkommen werde.

Die Familienfeier verlief eigentlich ganz gut, auch wenn durch das lange Sitzen im Gottesdienst mein Rücken wieder völlig verrückt spielte und ich dazwischen aufstehen musste, weil ich die Schmerzen kaum aushalten konnte. Solche Rückenbeschwerden hatte ich schon lange nicht mehr in dieser Intensität. Immer wieder überlege ich mir, wie absurd es scheint, dass all diese Menschen davon ausgehen, dass es mir gut geht und nicht wissen, dass ich an einem Burnout leide. Man sieht es mir einfach nicht an und ich bin mittlerweile Meisterin darin geworden, auszuweichend zu antworten, mich zu verstellen oder der Situation zu entfliehen, wenn ich mich unwohl fühle oder meine Emotionen überhand nehmen. Besonders die Fragen über die Schule bereiteten mir Mühe, denn hier musste ich auf Vergangenes zurückgreifen. Es fühlte sich wie Lügen an. Es scheint, als ob ich definitiv den richtigen Moment verpasst habe, meine Liebsten einzuweihen. Wobei ich mir immer noch sicher bin, dass es anders herum nicht besser gewesen wäre. Ich muss einfach noch etwas durchhalten. Wenn ich das Gröbste des Burnouts überstanden habe, fällt es mir vielleicht leichter, meine Schwäche und mein Versagen zuzugeben. Klar, mein Intellekt sagt mir, dass dies keine wirkliche Schwäche ist. Aber mein Innerstes ist diesbezüglich immer noch anderer Meinung. Da habe ich doch noch einiges an mir zu arbeiten.

Das Schreiben tut mir gut. Es ist, also ob ich einer guten Freundin all meine Gedanken und Sorgen anvertrauen kann, ohne dass sie etwas dazu sagt oder mir Ratschläge gibt. Bereits jetzt, wenn ich vergangene Notizen lese, staune ich über das Erlebte und es erfüllt mich eine große Traurigkeit, aber auch Demut, dass ich mich bereits so gut von der Burnout-Erkrankung erholt habe. Das ist ein wirkliches Geschenk, auch wenn ich noch längst nicht an meinem Ziel bin. Es gibt ganz viele Dinge, die ich im Moment bewusst verdränge, weil sie mich emotional überfordern würden. Und das ist ok so. Das habe ich in den letzten Monaten gelernt. Es ist Zeit, wenn es Zeit ist und ich werde es merken, wenn ich bereit für die nächsten Schritte und Erkenntnisse bin.

In der Therapie habe ich den Therapeutenwechsel nun erfolgreich gemeistert. Es gab zwar in den ersten Wochen einigen Klärungsbedarf, aber das Aus- und Durchhalten hat sich gelohnt. Wieder Vertrauen gewinnen, sich Zeit lassen mit dem Kennenlernen, Geduld haben, obwohl ich schon wieder das Gefühl habe, zu wenig Zeit für alle meine Themen zu haben, das war anstrengend. Der Wiedereinstieg ins Arbeitsleben rückt näher und näher. Es ist unglaublich, wie die Zeit vergeht. Auch wenn ich über alles gesehen, große Fortschritte sehe, fühlt es sich im Moment doch wieder so an, als ob ich noch nirgends bin. Meine emotionale Stabilität ist schwankend, auch wenn ich das mittlerweile im sozialen Kontakt meist sehr gut verstecken kann. Noch immer treffe ich mich nur sehr selten und ausgewählt mit guten Freunden. Und auch das ist für den Moment ok. Ich habe mehr Ruhe und Akzeptanz für mich und meinen Zustand entwickelt. Ich habe viel dazugelernt. Dafür bin ich so unendlich dankbar.

Ich gehe zum ersten Mal seit Langem wieder zu einem größeren beruflichen Event. Zwei Stunden Informationsanlass und danach Apéro. Für jeden sonst auf der Welt wahrscheinlich ein tolles Erlebnis. Für mich eine riesige Herausforderung, nicht nur, weil dies abends stattfindet. Ich bin schon seit einigen Tagen total nervös deswegen. Ich überlege mir, wie es wohl sein wird und ob ich emotional und kräftemäßig durchhalten werde. Aber ich möchte mich solchen Momenten bewusst und schrittweise aussetzen, um zu sehen, was energietechnisch und emotionsmäßig drin liegt. Eine Art Probelauf für meine soziale Kompetenz und Belastbarkeit. Im Moment, in dem ich unter den vielen Leuten anwesend bin, fühle ich mich eigentlich ganz ok. Es hilft mir, in einer Art Rolle als Fachperson vor Ort sein zu können. Immer wieder kommt mir in den Sinn, dass ich ja eigentlich Burnout habe. Die Tatsache, dass diese Menschen das nicht wissen, löst in mir Schuldgefühle aus. Das macht faktisch gar keinen Sinn, denn ich bin mir sicher, dass sich viele der TeilnehmerInnen nicht für meinen Krankheitsstatus interessieren würden. Und doch löst es so viele Emotionen in mir aus. Nach dem Treffen fühle ich mich zuerst euphorisch, und dann kommt wieder die Flutwelle von Müdigkeit, Scham, Unsicherheit, Angst und Selbstzweifeln. Dieses Erleben wird durch die Müdigkeit und das späte Zubettgehen noch verstärkt. Ich weiß, dass ich meinen Gedanken, Zweifeln und nagenden Selbst-Beurteilungen jetzt nicht zuhören sollte und doch dringen sie umso tiefer in mein Innerstes vor und laugen mich aus. Ich muss ins Bett und morgen sieht die Welt hoffentlich schon wieder anders aus.

Ich bin wieder nervöser als noch vor ein paar Wochen. Ich bemerke dies in meinem Empfinden, in meinen Gedankengängen, aber auch an den Träumen, die mir in der Nacht den Schlaf rauben. Die schlafinduzierenden Antidepressiva habe ich mutig ausprobiert. Aber die starken Migräneattacken, die ich am nächsten Tag davon bekam, haben mich schnell wieder davon abgebracht. Nun nehme ich nur noch Johanniskrauttropfen. Diese haben scheinbar meine emotionale Ausgeglichenheit nachhaltig stabilisiert. Ich habe wieder mehr Elan und insgesamt stärkere Nerven. Ich gerate im Alltag weniger schnell aus der Ruhe. Das Einschlafen funktioniert nun mit ausreichend Baldriantropfen und Beruhigungstee besser, insbesondere seit ich abends wieder mehr Energie habe und etwas länger wach bleiben und lesen kann.

Ich gehe weiterhin in die Selbsthilfegruppe, auch wenn ich nicht immer motiviert dazu bin. Der Austausch tut mir nur bedingt gut, denn manchmal sind die Themen aufwühlend. Mich erschreckt zudem, wie viele TeilnehmerInnen mehrmalig in ein Burnout geraten. Aber die Treffen sind eine Ablenkung und eine gute Möglichkeit, im geschützten Rahmen mit Menschen über meine Burnout-Erkrankung zu reden, neue Einsichten zu gewinnen und wertvolle Erfahrungen auszutauschen.

Ich frage mich sowieso immer wieder, warum ich dieses Buch eigentlich schreiben möchte. Die Tatsache, dass ich mich so schwer tue, mein Umfeld über meine Erkrankung zu informieren, scheint ein krasser Gegensatz dazu zu sein, dass ich eine Buchveröffentlichung plane. Worin liegt der Unterschied?

Ich glaube, es hängt damit zusammen, dass ich mich und meine Ängste überwinden möchte. Ich möchte frei sein von den Gedanken und Befürchtungen, was andere über mich denken könnten. Ich möchte frei sein und die vielen Vorurteile gegenüber psychischen Erkrankungen entkräften. Es muss doch möglich sein, an einem Burnout zu erkranken und danach wieder voll leistungsfähig zu sein. Natürlich ist mir bewusst, dass es im Alltag und in der Selbstwahrnehmung Anpassungen braucht. Aber ich möchte definitiv keine der Personen sein, die einen Rückfall erleiden. Ich nicht! Das muss irgendwie möglich sein!

Ich merke, wie es mir von Tag zu Tag besser geht. Ich gewinne an Zuversicht und kann mir immer plastischer vorstellen, dass ich an meinen Arbeitsplatz zurückkehre und stark genug bin, den herausfordernden Situationen, die am Anfang auf mich einstürzen werden, standhalten zu können. Das ist ein schönes Gefühl, an das ich mich zuerst wieder gewöhnen muss.

Ich arbeite viel an mir und an meinen Themen. Die Therapiesitzungen sind ein wichtiger Teil davon. Mit meinem Wissen und meiner Erfahrung als psychosoziale Beraterin kann ich auch in meiner restlichen Zeit viele kleine Schritte in Richtung Selbsterkenntnis und Persönlichkeitsentwicklung gehen. Ich habe im Moment den Eindruck, dass es ans „Eingemachte" geht. Das heißt, es sind nicht mehr tausend Themen in der Fülle, die mich überwältigen und lähmen, sondern nur mehr zwei bis drei, die ich gezielt und vertieft angehen kann. Ich habe nun wieder Kraft, die aufkommenden Emotionen wahrzunehmen und auszuhalten. Das ist ein riesiger Fortschritt! Zu Beginn der Burnout-Erkrankung war ich nicht fähig, im

Hier und Jetzt Gefühle bewusst wahrzunehmen oder diese für mich sinnvoll einzuordnen. Ich habe diese unbewusst verdrängt, weil ich deren Intensität und Kraft nicht aushalten konnte. Der Stress hatte mich von innen heraus unbemerkt zerfressen und mich zu einem Schatten meinesgleichen werden lassen. Jetzt erst erkenne ich das Ausmaß meiner Burnout-Erkrankung. Da ich den Vergleich habe und mich wieder besser wahrnehmen kann. Es ist eine neue Lebensqualität, da ich wieder mehr bei mir bin, mich spüren kann und nicht gleich vor Erschöpfung oder Überforderung zusammenzubrechen drohe. Was für ein Geschenk, dass ich mich wiedergefunden habe und mein Leben wieder Konturen und Farbe annimmt. Das Hoffen, Durch- und Aushalten hat sich scheinbar gelohnt.

Bildlich gesprochen – Die Ausweglosigkeit

3 Das Meer - Ausweglosigkeit

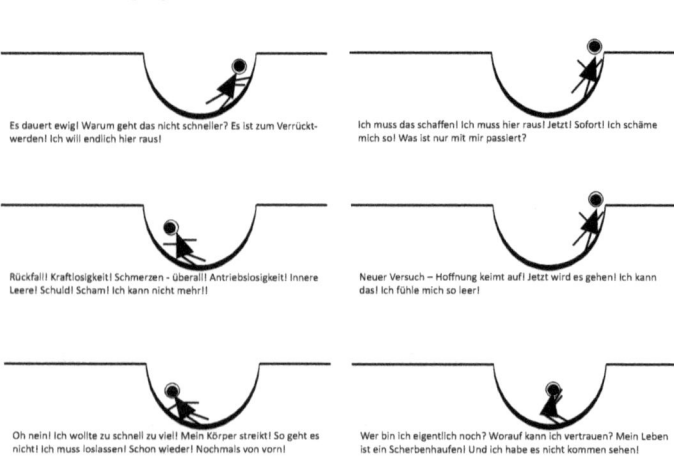

Es dauert ewig! Warum geht das nicht schneller? Es ist zum Verrücktwerden! Ich will endlich hier raus!

Ich muss das schaffen! Ich muss hier raus! Jetzt! Sofort! Ich schäme mich so! Was ist nur mit mir passiert?

Rückfall! Kraftlosigkeit! Schmerzen - überall! Antriebslosigkeit! Innere Leere! Schuld! Scham! Ich kann nicht mehr!!

Neuer Versuch – Hoffnung keimt auf! Jetzt wird es gehen! Ich kann das! Ich fühle mich so leer!

Oh nein! Ich wollte zu schnell zu viel! Mein Körper streikt! So geht es nicht! Ich muss loslassen! Schon wieder! Nochmals von vorn!

Wer bin ich eigentlich noch? Worauf kann ich vertrauen? Mein Leben ist ein Scherbenhaufen! Und ich habe es nicht kommen sehen!

Für (mögliche) Betroffene – Selbstreflexion und Resilienz lernen

Irgendwann, nach der akuten Phase, werden scheinbar plötzlich und dann mit der Zeit mehr und mehr kleine Veränderungen sichtbar. Diese sind oftmals so minimal, dass man sie einzeln vielleicht kaum wahrnimmt. In der Summe lösen sie aber doch einen kleinen Hoffnungsschimmer aus. Auch wird es immer klarer, dass eine längere Arbeitsunterbrechung ein sinnvoller Schritt für die Genesung darstellt und nichts daran vorbeiführt.

Bei der Betrachtung einer Burnout-Erkrankung gibt es verschiedene Ebenen, die in ihrer Ganzheit wirken und doch einzeln unterschiedlich auf das persönliche Leben Einfluss nehmen. So gibt es z. B. den intrapsychischen Prozess und die eigene Persönlichkeitsstruktur. Damit sind Bewertungen, innere Antreiber (vgl. Phase VI - Der Leuchtturm – Einordnen der Unsicherheit), Glaubenssätze, Gefühle, Gedanken, Ängste, Erfahrungen aus der Vergangenheit, etc. gemeint. Trotz meiner Fähigkeit für Selbstreflexion und meinem psychologischen Fachwissen war ich unfähig, die Burnout-Erkrankung früh genug zu erkennen. Auch meine inneren Antreiber wirkten, denn diese kommen besonders zum Zug, wenn eine Person in Stress gerät. Zudem laufen die meisten intrapsychischen Prozesse unbewusst ab und sind bis dann nicht mit dem Verstand steuerbar. Sie müssen zuerst ins Bewusstsein geholt werden und in einem nächsten Schritt neu erlebt und verinnerlicht werden. Es geht also ums Erleben, Einfühlen und darum, neue Handlungsmuster zu entwickeln. Eben deshalb macht Psychotherapie oder Coaching und Beratung bei einer (möglichen) Burnout-Erkrankung Sinn. Was es genau für Unterstützung braucht, hängt vom Ausmass der Erkrankung und dem Stadium der mentalen

Gesundheit ab, in dem sich die Person befindet. Es geht um das Begreifen, das Fühlen, das Erleben von neuen Erfahrungen und Gegebenheiten im Zusammensein mit der Fachperson. Es ist zudem wichtig, dass neue Erfahrungen im geschützten Rahmen gemacht werden können. Das braucht oftmals Mut und Überwindung. Aber nur so kann Heilung im Innen und Aussen geschehen!

Neben dem inneren Erleben spielen aber auch Bereiche wie das Privatleben oder die eigene körperliche Gesundheit eine wichtige Rolle. Sind Sie achtsam unterwegs bezüglich Ihrer Fitness? Bewegen Sie sich ausreichend an der frischen Luft? Achten Sie auf gesunde Ernährung? Wie gestalten Sie soziale Kontakte? Körper und Psyche bilden eine Einheit. Sie haben auf den jeweilig anderen Bereich - positiv wie negativ - einen direkten Einfluss. Wenn ihre Gedanken sich im Kreis drehen und Sie sich ständig über die Zukunft oder Vergangenheit Sorgen machen, dann hat das unweigerlich Auswirkungen auf Ihr körperliches Empfinden. Wenn es Ihnen gelingt, z. B. täglich auf einen längeren Spaziergang zu gehen, dann tut das nicht nur Ihrem Kreislauf und Ihrem körperlichen Empfinden gut, sondern es erhellt auch Ihr seelisches Befinden. Es macht daher Sinn, solche helfenden Routinen in den Alltag aufzunehmen und sich, wenn immer möglich, daran zu halten und diese regelmässig umzusetzen.

An einem bestimmen Zeitpunkt konnte ich für mich z. B. den Entschluss fassen, wieder ins Krafttraining zu gehen. Dies erschien mir sinnvoll, weil ich wusste, dass dadurch Endorphine ausgeschüttet werden, welche wiederum meine Motivation erhöhten und meine Stimmungslage aufhellten. Falls also der Burnout-Hormon-Cocktail in meinem Fall noch wirkte, und das kann über mehrere Monate nach dem „Ausstieg" immer noch der Fall sein, wollte ich zumindest mein Möglichstes tun, um diese Schieflage wieder ins Lot zu bringen. Dies war allerdings erst gegen Ende der Phase III wieder möglich, und dies wirklich nur langsam und schrittweise. Es gab Wochen, da setzte ich mir täglich nur das eine Ziel, ins Fitnesstraining zu gehen. Alles andere konnte warten! Ich wollte mir unbedingt wieder eine sinnvolle Gewohnheit antrainieren, die meine Gesundheit und Widerstandskraft verbesserte. Dies war am Anfang der Phase III gar nicht möglich, weil mir meine Rückenschmerzen immer wieder dazwischen funkten. Es war also wichtig, den passenden Zeitpunkt abzuwarten und die innere Balance für den Neubeginn zu finden.

Es ist wichtig, dass Sie sich in dieser dritten Phase trotz merklicher Verbesserungen weiterhin Zeit lassen für die Genesung! Es braucht ausreichend Achtsamkeit bezüglich persönlicher Stabilität. Es ist möglich, dass sie sich vordergründig schon wieder sehr gut fühlen und ihr Umfeld von außen kaum mehr bemerkt, dass sie aufgrund der Burnout-Erkrankung noch belastet sind. Innerlich kann es aber immer wieder Hochs und Tiefs geben, die nur Sie bemerken. Ebenso wie die kleinen Verbesserungen zu Beginn nur sporadisch bemerkbar sind, sind auch die Stolpersteine nur bedingt auf den ersten Blick erkennbar. Und das kann eine Herausforderung darstellen, wenn Sie sich zu früh und zu schnell wieder stressbelasteten Situationen ausliefern.

Oft kommt es vor, dass Burnout-Betroffene im Verlauf der Genesung mit starken Emotionen konfrontiert sind, welche gar nicht unbedingt mit der aktuellen Situation in Verbindung stehen müssen. Hier geht es um ein Wahrnehmen und Akzeptieren von dem, was gerade ist, ohne dabei zu bewerten oder den Ursprung begreifen zu wollen. Natürlich macht es Sinn, diese Thematik mit der von Ihnen gewählten Fachperson zu besprechen und einen sinnvollen Umgang damit zu finden. Daneben geht es aber auch um das Annehmen von dem, was gerade ist. Mir hat die fachliche Erklärung, dass der ausgelöste Hormoncocktail, der in dieser Phase immer noch im Blut sein und dazu führen kann, dass ich ein emotionales Auf und Ab verspüre – welches sich eben nicht logisch erklären lässt – oftmals schon sehr geholfen, meine inneren Grenzen besser zu akzeptieren und Schwäche zuzulassen. Das Fachwissen und Verständnis über die körperlichen Abläufe und Zusammenhänge hat mir dementsprechend geholfen, das Nichtwissen und die Ungewissheit doch irgendwie sinnvoll einzuordnen.

Für mich war z. B. der Kontakt im sozialen Umfeld immer sehr herausfordernd. Auch wenn es mir „mit mir alleine" schon um einiges besser ging, weil ich immer besser auf mich und meinen Körper hören konnte und mich wahrnehmen lernte, so verlor ich mich umso schneller im sozialen Kontakt. Dieser zapfte mir in kurzer Zeit so viel Energie ab, dass ich mich von einem Treffen oder einer kleinen emotionalen Uneinigkeit oder Auseinandersetzung manchmal noch Tage danach wieder energetisch und emotional erholen musste und umso stärker den Drang verspürte, mir mir alleine zu sein und in Ruhe gelassen zu werden. Ich war dann umso dünnhäutiger und empfindlicher. Unvorhersehbare Zwischenfälle und Meinungsverschiedenheiten bereiteten mir besonders Mühe und beschäftigen mich noch Tage danach.

In dieser Phase war es zudem wichtig, mich selbst nicht unter Druck zu setzen. Wie so oft geriet ich in eben dieses Fahrwasser, wollte mehr erreichen und musste dann wieder feststellen, dass es so eben nicht ging. Das bekannte Sprichwort „Das Gras wächst nicht schneller, wenn man daran zieht" passte hier sehr gut. Meist waren die Reaktionen meines Körpers so deutlich spürbar, dass ich gar keine andere Wahl hatte, als von meinen Vorstellungen und Erwartungen an mich selbst loszulassen. Dann nahm ich den unerfüllten Wunsch oder das geplante Vorhaben einfach gedanklich mit und versuchte, das Positive im jeweiligen Moment in mein Bewusstein zu holen. Und urplötzlich, scheinbar aus heiterem Himmel, konnte ich einige Wochen später mit Leichtigkeit in die Umsetzung gehen. Es gelang meist schon fast von alleine und ich konnte dabei mein Tun aus einer übergeordneten Perspektive beobachten. Diese Momente waren für mich extrem kraftspendend und stimmten mich hoffnungsvoll. Diese kleinen Erfolge und Hoffnungsschimmer hatte ich dringend nötig, denn die Genesung zog sich immer wieder in die Länge. Gleichzeitig war genau das mein nächster wichtiger Lernschritt. Die Heilung einer Burnout-Erkrankung brauchte einfach sehr, sehr viel Zeit und Geduld und war nicht mit Anstrengung, Erwartungen oder Druck meinerseits zu forcieren. „Mit dem Kopf durch die Wand wollen" war in dieser Phase definitiv die falsche Methode.

> Einengende Muster können verändert werden, auch wenn es manchmal länger dauert und Rückschläge zu verzeichnen sind. Mehr erreichen wollen, als der Körper und die Psyche gerade leisten können, ist oftmals eine Herausforderung. Aber gerade hier liegt die Kraft und der Raum für neue Erkenntnisse! Ich wünsche Ihnen viel Weisheit für Ihren Weg und die Kraft, sich immer wieder auf das Positive zu fokussieren!

Für Angehörige, Freunde und MitarbeiterInnen – Systemdenken

Diese Phase ist nach der akuten Phase leider nicht weniger anspruchsvoll für den Betroffenen, weil die Hochs und Tiefs immer wieder zu Euphorie und Überforderung verleiten. Die Genesungskurve verläuft nicht linear nach oben und oft sind die Rückschläge nicht logisch erklärbar und daher auch nicht vorhersehbar. Es braucht grosses Fingerspitzengefühl von allen Beteiligten.

Hinzu kommt, dass diese Phase viel Unsicherheit bei allen Beteiligten auslösen kann. Wie wird es weitergehen? Wann ist die Rückkehr an die Arbeitsstelle möglich? Wird der Betroffene wieder zu seiner ursprünglichen Kraft, Ausdauer, Freude und Vitalität zurückfinden?

Ja und nein. Ich sehe die Burnout-Erkrankung als eine intensive Wandlungsphase, die einen Menschen in seinem Innersten berührt und verändert. Es ist essenziell, dass der Betroffene in dieser Phase lernt, sich selbst besser wahrzunehmen und sich so besser gegen das Außen und im Inneren abgrenzen und schützen kann. Das ist je nach Persönlichkeitsstruktur eine große Herausforderung und ein längerer Lernprozess. Denn der Burnout-Betroffene hat ja nicht ohne Grund über längere Zeit völlig über seine seelischen und körperlichen Ressourcen hinaus gelebt und seine eigenen Grenzen überschritten. Die Ursachen dafür sind vielfältig und reichen tief.

Daneben hat die Burnout-Erkrankung wahrscheinlich dazu geführt, dass das Familienleben, der Freundeskreis wie auch der eigene gesunde Lebensstil über längere Zeit massiv vernachlässigt wurden und gelitten haben. Hier braucht es je nach Person schrittweise Veränderungen und eine kreative Neugestaltung von sinnvollen, neuen Gewohnheiten.

Denn der Alltag, insbesondere am Arbeitsplatz, wird auch in Zukunft eine Herausforderung sein und kann dazu verleiten, wieder in altes Fahrwasser zu geraten. Um Stabilität in den unterschiedlichen Lebensbereichen zu gewährleisten ist es daher sinnvoll, dass zuerst im Privatleben und im Innenleben des Betroffenen Ruhe einkehren kann und die neuen Gewohnheiten, falls nötig, angepasst, etabliert und schrittweise stabilisiert werden können. Dies gibt

Sicherheit und Selbstvertrauen, was für den Betroffenen für den weiteren Verlauf der Genesung dringend notwendig ist.

Hierbei ist der/die Betroffene sicherlich um jegliche Unterstützung dankbar. Allerdings nur dann, wenn tatsächlich Bedarf besteht und im Kontakt sehr achtsam vorgegangen wird. Es ist wichtig, den/die Betroffene/n nicht in der Autonomie und Selbstwirksamkeit zu untergraben und die persönlichen Grenzen zu wahren. Ein ausgelebtes Helfersyndrom wäre hier gänzlich fehl am Platz. Daher ist es sinnvoll, wenn Sie bei Zweifeln oder eigener Unsicherheit eben diese benennen, nachfragen und Aussagen aus der Ich-Perspektive machen. Diese Unsicherheit kennt der/die Betroffene aus eigener Erfahrung. Der Mut, diese zuzulassen und anzusprechen, kann positiv und verbindend wirken. Aussagen aus der Ich-Perspektive sind zudem meist weniger wertend und verletzend und können so vom Gegenüber besser angenommen werden. Wenn Sie bei sich und Ihrem Empfinden bleiben können und diese im Außen formulieren, dann kann sich das Gegenüber dazu positionieren und eigene Bedürfnisse, Ideen oder Perspektiven einbringen. Das ist die beste Grundlage, für einen verständnisvollen Austausch und um gemeinsam einen Konsens sowie kooperative und gangbare Lösungen und Zwischenschritte zu finden. Dies ist im Übrigen bei jedem herausforderndem Gespräch und im Dialog auf Augenhöhe sinnvoll. Ebenfalls ist es hilfreich, die Person nicht unter (Zeit-)Druck zu setzen. Entscheidungen treffen zu können kann manchmal eine große Herausforderung sein. Da ist es hilfreich, etwas Zeit zum Einfühlen einzubauen und z. B. Gehörtes nach einem Gespräch zuerst einmal in aller Ruhe auf sich wirken zu lassen und erst dann zu überlegen, was es für nächste Schritte und einen guten Abschluss, eine Weiterführung oder Vertiefung noch braucht. Je nachdem ist dieses Vorgehen auch für Sie in der Familie hilfreich und führt ggf. sogar zu einer neuen, positiven Gesprächs- und Umgangskultur.

> Vielleicht ist gerade diese Phase eine unverhoffte Chance, sich selbst und sein Gegenüber auf neue Art kennen zu lernen! Gemeinsam schwierige Situationen meistern, sich gegenseitig Einblick in das Erleben ermöglichen und verschiedene Betrachtungsweisen einnehmen, ohne diese zu bewerten, kann stärkend auf die Beziehung wirken und zu neuem Verständnis und gegenseitigem Vertrauen führen. Ich wünsche Ihnen von Herzen viel Zuversicht und gutes Gelingen!

Für Führungskräfte – Cooperate/Social Responsibility

In dieser Phase ist es möglich, dass mehrmalig davon die Rede ist, dass der Betroffene an seine Arbeitsstelle zurückkehrt, der Wiedereinstieg dann aber doch wieder verschoben werden muss. Dies hat wahrscheinlich damit zu tun, dass der/die Betroffene sich den Wiedereinstieg wünscht und dann feststellen muss, dass der Körper oder die Psyche doch noch nicht so weit sind. Hinzu kommt, dass es keinen Königsweg oder eine vorgefertigte Anleitung für den Weg zurück ins Arbeitsleben gibt. Hier muss jeder/jede Betroffene seinen/ihren eigenen Weg finden und das ist schon eine Leistung für sich. Ich musste lernen, dass es schwierig ist, den Wiedereinstieg über mehrere Wochen vorauszuplanen. Meist konnte ich erst kurz vorher wirklich beurteilen, wie es mir ging und ob ich schon bereit war für die Reintegration. Verständlicherweise war das für meine Vorgesetzte sehr anstrengend und aufwendig in der Planung einer möglichen Stellvertretung und führte in der Summe zu viel Unverständnis und negativer Erwartungshaltung.

Die Wiedereingliederung kann für den Arbeitgeber zu einer echten Geduldsprobe werden. Insbesondere, wenn der Kontakt zum Betroffenen während der Krankheits- und Genesungsphase schwerfällig verläuft oder gar nicht erst hergestellt werden kann. Mit dieser Unsicherheit gilt es verständnisvoll umzugehen, denn mit großer Wahrscheinlichkeit befindet sich der Betroffene in einem ebenso luftleeren und unklaren Raum. Er oder sie kann wahrscheinlich ebenso wenig voraussehen, wie es in Zukunft weitergehen wird, denn das ist Teil einer Burnout-Erkrankung.

Das erfordert von Ihnen als Führungskraft und dem Team viel Geduld. Es bringt wenig, diese Zeit des Wartens mit Spekulationen, Hypothesen oder Erwartungen zu füllen. Jeder Genesungsverlauf eines Burnouts verläuft individuell und eben nicht linear und man kann wirklich nur Schritt für Schritt sehen, was es gerade braucht, ohne schon zu weit voraus planen zu wollen.

Das Aushalten dieser Gefühls- und Genesungs-Achterbahn ist für den/die Betroffene/n an und für sich schon sehr anstrengend. Hilfreich ist, wenn Sie in dieser Phase hoffnungsspendende Zeichen der Wertschätzung senden können und dabei trotzdem die Grenzen wahren. Eine Karte mit Blumen sagt bekanntlich mehr als tausend Worte. Fragen Sie vorher an, wenn Sie sich mit dem/der Betroffenen in Verbindung setzen möchten. Der Kontakt ist, je nachdem in welcher Phase der/die Betroffene gerade ist, nicht immer sinnvoll und erwünscht. Nehmen Sie das auf keinen Fall persönlich!

Im Idealfall ist ja bereits ein Case-Management involviert, welches eine neutrale (Puffer-)Anlaufstelle bietet und die Kommunikation erleichtert. Es ist möglich, dass ein klarer Bruch zur Arbeitsstelle für den Burnout-Betroffenen nötig wird und es daher kontraproduktiv sein kann, wenn er/sie wieder mit denselben Themen und/oder Personen der Arbeitswelt konfrontiert wird. Das mag etwas hart klingen, ist an dieser Stelle aber wichtig zu erwähnen. Diese Abgrenzungsnotwendigkeit hat nichts mit Ihnen oder dem Team zu tun! Es ist nur so, dass der Burnout-Betroffene in der Genesungsphase ganz einfach schon genug mit sich selbst zu tun hat und die nötige gedankliche Abgrenzung oftmals schwerfällt. Denn der Burnout-Betroffene ist ja nicht umsonst in dieser Situation, wenn er nicht eben diese Schwierigkeiten bezüglich Eigenwahrnehmung, mangelnder Abgrenzung, Schutz und hohem Leistungswillen als persönliche Thematiken hätte. Viele Burnout-Erkrankte sind als Arbeitnehmer/in ja sehr engagiert, motiviert und leistungsorientiert. Sie möchten ihre Arbeit besonders gut machen. Dieses hohe Engagement kombiniert mit einem starken Leistungswillen und Perfektionismus kann in der Genesungsphase zu einem Erschwernis für den Betroffenen werden, welches individuell in der Therapie und Beratung bearbeitet werden muss.

Es kann natürlich sein, dass diese Abgrenzung so gar nicht nötig ist und der Betroffene sogar den Kontakt zu seinem Team und zu Ihnen als Vorgesetzte wünscht. Wie gesagt, die Bedürfnisse der Betroffenen sind sehr individuell. Im Zweifelsfall fragen Sie am besten einfach nach. Auch kann es helfen, die eigene Hilflosigkeit und Unsicherheit im Gespräch im Beisein des Case-Managements direkt anzusprechen. Das gibt dem Burnout-Betroffenen die Möglichkeit, Ihre Perspektive einzunehmen. Zudem wird er/sie dadurch dazu angehalten, für sich selbst ebenfalls zu überlegen, welche Unterstützung für ihn/sie hilfreich sein könnte und er/sie lernt, für sich einzustehen. Er/Sie wird durch Ihr Vorbild darin bestärkt, dies ebenfalls offen mitzuteilen. Dies ist ein wichtiger Schritt in Bezug auf einen gelingenden Wiedereinstieg ins Arbeitsleben und schafft im gegenseitigen Kontakt Vertrauen. Zudem erleichtert ein offener, ehrlicher und wertschätzender Umgang untereinander auch die Arbeit des Case-Managements, welches gerade bei einem Arbeitsplatzkonflikt nicht immer eine einfache Rolle in der Konfliktlösung einnehmen muss.

> Vergessen Sie nicht, dass Burnout-Betroffene sehr engagiert und leistungsorientiert sind. Wenn es gelingt, diese Ressource zurückzuholen, dann können Sie als Organisation sehr viel davon profitieren und aus der Situation lernen. Ich wünsche Ihnen von Herzen viel Zuversicht und gutes Gelingen!

(Selbst-)Reflexion – Schritte zur Selbsterkenntnis

Für (mögliche) Betroffene

Wenn ich als psychologische Beraterin und Coach arbeite, ist die übergeordnete Zielsetzung in jeder Zusammenarbeit, den/die Klienten/in in seiner/ihrer Autonomie [1] zu stärken. Gerade diese Autonomie wurde bei mir im Hinblick auf meine Burnout-Erkrankung immer weniger und weniger, ohne dass mir das wirklich bewusst war, denn mit dem anhaltenden Stress und der Überforderung verlor ich mehr und mehr den Kontakt zu mir selbst. Die Transaktionsanalyse liefert hier eine spannende Definition, welche weiter geht als der Begriff Autonomie im Sinne der Selbstständigkeit. Die Autonomie nach Eric Berne beinhaltet drei Faktoren: Bewusstheit (Achtsamkeit für das eigene Erleben), Spontanität (Flexibilität im Denken, Fühlen, Handeln) und Intimität (Beziehungsfähigkeit). Leonhard Schlegel präzisiert: „Nach Berne ist autonom, wer die durch die Eltern vermittelten Werte nicht unbesehen übernimmt, wer sich von seinem Skript befreit hat, wer als „Erwachsenenperson" ungetrübt urteilt, entscheidet und handelt und demnach frei über seine Ich-Zustände verfügen kann" [1].

Diese drei Bereiche – Bewusstheit, Spontanität und Intimität – als Teil der Autonomie im Sinne der Transaktionsanalyse können ganz allgemein aber auch insbesondere in Bezug auf das Thema Burnout und Resilienz betrachtet werden.

Bei der Bewusstheit ist eine Achtsamkeit für das eigene Erleben, Denken, Fühlen und Handeln gemeint. Das heißt, je mehr ich mir über mein skriptgebundenes Verhalten [2] bewusst werde, welches in der frühen Kindheit seinen Ursprung hat, desto mehr kann ich durch Bewusstwerdung reflektieren und aktiv in die Veränderung gehen. Somit gelingt es, immer mehr ein erfülltes Leben in Autonomie zu leben, welches nicht mehr einschränkenden Geboten, Ängsten und Erwartungen unterworfen ist.

Die Spontanität beschreibt eine Flexibilität im eigenen Erleben, Denken, Fühlen, Handeln. Umso mehr ich mich vom eigenen Skript löse, umso mehr schaffe ich einen echten Zugang zum Hier und Jetzt. Ich kann mehr und mehr echte Gefühle erleben, welche in Bezug auf das Erlebte stehen, und ich darf im vollen Bewusstsein und der Präsenz die Zeit mit Menschen von innen heraus genießen und kann dadurch authentisch und frei von Erwartungen auftreten.

Im Bereich der Intimität schaffe ich einen ehrlichen, zugewandten und vertrauensvollen Raum mit mir lieben und nahen Menschen. Ich lasse mich auf Begegnungen ein, weil ich ganz bei mir sein kann und mich nicht in der Begegnung mit anderen verliere. Ich habe keine Angst vor Beziehung, sondern erlebe diese als wertvoll, bereichernd und stärkend.

Autonomie in diesem Sinne ist nicht ein abgeschlossener Prozess oder ein finaler Zustand. Jedoch können im Sinne der Transaktionsanalyse Schritte in Richtung Autonomie [1] die Lebensfreude erhöhen, die Beziehung zu sich und anderen stärken und das Erleben bereichern und intensivieren, indem das eigene Bewusstsein für unbewusste, skriptgebundene Vorgänge [2] erweitert wird und Autonomie und Selbstbestimmung in unterschiedlichen Lebensbereichen gestärkt werden.

Ich habe Ihnen einige Fragen für die Selbstreflexion dazu zusammengestellt:

Bewusstheit

- Wie hoch schätzen Sie Ihr Stresslevel im Moment ein? Bewerten Sie auf einer Skala von 1–10. Beschreiben Sie Ihre momentane Situation.
- Welchen Stressauslösern begegnen Sie in Ihrem Alltag? Bewerten Sie die einzelnen Stressoren auf einer Skala von 1–10. Begründen Sie Ihre Einschätzung!
- Wodurch wird dieser empfundene Stress genau ausgelöst? Gibt es allenfalls wiederkehrende Muster oder Abläufe?
- Wie hat sich Ihr Stressempfinden in den letzten Monaten verändert? Ist dieses z. B. merklich stärker ausgeprägt oder hat es sich auf einen bestimmten Stressor fokussiert?
- Haben Sie bereits versucht, den Stress zu minimieren oder einzelne Stressoren zu vermeiden oder abzuschwächen? Wenn ja, wie sind Sie dabei vorgegangen? Welchen Erfahrungen haben Sie damit gemacht? Welche positiven Veränderungen haben sich daraus ergeben? Wo braucht es noch Anpassungen?

Spontanität

- Wie hoch schätzen Sie Ihre Flexibilität und Spontanität im Erleben im Moment ein? Bewerten Sie auf einer Skala von 1–10.
- Wie flexibel und spontan reagieren Sie in Ihrem Alltag? Haben Sie Mühe mit kurzfristigen Änderungen? Wenn ja, welche? Wo und wann fällt es Ihnen leichter, flexibel und spontan zu reagieren? Wo brauchen Sie aber auch Routine und geregelte Abläufe, die Ihnen im Alltag Sicherheit geben?
- Hat sich die Fähigkeit zur Flexibilität in Ihrem Verhalten in den letzten Monaten merklich verändert? Wenn ja, in welcher Form? Wie würden Sie die Veränderung in Bezug auf Ihre Energiereserven beschreiben?

Intimität

- Wie hoch schätzen Sie Ihren Kontakt mit Mitmenschen im Moment ein? Bewerten Sie die Häufigkeit auf einer Skala von 1–10. Hat sich die Häufigkeit in den letzten Monaten merklich verändert? Hat sich Ihr Erleben in Bezug auf soziale Kontakte in den letzten Monaten verändert? Wenn ja, inwiefern?
- Wie zufrieden sind Sie im Moment mit Ihren sozialen Kontakten? Bewerten Sie auf einer Skala von 1–10. Wodurch macht sich Ihre Zufriedenheit bemerkbar? Was schätzen Sie besonders an gelingenden sozialen Kontakten?
- Wie leicht fällt es Ihnen, mit sich alleine zu sein? Können Sie diese Zeit mit sich alleine genießen? Wenn ja, wie gestalten Sie diese Beziehungszeit mit sich alleine?
- Welche sozialen Kontakte genießen sie besonders? Welche Freundschaften geben Ihnen Energie? Welche Kon-

takte rauben Ihnen eher Energie? Woran erkennen Sie das? Wodurch wird diese Veränderung in Ihrem Empfinden bezüglich vorhandenem Energielevel ausgelöst?
- Sind Sie gerne unter Menschen? Wenn ja/nein, begründen Sie! Hat sich dieses Bedürfnis in den letzten Monaten merklich verändert? Welche Gründe gibt es aus Ihrer Sicht dafür?
- Wie wohl fühlen Sie sich in großen Menschenansammlungen? In welchem Rahmen ist Ihnen sozialer Kontakt am liebsten? Warum fühlen Sie sich im genannten Rahmen besonders wohl? Hat sich hier bezüglich Ihrem Empfinden in den letzten Monaten etwas merklich verändert?
- Wie würden Ihre engsten Freunde Sie als Freund/Freundin beschreiben? Hätten sie allenfalls merkliche Veränderungen bezüglich Ihres Verhaltens oder Ihrer Persönlichkeit feststellen können? Wenn ja, welche?

Autonomie und Selbstbestimmung

- Wo und wie leben Sie Ihr Bedürfnis nach Autonomie und Selbstbestimmung bereits aus? Beschreiben Sie!
- Wie könnten Sie den Raum Ihrer Autonomie allenfalls erhöhen und so für sich mehr Raum für Selbstbestimmung erobern? Wo könnten Sie im Moment allenfalls mehr Unterstützung von Aussen gebrauchen? Beschreiben und begründen Sie.
- Wieviel Raum für Autonomie brauchen Sie von Natur aus? In welchen Bereichen ist Ihnen dieser Freiraum besonders wichtig? Wo erleben Sie diesbezüglich im Moment Einschränkungen? Wie geht es Ihnen damit? Beschreiben Sie!
- Wo/Wann empfinden Sie allenfalls Stress, wenn Sie diesen Freiraum nicht ausleben können? Wo/Wann emp-

finden Sie allenfalls Stress, wenn Ihnen zu viel Freiraum zur Verfügung steht? Begründen Sie Ihre Antwort!
- Wieviel Autonomie und Selbstbestimmung wurde Ihnen in Ihrer Kindheit zugesprochen oder vorgelebt? Wo hätten Sie sich mehr Freiraum gewünscht? Wo hätte es allenfalls mehr Begrenzung und Regeln gebraucht? Was hätte sich dadurch für Sie verändert? Wie könnten Sie dies im Hier und Jetzt für sich bewusst neu gestalten?
- Wie könnten Sie die Aspekte von Autonomie und Selbstbestimmung als erwachsene Person nachholen, für sich neu zugänglich machen und aktiv gestalten? Wodurch würde sich das zeigen? Woran könnte eine Person von Aussen erkennen, dass Sie hier nächste wichtige Schritte in Richtung Veränderung erreicht haben? Welche Vorteile und Veränderungen ergäben sich daraus für Sie bzw. für Ihr Umfeld?

Für Führungskräfte – mit Blick auf die Organisation

Die Theorie zur Autonomie kann auch auf die Organisation angewendet werden. Im Anschluss finden Sie einige Fragen zur Reflexion.

- Wie wichtig ist Ihnen das Thema Autonomie und Selbstbestimmung in Ihrem Team? Bewerten Sie auf einer Skala von 1–10. Wodurch zeigt sich dies in Ihrem Denken, Fühlen und Verhalten?
- Wie zeigt sich das in Ihrem Führungsstil? Wo gewähren Sie Ihren MitarbeiterInnen besonders viel bzw. wenig Autonomie und Selbstbestimmung? Begründen Sie den jeweils erteilten Freiraum!

- Gibt es MitarbeiterInnen in Ihrem Team, bei denen Sie sich mehr (oder weniger) Autonomie und Selbstverantwortung wünschen würden? Wie würde sich das in deren Verhalten zeigen? Woran würden Sie eine Veränderung erkennen? Welche Vorteile würden sich daraus ergeben? Wie könnten Sie dies in einem Mitarbeitergespräch proaktiv und wertschätzend ansprechen?
- Wie könnten Sie die drei Bereiche (Spontanität, Intimität und Bewusstheit), welche im Sinne der Transaktionsanalyse für Autonomie gelten, aktiver in Ihrem Arbeitsalltag bzw. in Ihrer Organisation ausgestalten und aktiv fördern? Welche Veränderungen bräuchte es dazu? Welche Vorteile würden daraus entstehen?
- Wie würden Sie den sozialen Kontakt innerhalb des Teams beschreiben? Wie unterstützend würden Sie diesen einordnen? Bewerten Sie auf einer Skala von 1–10.
- Wie bewusst ist Ihr Team bezüglich Wirkung von Teamdynamik und gelingender, wertschätzender Kommunikation? Würden Sie sich diesbezüglich Veränderungen wünschen? Wenn ja, welche und warum?
- Gibt es Teammitglieder, die bezüglich sozialem Kontakt eher außen vor stehen? Gibt es Gruppenbildungen? Wenn ja, welche? Wo sehen Sie Chancen, aber auch Gefahren? Welche Veränderungen in der Gruppendynamik würde Ihrem Team gut tun? Begründen Sie! Wie würde wohl Ihr Team auf diese Frage antworten? Welche Unterschiede gäbe es in Bezug auf Ihre Einschätzung?
- Gibt es Teammitglieder, die den sozialen Kontakt besonders prägen (positiv oder negativ)? Welches sind Personen, die die Teamdynamik massgeblich beeinflussen? Wie zeigt sich dies? Wo bräuchte es aus Ihrer Sicht Veränderung? Wo ergeben sich Chancen oder Dynamiken, welche Sie allenfalls gezielter nutzen könnten?

- Wie hoch schätzen Sie die soziale Kompetenz in Ihrem Team ein? Bewerten Sie die Qualität auf einer Skala von 1–10.
- Wodurch zeichnet sich die soziale Kompetenz in Ihrem Team aus? Welche Faktoren spielen aus Ihrer Sicht eine wichtige Rolle? Woran erkennen Sie deren Wirkung? Wo gäbe es noch Entwicklungspotential? Wie steuern Sie diese aktiv als Führungskraft? Wo bräuchte es allenfalls eine Veränderung?
- Wie flexibel und spontan würden Sie Ihr Team einschätzen? Bewerten Sie auf einer Skala von 1–10. Welche Vorteile entstehen aus Ihrer Sicht aus spontanem Verhalten? Wann wäre dieses in Ihrer Organisation von Vorteil? Wo könnte ein Veränderung mehr in Richtung Bewegung und Veränderung Ihnen und Ihrem Team gut tun?
- Wie würden Sie die Atmosphäre im Team beschreiben? Inwiefern sehen Sie besondere Stärken in Bezug zur Autonomie (Spontanität, Intimität und Bewusstheit)? Hat sich diesbezüglich in den letzten Monaten eine merkliche Veränderung gezeigt? Wenn ja, welche? Haben Sie eine Vermutung bezüglich möglicher Gründe?

Literatur

1. Schlegel, L. (2002). *Handwörterbuch der Transaktionsanalyse* (2. Aufl., S. 15). Herder Verlag.
2. Schlegel, L. (2002). *Handwörterbuch der Transaktionsanalyse* (2. Aufl., S. 272–277). Herder Verlag.

Phase IV – Das Schwemmholz – getragen sein und das Gute zulassen

Zusammenfassung In diesem Kapitel geht es primär um den Wiedereinstieg und welche Stolpersteine und Hürden sich in dieser Phase ergeben können. Auch in dieser Phase gibt es Dinge, die es zu beachten gibt, damit die nächsten Schritte gelingen und ein neues, tragendes Miteinander in der Begegnung als Familie und Arbeitsteam erfolgreich und gewinnbringend gestaltet werden kann. Das Konzept des integrierenden Erwachsenen-Ichs eröffnet ein Verständnis für das eigene Menschsein und eine ganzheitliche Betrachtungsweise. Eine erste Idee, wie das eigene (Er-)Leben einfacher und angenehmer gestaltet werden könnte, zeichnet sich ab. Die Zusammenführung zu einem sinnvolleren, grösseren Ganzen bietet neue Hoffnung und Zuversicht.

Das Schwemmholz

Ich habe immer noch große Angst. Die Wellen wiegen mich auf und ab. Manchmal verschlucke ich mich daran. Wäre ich nicht in dieser misslichen Lage, könnte ich das Wiegen vielleicht sogar genießen. Aber diese Angst, sie kommt immer wieder in mir hoch. Sie überschwemmt mich von innen heraus, lähmt mich und raubt mir die letzten Kraftreserven. Was, wenn ich nicht überlebe? Was, wenn ich nicht genug Kraft aufbringen kann, mich lange genug über Wasser zu halten? Dann hat alles ein Ende! Dann habe ich Gewissheit! Dann ist klar: Ich war einfach nicht stark genug!

Aber ich möchte nicht aufgeben! Ich muss einen Weg finden, zu überleben! Vielleicht schaffe ich es ja auch? Vielleicht bin ich stärker, als ich denke? Ich muss Vertrauen haben – in mich und in die Welt!

Plötzlich sehe ich direkt vor mir etwas im Wasser. Was ist das? Ein Stück Schwemmholz! Was für ein Glück! Ich schwimme mit meinen letzten Kräften darauf zu, kralle mich daran fest. Was für ein Glück, dass ich sofort reagieren und mich daran festhalten konnte. Was für ein Glück, dass ich noch am Leben bin!

Ich liebe mein Leben! Ich möchte hoffnungsvoll bleiben. Ich bin immer noch erschöpft und müde. Die Kälte hat meinen Körper eingenommen. Die Gefahr ist noch nicht gebannt. Aber was wäre, wenn ich dieses Unglück doch irgendwie lebend überstehen würde?

Ich beginne, mich an die schönen Zeiten in meinem Leben zu erinnern. Ich beginne, mich daran zu erinnern, wie stark ich eigentlich bin. Die Hoffnung keimt erneut in mir auf. Ich spüre, wie die Wärme von innen in mir emporsteigt, sich überall ausbreitet. Überleben ist möglich, auch wenn es sich nicht immer so anfühlt. Mein Vertrauen wächst. Wenn ich es schaffe, mich und meine Gedanken auf das Gute zu richten, dann ist vielleicht mehr möglich, als ich es zu hoffen wage. Ich werde überleben! Irgendwie!

Meine Geschichte – Selbstvertrauen entwickeln & (Selbst-)Sicherheit zurückerobern

Es ging mir langsam und merklich wirklich besser. Ich bewegte mich wieder mit mehr Kraft und Ausdauer im Alltag. Der Körper schien sich etwas erholt zu haben. Ich konnte wieder regelmäßig Sport treiben, musste nicht mehr ständig Pausen einlegen, um mich von der Außenwelt abzuschotten. Ich konnte wieder klarer denken, war weniger vergesslich oder zerstreut. Ich vergaß zwar immer noch Termine und hatte Mühe damit, fest stehende Termine einzuhalten, jedoch konnte ich, wenn ich musste, mit moderatem Kraftaufwand diese To-dos erfolgreich erledigen. Auch konnte ich mich nun wieder länger auf eine Sache konzentrieren und in meinem Denken schrittweise, logisch und geplant vorgehen. Es war immer noch so, dass ich am Morgen viel Zeit brauchte, um ruhig und strukturiert in den Tag zu starten. Solche Rituale waren wichtig und gaben mir Halt und Orientierung. Auch konnte ich nun wieder sowohl morgens wie am Nachmittag an kleineren Schreibprojekten für meinen Blog arbeiten. Dazwischen brauchte ich allerdings viele Pausen. Zudem hatte ich große Mühe damit, zu akzeptieren, dass ich an einem Burnout erkrankt war. Ich hatte Angst davor, dies mit meinem Umfeld zu teilen und darüber zu reden. Ich konnte für mich nicht festmachen, was ich aus einem Austausch mit anderen über die Erkrankung für mich mitnehmen konnte und die Konfrontation mit dem Thema

Burnout bedeutete für mich viel Stress. Dies stand in starkem Widerspruch zu meinem Wunsch, endlich vorwärtszukommen, gesund zu werden und das Thema Burnout endlich hinter mir zu lassen. Denn ich musste abermals Geduld für mich und meinen (Genesungs-)Prozess aufbringen. Aber ich wusste, dass kein Weg daran vorbeiführen würde und ich aus allen Irritationen und Hürden, die sich mir in meinem Leben boten, etwas lernen konnte. Ich war durch den Therapeutenwechsel nochmals stark herausgefordert, die eigene Balance zu halten und mich dabei immer wieder selbst zu sichern. Die größten Hürden im Weiterkommen waren die (Selbst-)Zweifel und die Unsicherheit im eigenen Denken. Ich hatte große Angst davor, wieder ins Arbeitsleben zurückzukehren, da ich nicht wusste, ob mir ein Wiedereinstieg gelingen würde und ob ich allen Anforderungen wieder gewachsen war. Irgendwann, in all meinen Überlegungen merkte ich, dass ein Wiedereinstieg im eigentlichen Sinne wohl nicht möglich sein würde. Es musste nach so langer Zeit ein schrittweiser Neuanfang sein. Die Organisation hatte sich durch den internen Change in der Zwischenzeit verändert und ich war ja nun mehr als ein halbes Jahr abwesend. Ich musste zuerst einmal herausfinden, wie die Situation vor Ort war. Das bedeutete ein erstes, klärendes Gespräch mit meiner Chefin und dem Case-Management.

Ich hatte so viele Fragen und Ängste. Wie würden meine Arbeitskollegen reagieren? Was würden meine MitarbeiterInnen denken? Sollte ich mich bezüglich Burnout-Erkrankung outen oder doch lieber vage bleiben und nicht genauer auf die Gründe meiner Abwesenheit eingehen? War das überhaupt möglich? Oder würden daraus komische Situationen entstehen? Wie würde meine Chefin reagieren? Welche Erwartungen würde sie an mich und meinen Wiedereinstieg haben? Welche Erwartungen konnte ich an mich und an einen Neuanfang stellen? Was war realistisch? All diese Fragen beschäftigen mich lange im Voraus und ich merkte, dass ich keine Antworten darauf finden würde, wenn ich mich nicht auf das Ungewisse einlassen konnte. Zuerst musste ich aber für mich herausfinden, was ich mir bezüglich Wiedereinstieg vorstellen konnte und welche Grenzen und welchen Schutz ich in dieser Phase benötigen würde.

In all der Unsicherheit merkte ich, wie wichtig es in dieser nächsten Phase der Genesung war, meine persönlichen Resilienzfaktoren zu entwickeln und diese gezielt in meinen Alltag zu integrieren. Das gelang mir jetzt ganz gut, da ich meinen Tagesablauf selbst planen und steuern konnte. Wie aber war das möglich, wenn ich wieder in die Arbeitswelt einsteigen würde und der Terminkalender sich plötzlich füllte? Wie konnte ich mich darauf vorbereiten? War es überhaupt möglich, dies schrittweise aufzubauen? Oder musste ich irgendwann einfach über die Klippe springen? Und wie konnte ich in der Zwischenzeit mit den aufkommenden Ängsten und Unsicherheiten sinnvoll umgehen lernen? Diese lähmten mich bereits wieder und ich merkte, dass es noch eine Weile bei den Gedankenspielen und dem Gedankenkreisen bleiben würde.

Irgendwann nahm der Wunsch nach einem Wiedereinstieg von alleine zu. Ich wollte mich von mir aus den Herausforderungen stellen, war aber immer noch unsicher. Umso näher der geplante Wiedereinstieg kam, umso nervöser wurde ich und umso mehr fühlte ich mich unter Druck von Aussen. Meine Psychologin ließ sich dadurch nicht beirren. Sie führte mich immer wieder zu mir und meiner persönlichen Einschätzung zurück und bestärkte mich darin, auf mein Bauchgefühl zu hören. Es gab hier einfach kein Richtig und Falsch! Niemand konnte mir sagen, wie genau ein solcher Wiedereinstieg gelingend umgesetzt werden konnte. Niemand konnte mir sagen, was für mich richtig ist. Ich merkte, dass ich auch hier die nötigen Erkenntnisse nicht forcieren konnte. Ich würde wissen, wann es Zeit dazu war. Diese Ungewissheit auszuhalten, war für mich in so vielen Momenten unendlich schwierig. Immer wieder kamen die Schuld- und Schamgefühle zurück. Ich überlegte mir Szenarien, wie ich zum ersten Mal meiner Chefin, meinen MitarbeiterInnen oder meinen Teamkollegen und -kolleginnen begegnen würde. Ich versuchte mir vorzustellen, wie es in Wirklichkeit wäre, um für mich gedanklich zu klären, welchen Schutz ich in diesen Situationen brauchen würde. Ich hatte wirklich keinen Plan! Und es schien so, als ob niemand in meinem Umfeld mir die Antworten auf meine Fragen geben konnte.

Aus diesem Unwissen gelang es mir irgendwie, eine neue, innere Stärke zu entwickeln. In der Vergangenheit hatte ich fast immer meine Klarheit und Orientierung aus Fachwissen oder Erfahrungen anderer geholt. Das war jetzt in meinem Fall nur noch bedingt hilfreich. Es gab für meinen Genesungsweg und für den Wiedereinstieg einfach keine Anleitung, welche ich aus der Erfahrung anderer hätte umsetzen können. Oder zumindest merkte ich, dass mir Ratschläge von außen dabei nicht wirklich weiterhelfen würden. Ich war auf mich selbst zurückgeworfen und musste akzeptieren, dass ich meine eigene (Lebens- und Genesungs-)Expertin war und meine für mich stimmigen Entscheidungen treffen musste.

„Du bist stärker als du denkst!" dieser Satz begleitete mich in dieser Phase besonders. Immer wieder bemerkte ich, wie ich plötzlich unsicher wurde und stark an mir zweifelte. In guten Momenten fühlte ich meine frühere Stärke und meinen Enthusiasmus. In schlechten Momenten wurden meine Pläne von einem erfolgreichen Wiedereinstieg durch gedankliche Horrorszenarien und Selbstzweifel durchkreuzt. Dieses Hin und Her zwischen Gefühlen der Unsicherheit und Angst im Wechsel zu Hoffnung und Stärke musste ich irgendwie aushalten lernen. Es gab einfach nicht den einen, richtigen Weg! Und es gab wahrscheinlich auch nicht den perfekten Zeitpunkt für einen erfolgreichen Wiedereinstieg.

Es war noch vieles im Unklaren! Ich war noch nicht über dem Berg. Aber die Zeichen standen gut. Es war nun wieder an mir, die nächsten Schritte zu gehen und für mich abzuschätzen, wie es weitergehen sollte. Die Antworten lagen vor mir, auch wenn ich sie noch nicht alle sehen und begreifen konnte. Ich musste nur danach suchen und geduldig und mutig die nächsten Schritte gehen. Alles andere würde sich zum gegebenen Zeitpunkt zeigen und klären. Das hatte ich in den letzten Monaten gelernt: Dem Moment zu vertrauen. Mir selbst zu vertrauen! Es half nichts, eine Entscheidung forcieren zu wollen! Neu erkannte ich, dass es auch nichts half, vor allem und jedem Angst zu haben. Ich konnte mich schützen! Ich war auf dem besten Weg, wieder ganz gesund zu werden! Wenn ich es schaffte, meine Selbstzweifel mehr und mehr zu überwinden und in meinen Einschätzungen in der Realität zu bleiben, gedanklich und sachlich zu überprüfen und auf mein Bauchgefühl zu hören und nicht auf mein Gedankenkarussell hineinzufallen, dann wäre vieles möglich! Ich war nun bereit, herauszufinden, was alles in mir steckte und wie es sich in der Realität und in der konkreten Umsetzung anfühlen und ausgestalten würde. Ich war nun endlich bereit, an Land zu schwimmen und zu entdecken, was ich dort antreffen würde und was von meiner bisherigen Welt noch übrig war.

Burnout Diary – Blitzlichter

„Burnout ist wie dicker, stickiger Rauch, der sich langsam über deinem Leben ausbreitet, dich unmerklich, aber kontinuierlich einnimmt und dir schlussendlich den Atem und die Sicht raubt, sodass du irgendwann einsam, orientierungslos und erschöpft zu Boden fällst und zusammenbrichst."
Rebecca Petersen

Ich habe gefühlte zehntausend Zweifel, die mich umtreiben. Ich bin bereits wieder nervös, weil die Schulferien bevorstehen und der Wiedereinstieg für nach den Ferien geplant ist. Bin ich schon soweit? Was wird mich erwarten? Ich habe Angst. Ich bin nervös, weil ich mich gefühlt nicht darauf vorbereiten kann. Es kommt, was kommt. Ich weiß nicht, ob und wie ich fähig sein werde, mit den aufkommenden Emotionen umzugehen. Was werden meine Arbeitskollegen und -kolleginnen sagen? Was werden meine MitarbeiterInnen denken? Wie wird meine Chefin reagieren? Wie werden meine Mitmenschen auf meine Rückkehr reagieren?

Besonders beschäftigte mich die Frage, wie viel ich von meiner Erkrankung in die Öffentlichkeit tragen soll? Ist es besser, nicht darauf einzugehen und mich klar von aufkommenden Fragen zu den Gründen meiner langen Abwesenheit abzugrenzen? Was ist sinnvoll für mich/für mein Gegenüber? Was braucht es für einen erfolgreichen Neustart? Was brauche ich für einen erfolgreichen Neustart? Möchte ich überhaupt zurück? Kann ich überhaupt zurück, sprich, bin ich fähig, wieder so viel zu leisten? Welche Anpassungen müssen gemacht werden? Ich weiß es einfach (noch) nicht. Und das macht mich im Moment fertig. Es braucht so viel Kraft, mir dazu Gedanken zu machen. Kraft, die ich im Moment nicht habe. Ich bin zunehmend nervöser, die Angst nimmt zu je näher das geplante Datum des Wiedereinstiegs kommt.

Ich habe einen privaten, wichtigen Termin, der mich emotional aufwühlt und persönlich herausfordert. Für ca. zwei Stunden bin ich fokussiert und aufmerksam, meine Sinne sind geschärft. Es geht mir mittlerweile wieder so gut, dass ich davon ausgehen kann, dass mir die Leute meine Burnout-Erkrankung nicht mehr anmerken. Das gibt mir Sicherheit. Das Gespräch verläuft gut. Ich freue mich. Am Abend fällt es mir jedoch sehr schwer einzuschlafen. Die Gedanken kreisen. Es ist eine positive Anspannung, die mich trotzdem nicht zur Ruhe kommen lässt. Am nächsten Morgen wache ich bereits um vier Uhr auf. Ich bin hellwach. Habe Schweißausbrüche. Meine Sinne sind geschärft. Ich kann nicht mehr einschlafen, auch wenn ich es noch mit offenem Fenster und frischer Luft versuche. Also stehe ich bereits um vier Uhr dreissig Uhr auf. Ich lese, werde schnell wieder müde. Doch der zweite Einschlafversuch scheitert ebenfalls. Mein Parasympathikus scheint immer noch Spielchen mit mir zu spielen. Ich gehe davon aus, dass meine Cortisol-Ausschüttung durch die Anspannung von gestern wieder angesprungen ist und mich nun unerwartet wach hält. Wird sich das je wieder ändern? Werde ich je wieder so leistungsfähig sein, wie ich es mir wünsche?

Ich bin soweit. In der Therapie spreche ich nun immer öfter das Thema des Wiedereinstieges an. Dieser beschäftigt mich. Ich merke, dass es Zeit wird, dass ich mich meinen Ängsten stelle. Immer mehr merke ich, wie meine Energie und Motivation zurückkommt. Manchmal erschrecke ich sogar, weil ich mir und meinem Körper noch nicht hundert Prozent traue. Aber ich merke, dass es mich immer wieder reizt, wieder mehr an meine Grenzen zu gehen, sei dies emotional oder körperlich. Ein schönes Gefühl. Trotzdem weiß ich, dass es entscheidend ist, hier eine gute Balance zu finden und einen sanften Übergang zu gestalten. Das wird eine Herausforderung für mich werden. Ich bin eher der ungeduldige, leidenschaftliche Typ Mensch. Und ich freue mich zunehmend wieder auf das was kommt. Das ist ein gutes Zeichen!

Jetzt geht es darum, weise und achtsame nächste Schritte zu planen. Ich habe bereits eine Liste geschrieben, welche Themen ich mit meiner Chefin am ersten Treffen besprechen möchte. Es ist ein Neuanfang, nicht ein Wiedereinstieg. Ich muss die (Arbeits-)Welt erst wieder neu für mich entdecken und mir die Sicherheit und das Vertrauen in mich und meine Fähigkeiten wieder erarbeiten. Das wird nochmals ein anstrengender Prozess. Aber ich freue mich darauf. Ich kann es schaffen. Das spüre ich jetzt.

Der zweite Besuch beim Vertrauensarzt steht bevor. Ich bin gespannt darauf. Das Gespräch ist aufwühlend und klärend zugleich. Wie gut erinnere ich mich daran, wie ich vor einigen Monaten, zu Beginn meiner Burnout-Erkrankung emotional und physisch viel schlechter unterwegs war. Der Gedanke daran schmerzt immer noch. Ich habe auch jetzt viele Selbstzweifel und große Angst davor, wieder an meine Grenzen zu kommen und zu versagen. Gleichzeitig spüre ich, dass es Zeit ist, mich dem Wiedereinstieg zu stellen. Der Vertrauensarzt schlägt vor, dass ich in einigen Wochen wie geplant schrittweise in die Arbeitswelt einsteige und dann Monat für Monat zwanzig Prozent aufstocke. So soll ein schrittweiser Einstieg mit ausreichend Zeit für die Adaption möglich werden. Dieses konkrete Vorgehen scheint sinnvoll und realistisch. Ich kann mit dieser Vorstellung nun viel besser umgehen, als vor ein paar Monaten. Wenn ich mir Zeit lasse, werde ich den Wiedereinstieg schaffen! Ich werde Antworten auf meine Fragen finden.

Auch wenn diese Phase sehr turbulent wirkt und sich für mich oft unsicher anfühlt, muss ich mir eingestehen, dass ich an einem ganz anderen Punkt stehe als vor ein paar Monaten. Ich habe einen Punkt erreicht, an dem ich akzeptieren muss und möchte, dass die Unsicherheit lediglich in meinem Kopf besteht. Ich bin soweit! Ich fühle es! Ich kann meinem Körper wieder vertrauen! Ich darf mit gutem Gewissen alle Zweifel hinter mir lassen und das gute Gefühl einfach nur genießen. Ich bin es wert, glücklich und gesund zu sein. Es gibt keinen ersichtlichen Grund mehr, warum ich es nicht schaffen sollte. Ich entscheide mich hier und jetzt, mutig nach vorn zu schauen und keine Zweifel mehr aufkommen zu lassen. Ich möchte auf dieser positiven, zuversichtlichen Gedanken-Welle weiter reiten. Mich davon an Land tragen lassen. Den Wind und die Kraft der Gezeiten spüren, ohne mich davon einengen oder aus dem Gleichgewicht bringen zu lassen. Und auch wenn ich mich ab und zu am Meerwasser verschlucke, ich werde irgendwann an der Küste ankommen. Ich werde es nicht zulassen, dass ich mit dem Kopf wieder unter Wasser tauche. Ich kann mich an meinem Schwemmholz festhalten. Ich habe nun so viele neue Ressourcen entwickelt. Ich bin schon so weit gekommen. Ich bin niemandem etwas schuldig. Ich darf mich an meinem guten Gefühl orientieren. Ich darf Dinge verändern, wenn sie sich nicht gut anfühlen. Ich darf Dinge in neuem Licht sehen, sodass sie sich besser anfühlen als zuvor. Ich darf offen sein für Neues. Ich bin gespannt auf das, was kommt. Es lohnt sich, auf die gelingenden und bereits erreichten und gelungenen Dinge zu fokussieren. Daraus werde ich in Zukunft meine Kraft und Zuversicht schöpfen. Ich werde kein schlechtes Gewissen mehr haben. Ich werde mich nicht mehr für mein Erleben, meine Gesundheit oder mein Glücklichsein schämen. Ich werde nicht mehr nach Erklärungen suchen, um mich vor anderen zu rechtfertigen. Ich werde mir und meinen Bedürfnissen Acht geben. Ich werde mich ausreichend abgrenzen und meine Grenzen, wenn nötig, abstecken und nach außen mitteilen und verteidigen. Ich bin stark! Ich kann mich wieder wahrnehmen und fühlen. Ich darf auf meine Wahrnehmung und mein Bauchgefühl vertrauen. Ich habe alles bereits in mir, was ich zu einem glücklichen Leben brauche! Nun gilt es, mutig darauf aufzubauen und nächste Schritte zu gehen.

Ganz ehrlich, ich habe keine Ahnung, woher diese Zuversicht gerade stammt. Es ist ein sonniger Sonntag und ich habe mich bewusst mit vielen schönen Dingen beschäftigt. Ich habe mir Zeit genommen, einfach zu sein, ohne daran zu denken, welche To-dos nächste Woche anstehen und was ich für mich in den kommenden Tagen erreichen will. Ich habe für einmal losgelassen, habe mich einfach so für Stunden in einem Buch vertieft, einer Liebesgeschichte mit Happy End nachgesehnt, habe mich einfach treiben lassen und bin direkt im Moment und im Glücklichsein angekommen. Ich spüre die Verbindung zu mir, bin in Bewegung und spüre meinen Körper. Ich atme die frische Luft ein, sehe die farbige Natur vor mir, bin unter Menschen und kann einfach so im Stimmengewirr und Gewusel des Alltags untertauchen – das genieße ich gerade besonders. So ein wunderbarer Tag ist heute! Und ich lasse das Glücklichsein einfach so zu. Keine negativen Gedanken an meine Burnout-Erkrankung. Heute nicht. Heute lasse ich all das Gute in mein Leben fließen. Ich bin offen und empfänglich für das Gute. Ich lasse alle Zweifel hinter mir, ohne mich dafür schuldig oder fehl am Platz zu fühlen. Das ist die Wende, das ist der wohl wichtigste Turning-Point im Verlauf meiner Genesung. Ich gewinne Vertrauen in mich und meine Intuition. Ich bin ich, mit meiner Geschichte und Vergangenheit. Und doch lasse ich mich nicht negativ von ihr prägen, definieren oder einengen. Alles ist möglich. Ich habe die Wahl. Und ich wähle den Sieg über die Burnout-Erkrankung. Hier und jetzt. Ab heute ist Schluss mit dem Hin und Her. Ich werde siegen und gestärkt aus diesem Kampf hervorgehen. Das spüre ich in diesem Moment ganz klar. Ich bin gesegnet und muss mir das Gute noch nicht einmal verdienen. Ich muss nicht besonders sein oder etwas Besonderes leisten. Diese Stärke und Kraft liegt in jedem von uns, wenn wir es nur zulassen und mutig sind, danach zu suchen und diese Kraft und Weisheit in uns zu entdecken. Ich muss niemanden retten! Ich muss es niemandem recht machen. Ich darf einfach nur ich selbst sein. Das ist mehr als genug! Ich bin so unendlich dankbar und freue mich auf das, was kommt!

Eben dieses Statement gebe ich in Kurzform in meiner nächsten Therapiestunde zum Besten. Ich staune. Das gute Gefühl hält nun seit Tagen an. Und ich habe für mich entschieden, dass ich mich nicht mehr davon abbringen lassen werde. Ich kann entscheiden, ob ich zulassen will, dass meine Umwelt meine Gedanken trübt. Es sind meine Gedanken. Somit kann ich gerade so gut entscheiden, den schönen, ermutigenden Gedanken den Vortritt zu lassen. Das ist möglich. Jetzt und dann, wenn ich wieder zu arbeiten beginne. Ich möchte es möglich werden lassen. Nicht nur in meiner Fantasie, sondern auch in der Realität. Ich freue mich auf das was kommt.

Die Ferien sind vorbei. Nun rückt der Wiedereinstieg unweigerlich näher. Ich fühle mich unsicher. Es ist, als ob ich wieder zurück in ein Haifischbecken springen müsste, auch wenn ich mit Überzeugung sagen kann, dass das soziale Arbeitsumfeld alles andere als ein Haifischbecken ist. Aber für mich ist es doch ein Umfeld, das mich krank gemacht hat bzw. in dem ich zugelassen habe, krank zu werden. Werde ich es schaffen, hier wieder Fuß zu fassen? Werde ich es schaffen, hier wieder schwimmen zu lernen und als Fisch in meinem gewohnten Umfeld gesund und munter das Leben zu genießen und meiner Bestimmung zu folgen? Vielleicht habe ich besonders große Ansprüche an meine Umwelt, das kann sein. Aber für mich war und ist meine Arbeit ein Ort, mit dem ich sinnvolles Tun verbinden möchte. Ich möchte keinen Job, der mich nicht glücklich macht und bei dem es mir an Sinnhaftigkeit fehlt.

Ich merke, wie mein Bedürfnis nach Freundschaften wieder zunimmt. Ich kann wieder unbeschwert lachen, der Gedanke an das Arbeitsleben und meine Unfähigkeit und Burnout-Erkrankung treten nach und nach in den Hintergrund. Das heißt, sie überschatten nicht mehr meine Gedanken und meinen Alltag, obwohl ich mir bewusst bin, dass noch viel zu leisten ist, bis ich sagen kann, dass ich die Burnout-Erkrankung ganz überwunden habe. Kleine, demütige Schritte und das konstante Überprüfen in Verbindung mit meinem Befinden sind nötig. Vielleicht braucht es ebenfalls eine realistische Vorstellung, dass es Rückschläge und Konflikte geben wird. Gleichzeitig bin ich nach wie vor frei, vielleicht sogar freier als je zuvor, um nötige Entscheidungen zu treffen, wenn ich merke, dass das neue Umfeld nicht mehr meinen Erwartungen, Bedürfnissen und Wünschen entspricht. Und ich darf Fehler machen. Ich darf auf meinem Weg merken und zugeben, dass ich einen anderen Weg einschlagen möchte. Denn ich habe mich verändert. Und das ist gut so! Das Leben ist tatsächlich zu kurz, um seine Träume an den Nagel zu hängen. Wir haben nur dieses eine Leben. Diese eine Chance, unsere Träume Wirklichkeit werden zu lassen. Ich möchte hoffnungsvoll bleiben, um an meinen Träumen und Überzeugungen festhalten zu können. Ich möchte meiner Gesundheit soweit Sorge tragen, dass mir diese Hoffnung, Zuversicht und Kraft nie wieder abhandenkommt. Ich möchte mich nie wieder so weit von mir, meiner Zuversicht und meinem Mut entfernen. Ich möchte ausreichend mutig sein für nötige Entscheidungen und Handlungen, gerade dann, wenn ich merke, dass eine Veränderung nötig wird. Gerade dann, wenn ich noch keinen konkreten Plan habe und für mich noch nicht klar ersichtlich ist, wie die Alternative aussehen soll. Kritiker würden sagen, dass ich eine Träumerin bin. Nun weiß ich, dass gerade dies mich am Leben hält und in der Vergangenheit auf unglaubliche Weise am Leben gehalten hat. Hoffnung ist manchmal das einzige, was einem Halt gibt. Und auch wenn es sich nicht immer so anfühlt, ist dies mehr als genug, damit positive Veränderungen entstehen können. Diese Gewissheit habe ich nun. Daran halte ich mich fest, egal was kommt.

Ich habe nun wieder Energie, um mit dem Case-Management Kontakt aufzunehmen und meinen Wiedereinstieg zu besprechen. Das wäre vor nur wenigen Wochen gar nicht möglich gewesen, weil ich mich unmittelbar überfordert gefühlt hätte. Nun kann ich mit der Ungewissheit und der Vorstellung, einfach Schritt um Schritt zu schauen, wie es geht, besser umgehen. Allerdings bin ich etwas perplex, als ich höre, dass mir die Case-Managerin nahe legt, doch mit einem therapeutischen Arbeitsversuch zu starten. Was soll ich denn vor Ort machen, wenn ich nicht wirklich ein Ziel oder eine konkrete Aufgabe bekomme? Im ersten Moment scheint mir das „Einfach-Sein" im Arbeitskontext ziemlich sinnlos. Ich bin aber froh um diese Facheinschätzung und kann die Überlegungen und Beweggründe der Case-Managerin für diesen Vorschlag gut nachvollziehen. Dies scheint eine hilfreiche Unterstützung zu sein, um jeglichen Druck auf mich und meinen Arbeitgeber zu vermeiden. Ich selbst habe die Tendenz, direkt mit schwierigen Dingen wie einer Fachsitzung starten zu wollen, weil ich mich zum einen viel besser fühle und diese Euphorie des „Wieder-Leisten-Könnens" mich antreibt, zum anderen, weil ich mich selbst testen und sehen möchte, wie weit ich gehen kann, bis ich an meine Grenzen komme. Das ist allenfalls wirklich eine ungünstige Strategie und ich freunde mich mehr und mehr mit dem Gedanken an, einen therapeutischen Arbeitsversuch umzusetzen. Hinzu kommt, dass bei uns in der Organisation gerade der langjährige Change-Prozess in die Umsetzung gerät, was für mich und meine berufliche Zukunft einige Veränderungen mit sich bringen wird. Ich könnte nun ängstlich oder unsicher reagieren. Aber ich möchte flexibel, offen und gespannt bleiben, weil ich glaube, dass nur aus dieser Haltung ein erfolgreicher Wiedereinstieg möglich wird. Daran halte ich mich im Moment unbeirrt fest.

Seit einigen Wochen schlafe ich tatsächlich wieder sehr viel besser. Zwar noch mit Unterstützung von Baldrian und Beruhigungstee, aber ich wache nur mehr einmal pro Nacht auf und meistens kann ich am Morgen bis ca. sieben Uhr schlafen. Das ist eine unglaubliche Verbesserung und ich hätte nicht gedacht, dass dies so wieder möglich wird. Immerhin ist es jetzt ganze acht Monate her, als ich mit Arbeiten aufgehört habe. Der Körper hat diese Zeit der Erholung scheinbar wirklich gebraucht.

Ich habe mit Atemtherapie begonnen. Hier wird mehr mit dem Erleben als mit dem Verstehen gearbeitet. Oder zumindest erlebe ich das so. Ich bin persönlich sehr herausgefordert. Mein Rücken reagiert mit Schmerzen. Ich bin aufgewühlt und unruhiger als sonst. Ich träume viel und schlafe eher unruhig. Andererseits freue ich mich, dass ich mich dieser Therapieform überhaupt aussetzen mag. Diese Kraft hätte ich vor ein paar Monaten noch nicht gehabt. Es scheint, als ob ich nun bereit bin für nächste Entwicklungs- und Erfahrungsschritte. Das ist per se etwas Positives.

Phase IV – Das Schwemmholz – getragen sein ...

Der bevorstehende Wiedereinstieg an meiner Arbeitsstelle wühlt alte Erinnerungen und Gefühle auf. Ich versuche für mich herauszufinden, was ich wirklich will. Ich versuche dabei zu unterscheiden, was mein Kopf möchte und was mir wirklich gut tut. Ich habe großen Respekt vor der Rückkehr ins Arbeitsleben. Im Moment befinde ich mich immer noch in einem Schonraum. Wie wird es sein, wenn ich schrittweise wieder einsteige und mein Pensum aufstocke? Werde ich mich in der Arbeit und den Anforderungen verlieren? Wie wird es sein, Personen aus meinem Arbeitsumfeld wiederzusehen und zu wissen, dass sie sich fragen, warum ich so lange nicht arbeiten konnte? Wie werde ich darauf reagieren? Wie wird es sein, meine Chefin und mein Team wiederzusehen? Diese Fragen überfordern mich und ich vermeide, wenn immer möglich, daran zu denken. Die Leere, die sich dadurch in mir ausbreitet, ist lähmend. Und doch nähere ich mich unaufhaltsam dem Unausweichlichen.

Das Gespräch mit meiner Chefin und dem Case-Management läuft zum Glück gut. Ich bin sehr dankbar, dass ich die Chance für den Wiedereinstieg in meinem bisherigen Team erhalte. Mit diesen Leuten zusammenzuarbeiten, motiviert mich sehr und ich freue mich nun darauf, die SchülerInnen und meine MitarbeiterInnen wiederzusehen. Es geht mir so viel besser als noch vor ein paar Monaten. Diese Verbesserung und die Vorfreude auf meine Arbeitstätigkeit zu spüren, ist überwältigend. Ich bin so unendlich dankbar und möchte im Moment gar nicht daran denken, dass es bis zur vollen Genesung doch noch einiges braucht.

Ich habe noch nicht einmal wieder mit Arbeiten begonnen und meine Gedanken sind schon wieder ständig bei der Schule, meinem Team und meinen bevorstehenden Tätigkeiten. Ich erinnere mich, was im jetzigen Quartal an besonderen To-dos angefallen ist und welche besonderen

Herausforderungen es jeweils gab. Es ist nicht so, dass mich diese Gedanken stressen oder ich Angst vor dem Wiedereinstieg habe. Ich freue mich immer noch sehr darauf. Aber es ist auch ernüchternd, wie schnell der Geist wieder in alten Mustern seine Runden dreht. Ich konnte bereits schon wieder weniger gut einschlafen als zuvor. Dementsprechend bin ich etwas angespannt und froh darüber, dass ich mit einem therapeutischen Arbeitsversuch ganz langsam starten darf. Nun verstehe ich, was meine Case-Managerin mit dem Hinweis auf Druck gemeint hat. Es ist nicht nur der Druck von außen, sondern sehr schnell auch wieder der Druck von innen, ein Teil eines Systems sein zu wollen und gute Leistung erbringen zu wollen.

Leistung erbringen wollen war auch Thema am letzten Treffen der Selbsthilfegruppe. Wir haben alle zugestimmt, und das ist für die individuelle Ausprägung einer Burnout-Erkrankung eigentlich eher selten, dass wir die Tendenz dazu haben, alles und jeden Schritt optimieren zu wollen. Auf mich trifft das auf jeden Fall zu! Ich habe Freude daran, wenn in meinem Leben alles nach Plan läuft und zeitlich aufgeht. Ich optimiere gerne, auch wenn es sich um kleine, unscheinbare Dinge handelt. Ich bin tatsächlich stark darin, nächste Schritte zu planen und sinnvoll umzusetzen. Mit offenen Sequenzen habe ich gelernt umzugehen, aber sie entsprechen nicht meinem Naturell und ich habe es lieber organisiert und unter Kontrolle. Das ist im Leben, wie ich insbesondere durch die Burnout-Erkrankung gelernt habe, nicht immer möglich und auch nicht immer sinnvoll, auch wenn mich diese Ressource im Berufsleben weit gebracht hat. Dies ist wohl jetzt ein nächster Lernschritt in meinem beruflichen Eingliederungsprozess – loslassen und im Prozess, von Tag zu Tag und Schritt um Schritt schauen, was als nächstes kommt und für mich und meine Gesundheit Sinn macht.

Die ersten Hürden sind genommen. Ich habe das Gespräch beim Case-Management mit meiner Chefin gut überstanden. Ich bin sehr berührt, weil ich im Gespräch wieder Freude empfunden habe, insbesondere in Bezug auf mein Team und die Menschen, mit denen ich zusammengearbeitet habe. Mit diesen starken Emotionen habe ich nicht gerechnet. Dementsprechend gehe ich beschwingt, aber auch emotional berührt nach Hause. Ich freue mich! Ich möchte wieder arbeiten. Ich möchte wieder zurück. Ich bin froh, dass ich im Rahmen eines Arbeitsversuches starten kann. Das verhindert, dass ich zu schnell wieder unter Druck komme. Ich merke, dass dies auch eine Entspannung für mein Arbeitsumfeld und für meine Chefin bedeutet. Das scheint im Moment wichtig, weil niemand so richtig einschätzen kann, wie es kommen wird. Der Arbeitsversuch gibt mir im Moment genug Freiheit, all das zuzulassen, was im Moment entsteht. Vorbehaltlos und ohne zu werten. Ich empfinde das als große Chance. Ich bin dankbar, dass dies so möglich ist und ich die nötige Unterstützung für einen erfolgreichen Wiedereinstieg erhalte.

Die zweite Hürde ist genommen. Ich gehe seit langer Zeit wieder in mein Büro und treffe dort auf meine Stellvertretung. Ich habe mich gedanklich gut darauf vorbereitet, habe versucht, mir die Dinge vorzustellen, mich emotional darauf einzustellen und in mögliche Szenarien einzudenken. Ich habe bereits den Büroschlüsselbund rausgesucht, meine erste Mail geschrieben, meine Arbeitsunterlagen hervorgenommen. Von außen betrachtet sind das kleine Dinge, für mich bedeuten sie die Welt - auch wenn es nur kleine, wichtige Schritte in die richtige Richtung sind. Ich möchte weiterhin achtsam sein und darauf achten, wie diese kleinen Schritte sich anfühlen. Das habe ich vor und während meiner Burnout-Erkrankung vernachlässigt. Das ist für mich der erste Schritt in Richtung

Genesung und Wiedereinstieg. Achtsamkeit – für mich und meine Bedürfnisse.

Heute ist der erste Arbeits-Halbtag, an dem ich alleine in meinem Büro bin und erste Arbeiten erledigen kann. Es geht vorerst um ein erstes Ankommen und Einfühlen. Mein Plan ist, ca. zweimal pro Woche einen Halbtag im Büro anwesend zu sein, dann wenn meine Stellvertretung ausser Haus ist. Mehr schaffe ich derzeit nicht - zu viele Eindrücke kommen hoch, die es zu bewältigen gibt. Zuerst fällt es mir schwer, mich auf das Arbeiten überhaupt einzulassen. Ich nehme meine Umgebung, mein Büro, sehr bewusst wahr. Viele Erinnerungen kommen hoch. Nur schon das Login beim Computer scheitert und erzeugt Stress. Aber dann besinne ich mich und versuche, einfach alles in kleinen Schritten zu tun und mich selbst nicht unter Druck zu setzen. Und es funktioniert! Ich mache erste Telefonate und zusammen mit dem IT-Fachmann gelingt es nach etlichen Stunden, dass alle Systeme und Logins wieder einwandfrei funktionieren. Es ist erstaunlich, was sich in ein paar Monaten alles ändern kann. Ich schreibe erste Mails an meine MitarbeiterInnen und Fachkollegen. Der Puls geht hoch beim Klick auf den Senden-Button, aber nach einiger Zeit fühle ich mich ruhig und zuversichtlich. Schon kommen die ersten Antwortmails mit guten Wünsche zurück. So schön! Das gibt mir zusätzlich Hoffnung. Ich bin auf dem richtigen Weg. Ich werde es schaffen!

Ich fühle mich hoffnungsvoll. Die letzten Wochen waren wieder voller als sonst. Ich habe mehr soziale Kontakte gepflegt und die beruflichen Termine haben wieder zugenommen: Gespräche mit dem Case-Management, mit meiner Chefin etc. Ich staune, wie gut ich das im Moment alles meistere. Es scheint manchmal ein Drahtseilakt. Gleichzeitig versuche ich mich immer wieder an den kleinen Erfolgen zu orientieren und mich nicht aus der Ruhe bringen zu lassen. Im Moment gelingt mir das noch gut.

Die erste Woche des therapeutischen Arbeitsversuchs. Es geht in erster Linie darum, dass ich mich emotional und gedanklich wieder „einfinde" und offen bin für aufkommende Gefühle und Gedanken. Gemäß meiner Therapeutin soll ich dem guten Gefühl folgen und auch die Case-Managerin bestärkt mich darin, dass ich all das tun soll, was ich gut kann und mir Freude bereitet. Das gelingt mir eigentlich recht gut. Ich freue mich wirklich an den kleinen Dingen, wie z. B. daran, dass ich meiner Chefin die Tür zu meinem Büro öffnen kann und wir gemeinsam das erste Gespräch führen können. Oder dass ich beim Durchlesen der Mails merke, dass ich mich wieder auf die Arbeit und vor allem auf mein Team freue.

Eine erste große Hürde ist die Information an alle per Mail, dass ich wieder da bin und es mir soweit gut geht. Mein Herz schlägt merklich schneller. Ich bin aufgeregt und emotional sehr berührt. Auch jetzt noch, da ich diese Zeilen schreibe. Die Burnout-Erkrankung hat wirklich viele Spuren in meinem Herzen und in meiner Erinnerung hinterlassen. Aber nicht nur schlechte, denn der Vergleich zu dem, wie es mir jetzt geht, ist riesig. Und ich erinnere mich so gut an all die kleinen, unsicheren Schritte dazwischen.

Ein weiterer Lichtblick sind nun die Reaktionen meines Teams und der vielen Menschen, die sich auf meine Kontaktaufnahme melden und mir alles Gute wünschen. Das berührt mein Herz direkt und ungefiltert. Bin ich in der Zeit der Burnout-Erkrankung etwa zu einem „emotionalen Softie" geworden oder war ich das schon immer? Ich weiß es nicht. Aber es ist ok, so wie es ist. Ich möchte die kleinen Freuden und die stärker werdende Hoffnung so gerne zulassen und wertschätzen. Das ist im Moment immer noch alles, was ich habe.

Der therapeutische Arbeitsversuch ist wirklich ein Segen. Das hätte ich so nicht erwartet. Er gibt mir die Möglichkeit, mich in meinem Tempo einzuarbeiten und verhindert, dass ich mich selbst zu sehr unter Druck setze. Das ist wichtig, das merke ich. Ich mache stetig kleine Fortschritte. Diese Woche gehe ich in unseren Hauptsitz. Ich treffe eine gute Arbeitskollegin und lerne mit der Möglichkeit umzugehen, dass jemand mich „unvorbereitet" auf meine Befindlichkeit ansprechen könnte. Auch wenn die Person mich zum Glück nicht darauf anspricht. Ich spüre, dass ich stärker und emotional besser abgegrenzt bin als noch vor einigen Monaten. Ich kann mich, wenn nötig, abgrenzen. Ich habe mich gedanklich auf dieses Szenario bewusst vorbereitet. Ich kann das! Ich kann es schaffen!

Es sind Schulferien. Ich bin froh darum. Nochmals etwas Ruhe und Zeit für Selbstreflexion und Besinnlichkeit. Nach den Ferien werde ich wieder mit zwanzig Stellenprozent einsteigen. Der Arbeitsversuch ist soweit gut gelungen. Die vier Wochen sind schnell vorbeigegangen. Die Zeit vergeht sowieso sehr schnell. Auch wenn ich noch nicht wieder im Hamsterrad bin. Dort möchte ich, ehrlich gesagt, aber nie wieder hin! Oder zumindest nicht so, dass ich keine Luft mehr kriege und mich, meinen Körper und mein Umfeld nicht mehr richtig wahrnehmen kann. Ich merke, dass ich jetzt wieder arbeiten möchte! Es soll endlich vorwärts gehen! Ich bin bereit! Mein innerer Wunsch des „Sinnvoll-im-Außen-wirken-Wollens" meldet sich zurück. Das ist ebenfalls neu! Ich freue mich!

Bildlich gesprochen – Kampf mit sich selbst

4 Das Schwemmholz - Kampf mit sich selbst

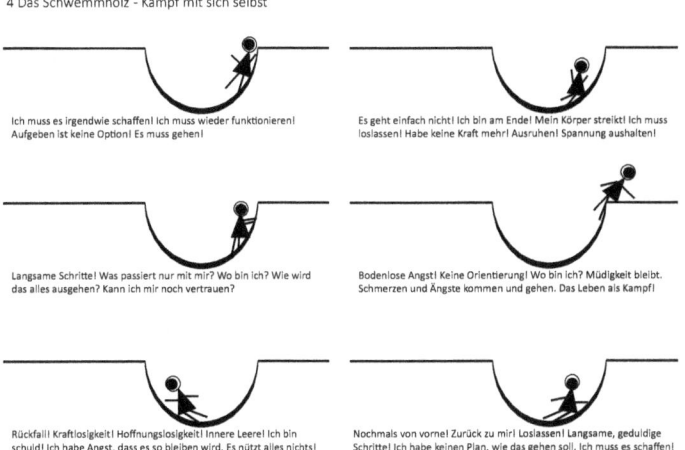

Für (mögliche) Betroffene – Selbstreflexion und Resilienz lernen

Gerade im Hinblick auf einen erfolgreichen Wiedereinstieg entstehen viele Fragen zur Umsetzung und Ausgestaltung. Fakt ist, dass es zwar vielversprechende und unterschiedliche Wege zurück in die Arbeitswelt gibt, diese aber individuell gestaltet werden können und müssen. Denn jeder/jede Betroffene ist anders und bringt unterschiedliche Bedürfnisse mit. Auch sind die Möglichkeiten des Arbeitgebers in der Umsetzung je nachdem begrenzt.

Ziel ist, vorhandene Resilienzfaktoren (vgl. Ausgangslage/Resilienz) wiederzubeleben oder, falls notwendig, neu zu entdecken und zu entwickeln. Diese sollen im Alltag einen festen Platz einnehmen. Es geht dabei um eine bewusste Wahrnehmung. Es braucht einen achtsamen Umgang mit sich selbst, den eigenen Bedürfnissen sowie den körperlichen und seelischen Grenzen. Zudem geht es darum, wieder Dinge in den Alltag zu integrieren, die einem gut tun und Energie spenden. Diese Resilienzfaktoren können je nach Person unterschiedlich sein. Es ist wichtig, diese im privaten und beruflichen Alltag zu sichern und zu verankern, damit sie in herausfordernden Situationen als Rettungsanker verfügbar sind und im Idealfall eine akute Krisensituation vermeiden helfen.

In Bezug auf Entwicklung und Stärkung der Resilienz sind die Signale des Körpers wie auch des Bauchgefühls, der Intuition, gute und wertvolle Ratgeber. Jedoch ist es so, dass (mögliche) Burnout-Betroffene diese Signale oftmals nicht richtig oder gar nicht wahrnehmen oder/und gelernt haben, diese zu überhören oder gänzlich zu ignorieren und zu übergehen. Das stellt eine zusätzliche Herausforderung beim Wiedereinstieg dar.

In diesem Sinne ist es wichtig und für die Genesung unumgänglich, dass Sie lernen, mehr auf Ihre innere Stimme zu hören und eine ganzheitliche Wahrnehmung praktizieren. Eine ganzheitliche Wahrnehmung umfasst nicht nur das Denken, sondern auch das Fühlen und Handeln. Es gibt drei Ebenen, die oftmals als Kopf, Herz und Hand beschrieben werden. Ich würde dazu noch eine vierte Ebene ergänzen – die der Spiritualität. Dort wo die Hoffnung und Zuversicht entspringt. Denn wir Menschen sind von Natur aus soziale Wesen. In diesem Kontext sind wir immer Teil eines Systems (Familie/Team/Organisation) und in diesem Sinne Teil eines größeren Ganzen (Universum). In der Verbindung zu sich selbst und im Bewusstsein zur Verbindung zu anderen und dem größeren Ganzen gewinnen wir an Stärke und Kraft und können fokussiert unterwegs sein und sinnvolle Entscheidungen treffen.

Obwohl ich durch meine Ausbildung als psychologische Beraterin bereits geschult war, meine Intuition und mein körperliches Wahrnehmen in mein Handeln und meine Entscheidungen in meine Arbeit einzubeziehen, so war es in der Genesungsphase doch von Neuem eine Herausforderung, mir und meinen Bedürfnissen immer wieder Raum zu lassen, bewusst wahrzunehmen und mir selbst treu zu bleiben.

Auch war die Situation insofern herausfordernd, weil es nach wie vor viel Geduld brauchte. Nur weil man einzelne Resilienzfaktoren für sich entdeckt hat, heißt das ja noch lange nicht, dass man diese dann im Kontext der Arbeitsstelle anwenden und beibehalten kann. Es ist eine Herausforderung, diese Brücke zwischen „Schonraum im Krankheitsstatus" und „Leistungsorientiertes Arbeitssetting" zurück in die Arbeitswelt zu planen und Stück um Stück wieder aufzubauen. Es braucht nach wie vor kleine Schritte, die je nach Situation wieder von neuem Ängste, Unsicherheiten und das Zurückfallen in alte Muster auslösen können. Somit ist der Weg zurück in die Arbeitswelt mit vielen intensiven Emotionen und Unklarheiten bepflastert, auf welche man sich nur bedingt wirklich vorbereiten kann. Dementsprechend ist es ratsam, sich weiterhin von einer Therapeutin oder einem Coach oder Beraterin begleiten zu lassen. In meinem Fall hatte ich das Glück, dass zusätzlich das Case-Management als Unterstützung zur Verfügung stand. Dafür bin ich bis heute sehr dankbar!

Neben all der persönlichen Herausforderung gibt es von außen je nachdem nochmals Veränderungen, die verunsichern können. So kann es sein, dass Sie erneut und wiederkehrend zum Vertrauensarzt geschickt werden oder das Case-Management vorschlägt, Sie bei der Invaliditäts-Versicherung (Anm.: in der Schweiz zuständige staatliche Versicherung bei dauerhafter Arbeitseinschränkung oder -unfähigkeit) vorsorglich anzumelden. Das ist eine gängige Praxis und eine sinnvolle Vorsichtsmaßnahme, die aber nichts über ihren momentanen Stand oder den Erfolg Ihrer Genesung aussagt. Auch ist das oft der Moment, in dem die Krankenversicherung (Anm.: In der Schweiz Kranken- und Taggeldversicherung) ihre Leistungen kürzt. Das heißt, Sie bekommen je nach Arbeitgeber nach einer bestimmten zeitlichen Frist nur noch einen gewissen Prozentsatz Ihres Lohns. Dies kann je nach persönlicher Situation nochmals direkten Einfluss auf Ihr Erleben von Schutz und Sicherheit haben. Solche Veränderungen können erneut Druck, ein starkes Sicherheitsbedürfnis und/oder gegebenenfalls Existenzängste auslösen. Je nachdem entwickeln sich hier nochmals Themen für die therapeutische Arbeit in Bezug auf einen Berufs- oder Arbeitsplatzwechsel oder andere, persönliche Entwicklungsthemen.

> Ich wünsche Ihnen gutes Durch- und Aushalten von all dem, was da noch kommen mag. Lassen Sie sich ausreichend Zeit, um die aufkommenden Eindrücke und Emotionen für sich einzuordnen und das Vergangene zu verarbeiten! Die investierte Zeit wird sich lohnen, denn nur so können Ihr Körper und Ihre Seele zu neuer Energie und Klarheit finden.

Für Angehörige, Freunde und MitarbeiterInnen – Systemdenken

Zusammen mit dem/der Burnout-Betroffenen treten Sie nun in die „heiße" Phase ein. Diese ist geprägt von Hoffnung und Zuversicht. Die Kraft des/der Betroffenen nimmt stetig zu, es sind merkliche Verbesserungen sichtbar. Nichtsdestotrotz ist der bevorstehende Weg noch lang, unsicher und steinig. Gleichzeitig möchte ich Ihnen ebenfalls Hoffnung machen. Das „Schlimmste" haben Sie als Familie oder Team wohl überstanden.

Es geht nun darum, dass der Burnout-Betroffene für sich Resilienzfaktoren (vgl. Ausgangslage/Resilienz) im Alltag entdecken und sichern kann. Es ist wichtig, sinnvolle Gewohnheiten zu entwickeln und stärkende, sichernde Dinge in den Alltag und in einen geregelten Tagesablauf zu integrieren. Als Familie ist das sicherlich nicht einfach, da viele unterschiedliche Bedürfnisse aufeinander treffen. Es ist nicht nötig und möglich, dass der ganze Familienalltag durch die Bedürfnisse des/der Betroffenen geprägt und definiert wird. Aber es macht Sinn, sich gemeinsam zu überlegen, welche Dinge mit wenig Aufwand umgesetzt und integriert werden können. Oftmals ist es so, dass nach gemeinsamer Reflexion wenige, kleine Dinge einen großen Einfluss auf das Erleben haben, weil sie über den Tag verteilt doch Sicherheit und Kontinuität schaffen. Nur schon kleine, regelmäßige Pausen für die Selbstreflexion über das Erlebte können helfen, auf gutem „Kurs" zu bleiben. Und wenn die betroffene Person das bereits zu Hause für sich trainieren kann, wird es ihr/ihm im Arbeitsalltag besser gelingen und der Wechsel leichter fallen.

Zudem können Sie als Familie ebenfalls davon profitieren und das Thema Resilienz, Gesundheit und Wohlbefinden jedes Einzelnen bewusst in den Fokus rücken. Dies stärkt nicht nur die Selbstwahrnehmung, Eigenverantwortung und Reflexionsfähigkeit des Einzelnen, sondern auch ihre Fähigkeit, gemeinsam als Team unterwegs zu sein und sich gegenseitig zu unterstützen und bewusst wahrzunehmen. Auch für Kinder kann dies ein wichtiges Lernfeld sein (Grenzen, Gefühle, Bedürfnisse wahrnehmen, zulassen, offen ansprechen und einen sinnvollen Umgang damit lernen, etc.) und Sie als Familie in ihrem Zusammenhalt und Wohlbefinden stärken.

Nach wie vor braucht es Geduld und ein gutes Abgegrenzt-Sein. Auch jetzt noch können Rückschläge auftreten. Die Genesung ist keine lineare Kurve, welche stetig nach oben zeigt. Es wird schlechte Tage geben, aber diese werden mit grosser Wahrscheinlichkeit immer seltener. Es ist nach wie vor wichtig, dass der/die Burnout-Betroffene in dieser Zeit von Ihnen die Zusicherung für Unterstützung erhält, es bleibt aber nach wie vor seine/ihre Aufgabe und Verantwortung, den für sie/ihn passenden Weg zu finden. Hier gibt es leider kein Grundrezept, welches immer und bei jedem/jeder funktioniert. Kleine Schritte, Geduld und ausreichend Musse für Selbstreflexion und das wiederkehrende Wahrnehmen der eigenen Empfindungen sind wichtig und längerfristig zielführend. Es gilt, den Blick auf die Genesung zu richten und so lange als möglich die Bedürfnisse des Arbeitgebers als sekundär einzustufen, auch wenn dies mit zunehmender Gesundheit und vorhandener Energie immer schwerer fällt.

Falls bis jetzt noch nicht implementiert, empfehle ich in jedem Fall ein Case-Management, das zusätzliche Unterstützung beim Wiedereinstieg bietet oder allenfalls einen Stellenwechsel begleiten kann.

Als Freunde können Sie nun wieder mehr auf Kontakt und Begegnung hoffen und ebenfalls zuversichtlich sein, was die Genesung anbelangt. Es gibt Licht am Ende des Tunnels. Zwar ist die Situation noch fragil, aber Verbesserungen werden nun für Sie immer mehr sichtbar.

Wichtig ist nach wie vor, dass Sie die Grenzen des/der Betroffenen wahren und darauf vertrauen, dass er/sie weiß, was gut für ihn/sie ist. Sich Abgrenzen und gleichzeitig Hilfe annehmen können, darf und muss in dieser Phase noch trainiert werden. Hier hilft es, wenn Sie gut abgegrenzt das Angebot für Unterstützung, Austausch oder Treffen machen, die Entscheidung aber beim Gegenüber lassen. Damit haben Sie schon alles getan, was für die erfolgreiche Genesung nötig ist.

Gute Gespräche und das Zusammensein kommen nun wahrscheinlich wieder häufiger vor. Vielleicht können Sie den Rahmen einer guten Freundschaft dafür nutzen, gemeinsam zu reflektieren und die unterschiedlichen Wahrnehmungen zu vergleichen. Ein ehrlicher Austausch kann Freudschaften näher zusammenbringen und das gegenseitige Vertrauen stärken. Vielleicht ist es aber angebracht und passend, einfach gemeinsam eine unbeschwerte Zeit zu verbringen und wieder einmal von Herzen zu lachen oder sich etwas Gutes zu tun. Vielleicht macht es daher erneut Sinn, den/die Betroffenen zu fragen und sich über eine ehrliche Antwort zu freuen.

> Ich wünsche Ihnen gutes Durch- und Aushalten von all dem, was da noch kommen mag. Es gibt Licht am Ende des Tunnels! Halten Sie durch, seien Sie weiterhin präsent und orientieren Sie sich an Gelingendem! Nutzen Sie Ihr Umfeld als stärkende Ressource!

Für Führungskräfte – Cooperate/Social Responsibility

In dieser Phase ist es möglich, dass mehrmals davon die Rede ist, dass der/die Betroffene an seine Arbeitsstelle zurückkehrt, der Wiedereinstieg dann aber verschoben wird. Ich erwähne dies erneut, da ich aufzeigen möchte, wie langwierig und unsicher der Weg nach einer Burnout-Erkrankung zurück an die Arbeitsstelle sein kann.

Meist ist das der Zeitpunkt, an dem die Krankenversicherung die Leistungen kürzt und der Lohn des/der Betroffenen nach einer zeitlichen Frist auf einen gewissen Prozentanteil gekürzt wird. Möglich sind nun erneute

Abklärungen beim Vertrauensarzt, der bestimmt, wie die nächsten Schritte in der Wiedereingliederung aussehen könnten. Je nachdem gibt es eine vorsorgliche Anmeldung bei der Invaliditätsversicherung (IV) (Anm.: In der Schweiz zuständige staatliche Versicherung bei dauerhafter Arbeitseinschränkung oder -unfähigkeit). Dies hat je nach persönlicher Situation des/der Betroffenen Einfluss auf dessen/deren Erleben von Vertrauen und Schutz und kann ein verstärktes Sicherheitsbedürfnis, Unsicherheit, Druck oder gegebenenfalls Existenzängste auslösen.

Der Wiedereinstieg ist nach der akuten Krankheitsphase eine weitere Herausforderung, die zum Genesungsweg von Burnout-Betroffenen mit dazu gehört. Denn auch wenn es dem/der Betroffenen im privaten Umfeld wieder merklich besser geht, so kann es sein, dass das Arbeitsumfeld negative Erinnerungen, Ängste, Unsicherheiten, Druck und alte (Gedanken-, Gefühls- und Verhaltens-)Muster auslöst. Der/Die Betroffene ist daher herausgefordert, im Arbeitskontext seine/ihre Gesundheit, Stärke und Kraft zurückzuerobern und gelingende Ressourcen und Anker zu finden und im Arbeitsalltag zu integrieren. Dafür braucht es Ihre Unterstützung als Führungskraft. Ihr Verständnis, Ihr Vertrauen in die Person und deren Fähigkeiten. Das Ausdrücken von Wertschätzung und Unterstützung macht einen entscheidenden Unterschied für den/die Betroffene. Gleichzeitig können diese Schritte für Sie viel Kraft und Geduld kosten im Prozess.

Viele Fragen sind offen und es braucht eine schrittweise gegenseitige Annäherung. Was kann in welchem Rahmen wieder übernommen werden? Wie hoch wird das Anfangspensum sein? Welche Aufgaben und Tätigkeiten sind zu Beginn sinnvoll? Wie wird das Team informiert? Wie viel Schutz braucht es zu Beginn? Was brauchen Sie als Arbeitgeber oder Führungskraft, um selbst wieder Vertrauen in Ihren Mitarbeiter und dessen Fähigkeiten zu schöpfen?

Falls es kein Case-Management gibt: Wer und von wem wird der Wiedereinstieg begleitet? Welche Stolpersteine könnten auftreten? Wie lassen sich diese vermeiden? Was, wenn es doch zu erneuten Schwierigkeiten und einem Rückfall kommt? Wie kann ein solcher Rückfall, wenn möglich, verhindert werden?

Diese und andere Fragen kommen wahrscheinlich auch beim Burnout-Betroffenen selbst auf und führen zu Unsicherheiten und Angst. Wenn es Ihnen als Arbeitgeber oder Führungskraft gelingt, in dieser Phase der Wiedereingliederung ruhig zu bleiben und so viel wie möglich an Unterstützung, Sicherheit, Vertrauen, Wertschätzung und Zuversicht zu bieten und zu vermitteln, ist schon sehr vieles getan.

Schlussendlich braucht es ab einem gewissen Punkt einfach etwas Mut und Vertrauen von beiden Seiten und den klaren Willen, miteinander auf dem Weg und in Kontakt zu bleiben und den Fokus auf das gemeinsame Ziel einer erfolgreichen Wiedereingliederung ins Arbeitsleben zu richten. Es wird sich lohnen, denn Burnout-Betroffene sind meist sehr loyale, engagierte und hoch motivierte Persönlichkeiten.

Zudem kann es eine Chance sein, das Thema Resilienz, Gesundheit und Wohlbefinden in der Folge im Team oder am Arbeitsplatz zu thematisieren und daraus präventive Maßnahmen z. B. im Rahmen eines Teamentwicklungsprozesses abzuleiten.

Für ein Team ist dies eine Bereicherung, denn die Re-Integration eines Burnout-Betroffenen schult die gegenseitige Wahrnehmung und Achtsamkeit und kann ein Team sogar noch näher zusammenbringen. Persönliche Grenzen zu akzeptieren und sich gleichzeitig nahe zu sein, soziale Kontakte zu pflegen, Vertrauen aufzubauen und Wertschätzung untereinander zu erleben, gegenseitige Achtsamkeit und bewusste Wahrnehmung bezüglich Resilienz und

Gesundheit zu schulen, zielführende und wertschätzende Kommunikation zu etablieren – all dies kann eine sehr nachhaltige, bereichernde und ressourcenreiche Entwicklung im gegenseitigen Kennenlernen und Entwickeln einer neuen Teamkultur und -zusammenarbeit sein.

Nutzen Sie dementsprechend diese Chance und machen Sie sich bereits jetzt Gedanken, wie eine neue Art des Gesundheitsmanagements bei Ihnen im Betrieb aussehen könnte und welche nächsten Schritte es dazu braucht. Binden Sie, falls sich die betroffene Person das ebenfalls vorstellen kann, diese sogar in diesen Prozess mit ein.

> Ich wünsche Ihnen gutes Durch- und Aushalten von all dem, was da noch kommen mag. Offenheit, Unvoreingenommenheit und gegenseitige Wertschätzung bieten hier eine gute Basis für neue Begegnungen. Es braucht einen Neustart, denn oftmals ist nach einer Burnout-Erkrankung nichts mehr wie zuvor. Es braucht zudem Zeit, um wieder gegenseitiges Vertrauen aufzubauen! Nehmen Sie sich diese Zeit und fokussieren Sie wenn möglich auf das Gelingende und die vorhandenen Ressourcen!

(Selbst-) Reflexion – Schritte zur Selbsterkenntnis

Für (mögliche) Betroffene

Unter Stress fällt es uns oft schwer, den übergeordneten Blick zu behalten und mit ausreichend Abstand auf ein Problem, eine Situation oder eine Fragestellung zu blicken. Wir fühlen uns dann so getrieben und mit den vorhandenen To-dos unter Druck, dass wir kaum mehr zum Durchatmen oder Klar-Denken kommen.

Ist die akute Phase der Burnout-Erkrankung jedoch überstanden, ist es möglich, wieder klarer zu denken und das eigene Handeln, Denken, Fühlen und Entscheiden wieder aus einer gesünderen Distanz zu betrachten und für sich gut abgegrenzt zu reflektieren und Entscheidungen zu treffen. Nichtsdestotrotz bleibt der Alltag eine Herausforderung, denn das Auf und Ab von Erfolg und vermeintlichen Rückschlägen, von guten und schlechten Tagen, Gefühlsschwankungen zwischen Hoffnung, Zuversicht, grosser Freude und Perspektivenlosigkeit sowie Mangel an Motivation sind noch nicht überstanden. In einem gewissen Sinn gehört dieses Auf und Ab ja zum Leben mit dazu?!

Nun bietet sich die Chance, für sich herauszufinden, was einem denn über Wasser hält und die Wahrscheinlichkeit erhöht, dass man bei Kräften bleibt und wieder eine übergeordnete Perspektive erlangt, um das Ziel vor Augen zu haben und darauf fokussieren zu können. Jetzt ist die Möglichkeit, verschiedene Anker zu setzen, die einen immer wieder dazu bringen, inne zu halten und das Wiegen der Wellen und das Einfach-Sein zu genießen.

Ich spreche hier bewusst das (Wieder-)Entdecken Ihrer Resilienzfaktoren (vgl. Ausgangslage/Resilienz) an. Der Fokus liegt dabei auf vorhandenen Ressourcen, Stärken und Kompetenzen sowie der Suche nach Dingen, die Ihnen „einfach so" Freude bereiten, die Ihnen gut tun, die Sie zum Durchatmen bringen und die unterschiedliche Sinne und Bedürfnisse ansprechen. Diese so genannten Anker lassen sich mit wenig (Zeit-)Aufwand in den Alltag integrieren und unterstützen Sie dabei, gesund und resilient zu bleiben. Resilienzfaktoren sind im beruflichen wie im privaten Leben wichtig. Sie betreffen die eigene Person und Persönlichkeit, sie können aber auch im System (Familie,

Team, Organisation) enthalten sein und von außen bewusst aktiviert und ins Alltagsleben integriert werden.

In herausfordernden Situationen sind diese Anker oftmals nicht mehr sichtbar und so kann es hilfreich sein, einen guten Freund/eine gute Freundin oder ein Familienmitglied einzuweihen und darum zu bitten, ebenfalls achtsam zu sein. Allerdings ist es im weiteren Verlauf sehr wichtig, dass jeder/jede Betroffene diese Verantwortung zu einem späteren Verlauf wieder selbst übernehmen kann.

In der Transaktionsanalyse spricht man hier vom integrierenden Erwachsenen-Ich [1]. Beim integrierenden Erwachsenen-Ich ist die Person fähig, alle drei strukturellen Anteile in die Gegenwart zu integrieren. Dies bezieht sich sowohl auf das Kind-Ich mit Eindrücken, Erinnerungen und Erlebnissen aus der Vergangenheit, wie auch das Eltern-Ich mit Erinnerungen, Erlebnissen und Prägungen durch Eltern und andere Autoritätspersonen. Es geht darum, diese Anteile sinnvoll ins eigene Erleben, Denken, Fühlen, Handeln und Entscheiden einzubeziehen und dadurch gestärkt, bewusst und autonom im Hier und Jetzt das Leben zu genießen und erfolgreich zu sein. In der Transaktionsanalyse wird hier auf das Strukturmodell verwiesen. Dieses Modell hilft, unbewusste Prozesse und strukturelle Anteile sichtbar zu machen.

Das integrierende Erwachsenen-Ich-Modell [1] beschreibt, wie die Intuition in das eigenen Erleben, Denken, Fühlen und Handeln integriert werden kann. Im Strukturmodell zweiter Ordnung wird dabei die Intuition [2] dem sogenannten „kleinen Professor" im Kind-Ich zugeordnet. Dieser kindliche Anteil ist besonders kreativ und hilft, sinnvolle Betrachtungen, Perspektiven und Lösungen zu entwickeln. Umso mehr es dementsprechend gelingt, diesen „kleinen Professor" in uns bewusst wahrzunehmen und in unserer Wahrnehmung und in unser Empfinden und unseren Alltag zu integrieren, desto gesünder und stärker können wir im Leben stehen und den aufkommenden Herausforderungen entgegentreten.

Eric Berne definiert Intuition aus meiner Sicht sehr treffend: „Intuition ist Wissen, das auf Erfahrung beruht und durch direkten Kontakt mit dem Wahrgenommenen erworben wird, ohne dass der intuitiv Wahrnehmende sich oder anderen genau erklären kann, wie er zu der Schlussfolgerung gekommen ist" [3]. Meine Erfahrung hat gezeigt, dass die Wahrnehmung der Intuition wieder neu erlernt werden kann und mit jedem positiven Erlebnis stärker wird, weil die Person von neuem Vertrauen in sich und die eigenen intuitiven Fähigkeiten schöpft.

Die Intuition ist aus meiner Sicht ein wichtiger Faktor, wenn es um das Entwickeln der Resilienzfaktoren (vgl. Ausgangslage/Resilienz) und das Finden des individuellen Genesungsweges geht. Denn im Fokus stehen dabei Ihre individuelle Wahrnehmung und Bewertung von Aktivitäten, Ansichten, Orten, Bildern, etc.. Sie wissen dabei am besten, was Ihnen gut tut und was allenfalls Stress und Druck auslöst! Sie setzen die nötigen Grenzen. Sie bestimmen, was Ihnen gut tut und Sie weiterbringt. Lassen Sie sich dementsprechend auf diese Entdeckungsreise ein und probieren Sie neue Dinge aus! Kommen Sie in Kontakt mit ihren kindlichen, ursprünglichen Bedürfnissen, die in der Vergangenheit eher zu kurz gekommen sind, und seien Sie eine liebevolle, sorgsame und achtsame Elternperson für sich selbst!

Folgende Fragen können Ihnen bei der Entdeckung der Resilienzfaktoren und Ihrer eigenen Intuition bezüglich Wünschen und kindlichen Bedürfnissen helfen:

- Was gibt Ihnen im beruflichen Alltag die Möglichkeit, wieder eine übergeordnetere, distanzierte Perspektive und Haltung einzunehmen?
- Welche Bedürfnisse kommen in Ihrem Alltag zu kurz, insbesondere dann, wenn Sie in Stress geraten?
- Wie können Sie diese Bedürfnisse vorsorglich befriedigen und Ihnen, Ihrem Wohlbefinden und Ihrer Gesundheit präventiv Sorge tragen?
- Wann fühlen Sie sich Ihrer Intuition besonders nahe?
- In welchen Momenten sagt Ihnen Ihr Bauchgefühl, dass etwas nicht in Ordnung ist?
- Wo müssten Sie, wenn Sie ehrlich mit sich selbst wären, mutig hinschauen und etwas verändern?
- Wie können Sie diesen Kontakt zu Ihrer inneren Weisheit und Balance im Alltag regelmäßig aktivieren und herstellen?
- Welche Aktivitäten (privat und beruflich) helfen Ihnen, Ihrer inneren Weisheit und Ihren Bedürfnissen und Wünschen näher zu kommen?
- Welche Eltern-Ich-Anteile (Glaubenssätze, Annahmen, Werte, Bilder, Regeln, etc.) grenzen Sie heute noch ein und halten Sie davon ab, Ihr volles Potenzial zu leben?

Für Führungskräfte – mit Blick auf die Organisation

Als Führungskraft ist es wichtig, neben dem Intellekt, dem Erfahrungswissen und fachlichen Know-how auch auf das innere Bauchgefühl zu hören und so die Intuition unterstützend in das eigene (berufliche und private) Handeln, Erleben, Denken und Entscheiden miteinzubeziehen. Auch ist es möglich, diese Stärke, Kraft und Weisheit bei den Mitarbeitenden anzuregen, zu fördern und zu schulen. Dadurch wird nicht nur die Autonomie, Stärke,

Kraft und Resilienz des/der Einzelnen aktiviert, sondern auch die Gesamtorganisation und der Umgang im Team gestärkt und auf das Positive, Gelingende und Verborgene ausgerichtet. Das Bewusstsein der unterschiedlichen Ich-Anteile und deren Integration unterstützt die Selbstwirksamkeit und innere Balance. Das Bewusstsein der eigenen intuitiven Fähigkeiten ermöglicht und fördert wiederum eine wertschätzende, nährende und achtsame Arbeitsatmosphäre.

Folgende Fragen führen Sie als Organisation näher zum Thema Intuition

- Wie und wie bewusst nutzen Sie als Organisation die intuitiven Fähigkeiten des Teams/des/der Einzelnen in Ihrer täglichen Arbeit?
- Wie könnte dieses intuitive Wissen noch besser genutzt werden, damit jeder/jede MitarbeiterIn sein/ihr volles Potenzial leben kann?
- Welche Mitarbeitende haben bereits ein merkliches Bewusstsein für die eigene Intuition und könnten so als gutes Beispiel für den gemeinsamen Austausch genutzt werden?
- Wann nutzen Sie selbst als Führungskraft Ihre Intuition für Ihre Arbeit?
- Wo könnten Sie Ihre Intuition noch stärker einbringen? Inwiefern würde dies den Prozess und die Zusammenarbeit verändern?
- Welche Aktivitäten oder Umgebungen beflügeln Sie und bringen Sie näher zu Ihrer Intuition?
- Wie könnten Sie die Erinnerung an Ihre intuitiven Fähigkeiten in Ihrem Büro und Arbeitsalltag präsenter in Erscheinung bringen (Bilder, Musik, Desktop, Duft, etc.), sodass der Zugang und die Erinnerung an

diese Ressourcen gestärkt werden und öfter in Erinnerung kommen?
- In welchen Situationen fühlen Sie sich eingeengt oder in alten Mustern gefangen? Wann reagieren Sie (gefühlt oder auch im Außen) nicht so souverän, wie Sie das gerne wollten? Was würde Ihnen Ihr „kleiner Professor" aus dem Kind-Ich dazu wohl ins Ohr flüstern?
- Welche Bedürfnisse kommen in Ihrem Alltag eher zu kurz? Welche ersten nächsten Schritte könnten Sie gehen, um diesen etwas näher zu kommen und somit Ihre Resilienz nachhaltig zu stärken?

Literatur

1. Schlegel, L. (2011). *Die Transaktionale Analyse* (S. 127–128). Deutschschweizer Gesellschaft für Transaktionsanalyse.
2. Cornell, W. F., De Graaf, A., Newton, T. & Thunnissen, M. (2016). *Into TA – A comprehensive textbook on transactional analysis* (S. 13). Karnac Books Ltd.
3. Berne, E. (2005). *Transaktionsanalyse der Intuition* (Bd. 4, S. 36). Junfermann Verlag.

Phase V – Das Haus an der Küste - Rückblick und Sicherheit gewinnen

Zusammenfassung Der Weg aus der Burnout-Erkankung ist langwierig. Auch wenn die Arbeitsfähigkeit wieder langsam und stetig zunimmt, so heisst das nicht, dass für den/die Betroffene einfach alles wieder in Ordnung ist und rund läuft. Diese Zwischenphase auf dem Weg zurück in einen normalen Alltag ist anspruchsvoll und es gilt auch hier, diese bewusst und achtsam zu gestalten und sich zu erlauben, neue Wege zu gehen und neue, bestärkende Erfahrungen zu sammeln. Dabei kommt es zu neuen Entscheidungen, neuen Begegnungen und neuen Erkenntnissen, welche auch das soziale Umfeld einbeziehen. Mit dem Konzept der Grundpositionen wird einfach und verständlich erklärt, wie Menschen auf Augenhöhe mit anderen unterwegs sein können und sich selbst dabei nicht aus den Augen verlieren. Das Konzept der Erlaubnisse bietet einen hilfreichen Zugang und schafft Mittel und Wege zur Selbsterkenntnis und neuen Möglichkeiten.

Das Haus an der Küste

Ich habe es geschafft. Ich bin in Sicherheit. Ich habe mich gerettet. Kein Mensch weiß, wie mir das gelungen ist. Selbst ich nicht. Die Erinnerungen sind verschwommen. Das Gefühl bleibt. Ich umfasse meine Schultern und kuschle mich in die weiche Decke, welche mich sanft umhüllt. Ich bin dankbar. Für mein Leben. Für die Chance, nochmals neu beginnen zu können. Aber zuerst muss ich zur Ruhe kommen. Mich mit der neuen Situation zurechtfinden. Begreifen, dass ich in Sicherheit bin. Noch immer wache ich manchmal nachts auf. Schweißgebadet. Der Traum ist immer derselbe. Ich schwimme im Meer. Bin umgeben von Wasser. Kein Land in Sicht. Ein Sturm braut sich zusammen. Ich habe die Orientierung verloren. Meine Kräfte schwinden. Wie gut, dass es nur ein Traum war. Ich möchte ihn loslassen. Für immer vergessen. Ich atme die frische Meeresluft ein. Ich überblicke die Weite und das Meer. Das Haus an der Küste, welches mir ein neues Zuhause bietet. Hier kann mich eine erneute Flutwelle nicht erreichen. Hier bin ich weit entfernt vom Wasser, welches mich mit der Strömung weit hinaus tragen könnte. Hier bin ich in Sicherheit. Endlich. Nur ich und das Meer in weiter Ferne. Ich komme zurück zu mir. Ich schöpfe neues Vertrauen in die Welt und in mich. Ich sammle neue Kraft für das, was die Zukunft bringen wird. Ich bin ein neuer Mensch. Ich werde mich neu erfinden. Aber zuerst muss ich mich ausruhen. Den Überblick zurückgewinnen. Orientierung schaffen. Sicherheit und Zuversicht schöpfen. Das Haus an der Küste ist der ideale Zufluchtsort dafür. Hier findet mich niemand. Hier finde ich Ruhe, um das Erlebte zu verarbeiten und für mich einzuordnen. Dankbarkeit breitet sich in mir aus. Eine wohlige Wärme durchflutet meinen Körper. Ich bin in Sicherheit.

Meine Geschichte – Wieder Vertrauen in mich und den Boden unter meinen Füßen fassen

Immer öfter kam mir der Gedanke, dass ich die Teilnahme an der Selbsthilfegruppe beenden wollte. Zwar war ich noch nicht wieder hundertprozentig sicher, über dem Berg zu sein und es gab eine gewisse Angst davor, weitere Rückschläge hinnehmen zu müssen. Gleichzeitig empfand ich das Beschäftigen mit meiner Geschichte und den Beweggründen immer mühsamer, denn ich wollte mehr und mehr nach vorne schauen und mich auf das Gelingende konzentrieren. Der Rahmen der Einzeltherapie bot mir ausreichend Raum für Selbstreflexion und Unterstützung. Ich spürte für mich, dass es Zeit war, meinen eigenen Weg zu gehen und mich von der Selbsthilfegruppe zu lösen, obwohl das die meisten der TeilnehmerInnen für sich anders handhabten.

Ich war also bereit für den Wiedereinstieg und die Konfrontation mit meiner Chefin. Das Gespräch beim Case-Management verlief jedoch harzig. Meine Chefin beschwerte sich darüber, dass sie im Prozess nur sehr wenig davon mitbekommen hatte, wie es mir ging. Ich versuchte ihr zu erklären, dass das nicht aus bösem Willen geschehen war, sondern dass ich aus Überforderung einfach nicht anders konnte. Für mich war klar, dass ich zurück zu meinem Team wollte und zusammen mit meiner Stellvertretung einen sinnvollen Wiedereinstieg mit möglicher Aufteilung von Aufträgen erarbeiten wollte. Meine Chefin war darüber nicht erfreut, aber sie zeigte sich offen, nach Lösungen zu suchen. Ich ging daher recht zuversichtlich nach Hause und war der Meinung, dass ich diesen Erstkontakt mit meiner Chefin, so schwierig und aufwühlend er für mich auch war, als Erfolg werten wollte. Es gelang mir, im Gespräch klar zu äussern, wie ich mir einen Wiedereinstieg vorstellen konnte. Die Idee eines therapeutischen Arbeitsversuchs fand ich immer noch nicht motivierend, aber ich hatte wohl keine andere Wahl. Wir vereinbarten in der Folge ein Gespräch zu dritt, bei der ich meine jetzige Stellvertretung kennenlernen würde. Direkten Kontakt mit meinem Team wollte ich vorerst noch keinen. Dafür fühlte ich mich noch nicht bereit.

Entgegen meiner Erwartungen konfrontierte mich meine Chefin am nächsten Treffen mit dem Case-Management damit, dass sie einen Einstieg, so wie ich ihn mir vorgestellt hatte, nicht gutheißen und unterstützen würde. Für mich brach eine Welt zusammen. Ich freute mich so sehr auf die Rückkehr zu meinem Team, dass ich nicht wusste, wie um Himmels Willen ich mich anders motivierten sollte, wenn ich, wie von meiner Chefin geplant, nur einzelne Bereiche aus dem Fachwissen-Management übernehmen sollte. Hier musste ich mich völlig neu einarbeiten, unbekannte Aufgaben übernehmen und war ständig in Kontakt und Austausch mit meiner Chefin. Ich selbst wollte aber wieder zurück in mein altes Büro, wollte selbstverantwortlich und autonom meine ursprünglichen Arbeiten und Aufgaben erledigen. Hier trafen zwei unterschiedliche Vorstellungen aufeinander und im ersten Moment wusste ich tatsächlich nicht, wie ich damit umgehen sollte. Die Reaktion meiner Chefin verunsicherte mich zutiefst. Es forderte mich heraus, dass meine Wünsche und Bedürfnisse scheinbar nicht gewichtet wurden und meine Chefin alleine entschieden hatte, wie mein Wiedereinstieg aussehen sollte. Auch meine Case-Managerin war darauf nicht vorbereitet gewesen. Wie so oft, mit meinem eigenen Anspruch an mich selbst, möglichst offen und unvoreingenommen zu reagieren, nahm ich die Idee mit und versuchte, meine Gedanken in Ruhe zu ordnen. Mit der Zeit wurde mir bewusst, dass ich keine andere Wahl hatte.

Ich war in dieser Situation von meiner Chefin abhängig und das letzte, was ich wollte, war, in einen ausgetragenen Arbeitsplatzkonflikt zu geraten. Ich wollte zurück in meine angestammte Stelle, ich wollte zurück zu meinem Team. Spätestens im nächsten Schuljahr, wenn meine Genesung und der Wiedereinstieg erfolgreich waren, dann hätte ich Anrecht auf meine ursprüngliche Stelle. Das offerierte meine Chefin mir als Alternative. Diese Aussicht gab mir zumindest eine längerfristige Perspektive. Bis dahin musste ich mich wohl oder übel den Gegebenheiten vor Ort anpassen.

Nach einer weiteren Konsultation beim Vertrauensarzt war klar, wie mein Wiedereinstieg aussehen sollte. Nach einer ersten Phase im therapeutischen Arbeitsversuch sollte dann der schrittweise Wiedereinstieg, zuerst mit zwanzig Prozent, dann mit vierzig Prozent, usw. folgen. Das Pensum sollte monatlich erhöht werden, was mir genug Zeit geben würde, mich langsam an die Anforderungen zu gewöhnen. Beim therapeutischen Arbeitsversuch ist man immer noch zu hundert Prozent krankgeschrieben und steigt mit einfachen Arbeiten ein, sodass der Leistungs- und Zeitdruck möglichst gering gehalten werden kann. Dies gibt einem die Chance, einen Eindruck der Gegebenheiten vor Ort zu erhalten und sich gedanklich und emotional wieder einzufinden. So hat man selbst und der Arbeitgeber die Möglichkeit, wieder gegenseitiges Vertrauen aufzubauen, ohne Gefahr zu laufen, dass die Situation vor Ort völlig aus dem Ruder läuft, falls der Wiedereinstieg zu früh angesetzt wurde und natürlich ebenso, um einen möglichen Rückfall des/der Betroffenen zu vermeiden. In meinem Fall hat das Case-Management wirklich einen wichtigen Beitrag im Prozess der Wiedereingliederung geleistet. Die Außensicht, einen neutralen Austauschpartner zu haben, hat mir in manchen Situationen sehr geholfen. Die auftretenden Spannungen, Missverständnisse und unterschiedlichen Vorstellungen zwischen meiner Chefin und mir waren sicherlich für meine Case-Managerin nicht immer einfach auszuhalten. Aber gerade hier konnte sie in der neutralen Vermittlungsrolle einen wichtigen Beitrag zur Verständigung leisten.

Der Wiedereinstieg gestaltete sich schwieriger als gedacht. Aber nicht, weil ich zu wenig Energie gehabt hätte oder weil ich gedanklich oder emotional nicht stabil genug gewesen wäre. Ich hatte Mühe, wieder Motivation für meine Arbeit zu finden. Ich hatte keine Führungsaufgabe mehr und war dadurch nur bedingt gefordert. Das führte dazu, dass ich die Inhalte und Aufgaben, welche meine Chefin mir aufgegeben hatte, zwar spannend fand, es aber etwas ganz anderes war als meine vorherigen Aufgaben in der Führungsrolle. Ich hatte plötzlich kaum mehr mit Menschen zu tun, das bereitete mir anfangs große Mühe! Und irgendwie schien mir mit diesen Veränderungen der Sinn abhandengekommen zu sein. So richtig konnte ich mir das nicht erklären. Ich versuchte mich daher wie bis dahin auf das Gelingende, die kleinen Erfolge und auf meine Ressourcen zu konzentrieren. Ich hatte nach wie vor neben der Arbeit ausreichend mit mir selbst zu tun. Ich ging wöchentlich in die Therapiesitzungen, was mir half, die Dinge für mich einzuordnen. Es war nach wie vor so, dass ich sowohl mit körperlichen Symptomen wie starker Erschöpfung, Schlafstörungen, Rücken- und Kopfschmerzen wie auch mit Gefühlen von Scham, Schuld, Angst und starken Selbstzweifeln zu tun hatte. Es war nicht so, dass ich den Aufgaben und Themen am Arbeitsplatz nicht gewachsen war, sondern dass ich mir insgesamt immer noch zu viele Gedanken machte und mich von meinen eigenen Gedanken, meinen körperlichen Symptomen und meinem Erleben von Schwäche und persönlicher Grenzen aus dem Konzept bringen ließ und dadurch stark an mir und meinen Fähigkeiten zweifelte. Mit dem therapeutischen

Arbeitsversuch war ich auf unterschiedlichen Ebenen sehr mit mir und meiner Situation gefordert. Ziel war es, dass ich mich wieder in meinem Büro einfinden und eingewöhnen konnte. Dies allerdings nur dann, wenn meine Stellvertretung nicht anwesend war. Das war mir wichtig! Der regelmässige Kontakt und das gemeinsame Arbeiten im Büro hätten mich zu Beginn überfordert. Zum Glück konnte ich abwechselnd auch im Homeoffice arbeiten.

Der schrittweise Wiedereinstieg mit der neuen Aufgabe verlief wirklich sehr holprig und war ein regelrechter Kraftakt für mich. Zu Beginn machte ich noch einige Fehler bei der Arbeit, welche direkt mit diesem Gefühl der Unsicherheit und Unzulänglichkeit zu tun hatten. Ich wollte unbedingt einen guten Eindruck hinterlassen und setzte mich selbst stark unter Druck. Dabei waren meine Aufgaben und Arbeiten wirklich nicht anspruchsvoll. Aber nur schon der Tagesablauf und die Orientierung mit mehr To-dos waren eine ganz neue Herausforderung für mich. Zudem hatte ich den Eindruck, dass wirklich jeder im Betrieb, nicht nur meine Chefin, ganz genau wahrnahm, wie mein Wiedereinstieg gelang und wie es mir ging. Ich hatte das Gefühl, ständig unter Beobachtung zu stehen, was mit grosser Wahrscheinlichkeit nicht den Tatsachen entsprach. Mein Empfinden zeigte aber sehr genau, wie viel ich noch mit mir selbst zu tun hatte und wie stark sich meine Welt noch um mich und um mein Erleben drehte. Ich setzte mir selbst einen ungeheuren Druck auf. Ich erinnere mich, dass mein Erstkontakt mit meinen Teamkollegen bei einer Online-Veranstaltung stattfand. Ich war so nervös und freute mich gleichzeitig sehr, wieder zurück zu sein. Die hohe Nervosität und mein immer noch eher isolierter und auf mich fokussierter Lebensstil führten dazu, dass ich einen Tage zu früh, sprich an einem Sonntag um acht Uhr vor dem Computer saß und mich einzuloggen versuchte. Ich hatte durch all die Nervosität und Unsicherheit den

Wochentag verwechselt. Ich schämte mich wirklich sehr und zweifelte darauf hin noch mehr an meinen Fähigkeiten und an meinem Können.

Der neue Fachbereich, den ich übernehmen musste, war durch unterschiedliche Projekte gestaltet, für welche ich mir selbst Zeit einteilen und situativ im Homeoffice arbeiten konnte. Da ich kein eigenes Büro mehr zur Verfügung hatte, kam mir das sehr gelegen. Auch weil ich meine Energie über den Tag verteilt immer noch akribisch einteilen musste und so froh darum war, immer wieder Pausen einlegen zu können. Durch die neuen Aufgaben und Projekte konnte ich nicht wie geplant an vorgängige Erfahrungen aus meiner Arbeit als Schulleiterin anknüpfen. Obwohl mir die Arbeit an verschiedenen Projekten Spaß machte, lag die Schwierigkeit nun darin, wieder Vertrauen in mich und meine Fähigkeiten aufzubauen. Ich hatte keinen Vergleich, wie es vor meiner Burnout-Erkrankung war. Andererseits merkte ich, dass mir der kleinschrittige Einstieg wirklich gut tat und ich damit schon einiges leistete, aber auch an meine Grenzen kam. Nur schon dreissig Stellenprozent brachten mich damals an meine Grenzen. Ich hatte Mühe, meinen Tagesablauf zu strukturieren und mich an den neuen Wochenablauf zu gewöhnen. Ich wurde innerlich wieder unruhiger und konnte mich je nach Situation nur mehr schlecht konzentrieren. Andererseits liefen die Kontakte und Begegnungen mit Menschen sehr gut. Diese ermüdeten mich nicht mehr so stark wie während der akuten Krankheitsphase. Das war schon ein großer Fortschritt, der mich persönlich sehr freute.

Nach wie vor war ich im regelmäßigen Kontakt mit meiner Case-Managerin und hatte wiederkehrende Treffen mit ihr und meiner Chefin. Diese Treffen waren immer sehr kräftezehrend für mich. Meine Chefin hatte nicht dieselbe Wahrnehmung wie ich und konfrontierte mich oft mit Kritik. Sie meinte unter anderem, dass ich im Prozess zu viele Fragen stellen würde. Es dauerte eine Zeit, bis ich mich von ihrer Betrachtung und Bewertung ausreichend distanzieren konnte und fähig war, sie damit zu konfrontieren und nach konkreten Beispielen zu fragen. Ich hatte erwartet, dass sie meine positiven Veränderungen und die kleinen Fortschritte wahrnehmen konnte. Das war nicht der Fall, was mich im ersten Moment sehr aus dem Konzept brachte. In der Betrachtung mit meiner Therapeutin bemerkte ich dann aber, dass das bis zu einem gewissen Punkt verständlich war, denn meine Chefin hatte ja nur den Vergleich von vor meiner Burnout-Erkrankung. All die Hürden und Fortschritte dazwischen hatte sie selbst nicht mitbekommen. Ein weiterer Entwicklungsschritt für mich war in der Folge, dass ich ihre Äußerungen offen entgegennahm, achtsam prüfte und mit meiner eigenen Perspektive verglich. So konnte ich immer mehr zu meinem Selbstvertrauen zurückfinden und mich nicht mehr von den Bewertungen von außen abhängig machen oder mich dadurch zu stark aus dem Konzept bringen lassen.

Über die kommenden Wochen und Monaten arbeitete ich stetig und erhöhte im vier Wochen-Schritt mein Pensum. Allerdings war das nicht immer geradlinig und nicht so, wie vom Vertrauensarzt geplant, direkt umsetzbar. Nur schon eine Aufstockung von zehn Stellenprozent bereitete mir wirklich grosse Mühe und löste wieder neue Ängste, Druck und Unsicherheiten aus. Oftmals brauchte ich länger als vier Wochen, um mich an ein neues Pensum zu gewöhnen. Andererseits wollten mein Kopf und meine Willenskraft am liebsten alles hinter sich lassen und so schnell wie möglich vorwärts kommen. Meine Case-Managerin konfrontierte mich einmal mit ihrem Eindruck, dass ich aus ihrer Sicht Mühe mit der Akzeptanz meiner Krankheit hätte, da ich selbst zu schnell zu viel von mir abverlangte.

War das möglich? In der anschließenden Reflexion mit meiner Therapeutin merkte ich, wie sehr ich mich an den Gedanken klammerte, schnell wieder gesund zu werden und die Burnout-Erkrankung hinter mir zu lassen. Dieser Anspruch verleitete mich regelmässig dazu, mir zu schnell zu viel zuzumuten. Ich hatte immer noch Mühe mit wechselnden Abläufen oder Situationen, in denen ich zu lange voll präsent sein musste. Ein bis zwei Stunden der intensiven Konzentration waren kein Problem, danach brauchte ich aber wieder eine Pause. Wenn ich diese verpasste, dann fühlte ich mich im Anschluss gestresst, frustriert und emotional und energetisch total ausgelaugt. Dieses Gefühl hielt dann je nachdem für mehrere Tage an, was mich zusätzlich frustrierte und unter Druck setzte, da ich selbst gern „mehr" geleistet hätte. Dementsprechend musste ich an diesem Punkt anerkennen, dass meine Case-Managerin wohl Recht hatte mit ihrer Einschätzung. Die Tendenz zur eigenen Überforderung und Grenzüberschreitung war immer noch vorhanden und in vielen Fällen war ich mir dieser Gefahr wohl zu wenig bewusst.

Perfekte Arbeit umsetzen! Gut organisiert sein! Endlich wieder etwas leisten können! Dies waren Themen, die ich gut kannte und für mich als Antreiber im Alltag immer noch wirkten. Jedoch dachte ich, dass ich diese Tendenzen bereits überwunden hätte. Die Thematik der Überforderung und hohen Leistungsbereitschaft war ja vor allem im Arbeitskontext zentral. Zumindest dachte ich das. Im Privaten wollte ich mich kreativ ausleben, meine Projekte voranbringen, meinen Hobbys nachgehen, einfach endlich wieder ein normales Leben führen! Nie hätte ich gedacht, dass „Ich möchte... Es müsste doch... Ich muss nur... Wenn ich dann wieder..." auch hier sehr präsent sind. Durch den sozialen Austausch erkannte ich, wie stark auch im Privaten das Wollen und das persönliche Vorankommen im Vordergrund standen. Anstelle von ganz im

Hier und Jetzt mit dem zufrieden zu sein, was gerade ist und sich mir zeigte. „Entspannen ohne leisten zu wollen" hieß also das neue Zauberwort und in diesem Sinne sah ich mich herausgefordert, für mich persönlich herauszufinden, was diesen Zustand des „Einfach-Seins" für mich mehr und mehr möglich machte.

Entscheidungen zu treffen war in dieser Phase ebenfalls eine große Herausforderung. Es hört sich banal an. Aber an meiner Fähigkeit, Entscheidungen zu treffen, konnte ich mit der Zeit tatsächlich ablesen, wie es mir aktuell gerade ging. War ich innerlich gestresst oder unter Druck, versuchte ich in meiner Entscheidungsfindung logisch im Denken abzuwägen, alle Informationen einzuholen und daraus dann die richtige Entscheidung zu treffen. Ging es mir gut, war ich ruhig und entspannt. Dann konnte ich das Problem gut abgegrenzt betrachten und auch mal aushalten, dass ich noch keine Lösung parat hatte. Ich hatte dann die Geduld, einfach abzuwarten, bis sich mein Bauchgefühl mit den Fakten ausbalanciert hatte und mir zeigte, was ich zu tun hatte. Zudem erkannte ich mit der Zeit für mich, dass es oftmals nicht die eine richtige Entscheidung gab. Ich durfte für mich selbst entscheiden. Ich lernte schrittweise, neben den harten Fakten auch intuitiv abzuwägen und mir bei Entscheidungen bewusst mehr Zeit zu lassen. Es war abermals ein persönlicher Lernprozess, bei dem es darum ging, zurück zu mir und meiner inneren Weisheit und Stärke zu finden. Wenn ich ganz bei mir war, wusste ich, dass ich meiner Einschätzung vertrauen konnte. Ich wusste, dass ich zu einem späteren Zeitpunkt immer und immer wieder die Chance hatte, die Situation neu zu beurteilen und neue Entscheidungen zu treffen. Ich realisierte nochmals auf einer tieferen Ebene, dass niemand alle Antworten auf alle Fragen im Leben hat und dass es mit zum Leben dazu gehört, sich diesen Fragen zu stellen und dabei die für sich passenden Antworten zu finden und im Vertrauen zu sich selbst finden zu dürfen.

Mit dem Wiedereinstieg in die Arbeitswelt hatte ich zumindest ein wenig den Eindruck, mich wieder einem normalen Leben zu nähern und gesellschaftlich einen Beitrag zu leisten. Ich war sehr lange sozial isoliert gewesen, auch wenn ich zeitweise in einer Beziehung lebte. In der Zwischenzeit war ich wieder single. Das war ok für mich, denn ich hatte mit meiner Rückkehr in die Arbeitswelt noch sehr viel mit mir selbst zu tun. Ich hatte mich gefragt, wie es wohl gewesen wäre, wenn ich vor meiner Burnout-Erkrankung schon mit jemanden zusammengelebt hätte. Das Single-Leben hat aus meiner Sicht die soziale Isolation zusätzlich verstärkt. Der zunehmende Rückzug hielt mich davon ab, eine kritische Außensicht wirklich zuzulassen. Vielleicht hätte mich ein Partner irgendwann mit der Tatsache konfrontiert, dass ich Schlafstörungen hatte oder zu unmöglichen Zeiten und mit zu viel Druck und Stress im Arbeitsleben unterwegs war. Vielleicht, ja vielleicht, wäre dann alles anders gekommen?!

Der Wiedereinstieg gestaltet sich nach wie vor sehr schwierig. Aber es ging schrittweise vorwärts und in die richtige Richtung. Immer wieder war ich mit meinen Ängsten und Befürchtungen konfrontiert. Ich machte mir teilweise immer noch Sorgen darüber, was andere Menschen über mich denken würden, wenn sie wüssten, dass ich an einem Burnout erkrankt bin. Dies war auch in der Selbsthilfegruppe ab und zu Thema gewesen. Aber es half nichts. Ich konnte das Geschehene nicht ungeschehen machen. Ich musste nach vorne schauen, mich auf das Gute konzentrieren.

Mit dieser neu gewonnenen Selbstsicherheit hatte ich nun wieder den Mut und die Energie, unter Leute zu gehen, neue Menschen kennen zu lernen und mich allenfalls auf neue Bekanntschaften einzulassen. Dies eröffnete mir ein neues Lernfeld. Der Umgang mit neuen Situationen, mit dem Kennenlernen, Nähe und Distanz und der Frage, ab wann ich jemanden mit meiner Burnout-Erkrankung konfrontieren sollte, waren für mich eine grosse Herausforderung. Ich hatte starke Angst vor Vorurteilen. Ich redete nach wie vor ungern über meine Erkrankung, da ich mich dann besonders schuldig und schwach fühlte. Andererseits hatte ich die Hoffnung, dass es mir gut tun würde, jemanden an meiner Seite zu haben und in einer Partnerschaft zu leben. Eine Beziehung kann viel Sicherheit und Geborgenheit bieten und so wagte ich schrittweise, mich wieder dem Kennenlernen zu öffnen. In all dem war die Erkenntnis verborgen, dass ich nie ganz abschätzen konnte, wie andere auf mich und meine Geschichte reagieren würden. Es war dementsprechend nur bedingt möglich, sich ganz vor Verletzungen zu schützen. Und ich lernte daraus, mich emotional besser abzugrenzen und mich nicht von der Meinung anderer definieren zu lassen. Das war ein langer, aber sehr heilender Teil des Genesungsprozesses.

Im An-mir-Zweifeln war ich nach wie vor Weltmeisterin. Ich würde nicht sagen, dass ich von Natur aus eine unsichere oder zweifelnde Person war. Aber mit der Burnout-Erkrankung und dem Realisieren, dass es mich so unbemerkt in dieser starken Ausprägung der Selbstentfremdung getroffen hatte, das löste in mir eine sehr starke, allumfassende Unsicherheit mir selbst gegenüber aus. Auch bezüglich meiner beruflichen Zukunft machte ich mir große Sorgen. Ich war nach wie vor unsicher, ob die Führungsaufgabe tatsächlich das Richtige für mich war. Zwar erfüllte mich diese Tätigkeit immer noch mit großer Freude, jedoch wusste ich, dass ich wieder eine große Verantwortung übernehmen würde und ich den Stresslevel und Workload nur bedingt steuern und kontrollieren konnte. Auch hatte ich situativ nach wie vor körperliche Beschwerden. Mir fiel auf, dass meine Konzentrationsleistungen nicht mehr dieselben waren wie vor der Burnout-Erkrankung. Zudem hatte ich je nach Thematik, Problemstellung und Stresslevel sofort wieder Rückenschmerzen. Ich war noch lange nicht wieder auf dem Leistungsniveau wie vor meiner Burnout-Erkrankung und ich wusste nicht, ob ich es je wieder soweit schaffen würde. Ich fragte mich oft, ob ich wohl je wieder meinen Platz in der Gesellschaft finden und festen Boden unter den Füßen erlangen würde? Auch hier konnte mir niemand eine klare Antwort geben oder eine Prognose stellen.

Burnout Diary – Blitzlichter

„Burnout ist wie ein grauer Schleier, der sich unmerklich über dein Leben und Erleben legt. Erst mit der Zeit bemerkst du, wie viele Grautöne vorhanden sind. Du hast in der Zwischenzeit schlichtweg vergessen, wie farbig das Leben sein kann. Das Anheben des Schleiers macht oftmals Angst, aber es lohnt sich. Denn das Leben hat so viel mehr zu bieten als Grau, Schwarz und Weiß."

Rebecca Petersen

Mit dem Start meines ersten kleinen Arbeitspensums von zwanzig Stellenprozent läuft es im Moment gut. Ich freue mich meist auf die Inhalte und Aufgaben, merke aber, dass mir die Führungsaufgabe fehlt. In Absprache mit meiner Chefin und dem Case-Management wurde entschieden, dass ich dies aufgrund des Change-Prozesses erst ab kommendem Schuljahr wieder übernehmen werde. Das erleichtert die Einarbeitung für mich und ist sicherlich für den Arbeitgeber eine sinnvolle Lösung. Gedanklich bin ich jedoch oft bei meinem Team. Mir fehlt der direkte

Kontakt und die Verantwortung, die ich in dieser Rolle übernommen hatte. Es fällt mir schwer, dies „so einfach" loszulassen und ich frage mich, ob ich so tatsächlich in mein altes Leben „zurückfinden" kann. Oder ob es auch hier eine Art Loslassen braucht. Schon wieder. Das Loslassen erscheint mir manchmal wirklich eine Tugend. Wie auch die Geduld. Beides ist mir wohl nicht in die Wiege gelegt worden. Aber ich lerne täglich und mit jeder persönlichen Erkenntnis in unterschiedlichen Lebensbereichen dazu und integriere, was mir sinnvoll erscheint.

Ich arbeite im Homeoffice. Der therapeutische Arbeitsversuch ist beendet und ich erledige Aufträge im Rahmen von zwanzig Stellenprozent regulärem Arbeitspensum. Das ist ein guter Anfang! Wobei mir das Dazwischen irgendwie Mühe bereitet. Ich habe starke Motivationsprobleme. Es fällt mir schwer, für „nur" zwanzig Stellenprozent aktiv zu werden und überhaupt in die Gänge zu kommen. Vor dem Burnout hatte ich einen solch großen Arbeits-Overload, dass mir gar nichts anderes übrig blieb, als mich zur Arbeit zu zwingen. Das möchte ich nicht mehr. Das weiß ich jetzt. Vor der Burnout-Erkrankung war es in einem gewissen Sinn die Überlebensmentalität. Das fällt mir erst jetzt auf, da ich den Vergleich habe. Kein Wunder, war ich immer so gestresst. Eigentlich schade, denn die Arbeit hat mir immer großen Spaß gemacht. Zumindest die Inhalte und die Kontakte mit den Menschen. Systemisch wirkungsvoll zu sein, gab mir immer ein Gefühl der Sinnhaftigkeit. Auch das hat mich dazu gebracht, Höchstleistungen zu bringen. Nun sitze ich hier, und irgendwie fehlt mir gerade beides – der Druck von außen und die Sinnhaftigkeit meines Tuns.

Ich habe immer noch große Mühe mit dem Entscheidungen-Fällen. Oder zumindest zeigt sich das im beruflichen Kontext besonders stark. Der schrittweise Wiedereinstieg beinhaltet, dass ich „nur" zwanzig Stellenprozent arbeiten soll. Soll ich nun zweimal einen Halbtag arbeiten? Oder einmal einen ganzen Tag? Wobei ich das mit meiner Belastungsfähigkeit derzeit sowieso nicht vereinbaren kann. Dann stellt sich die Frage bezüglich der Teilnahme an einer Weiterbildung. Soll ich nun „nur" einen Tag an einer Weiterbildung teilnehmen oder dieser ganz fern bleiben, weil nur die Hälfte wenig bringt? Ich weiss es nicht. Ich merke, dass mir der Kontakt zu den Menschen fehlt und ich mich auf die Inputs der Weiterbildung freue. Also entscheide ich mich zwar für eine Teilnahme, aber nur am ersten Tag. Das zu entscheiden und umzusetzen ist sehr schwierig für mich! Ich spüre den ausgelösten Stress am ganzen Körper. Und das nur wegen einer solch kleinen, scheinbar unwichtigen Entscheidung. Abgrenzung und Loslassen heißt das Zauberwort. Es braucht Mut und Energie, hier meine Vorstellungen und Erwartungen loszulassen und mich über das, was möglich ist und daraus entstehen wird für den Moment zu freuen und damit zufrieden zu sein.

Ach herrje, hört das denn nie auf? Ich sitze vor meinem Computer, bin völlig aufgeregt. Meine erste Weiterbildung per Zoom mit vielen Leuten, die ich aufgrund meiner Abwesenheit schon lange nicht mehr gesehen habe. Ich möchte mich einloggen und es geht nicht. Ich versuche es erneut. Es geht nicht. Ich schreibe zuerst einem Kollegen, dann meiner Chefin eine Mail, um zu fragen, ob der Start der Weiterbildung Verspätung hat. Keine Antwort. Also schreibe ich noch dem Sekretariat, welches die Einladung verschickt hat. Ich frage mich, was da los ist. In meinem Kopf denke ich: Na super, ich mache ja mal wieder einen super Eindruck, wenn ich die Einzige bin, die zu spät kommt. Irgendwann schau ich auf das Datum auf meinem Computer. Sonntag? Heute ist Sonntag?! Oh nein. Wie peinlich! Ich bin einen Tag zu früh dran! Wie konnte das nur passieren?! Ich versuche die Nachrichten zurückzurufen. Bei einer funktioniert es leider nicht mehr. Ich schreibe darauf aus der Not heraus eine witzige Mail mit dem Satz „Ich war wohl etwas zu früh dran". Ich versuche, es locker zu nehmen. Aber ganz ehrlich, es fällt mir nicht leicht, weil es Erinnerungen weckt an die erste Phase meiner Burnout-Erkrankung. Ich möchte trotz allem diesen „freien" Tag nun sinnvoll für mich nutzen. Es ist in einem gewissen Sinn ja nun ein „geschenkter" Tag. Ich werde das Beste daraus machen und gönne mir nun erstmal einen Kaffee.

„Merkst du eigentlich, wie oft du schon wieder die Formulierung „Ich muss,..." in den Mund nimmst?" fragt mich ein Kollege im freundschaftlichen Austausch. „Wie bitte?" dachte ich. „Konnte das wirklich stimmen?" In der anschliessenden Selbstreflexion merke ich, wie ich scheinbar unbemerkt schon wieder mit zunehmender Energie und Motivation damit begonnen habe, auch in meiner Freizeit alles durchzutakten und zu planen. Ja, ich möchte kreative Projekte voranbringen, meinen Hobbys nachgehen, endlich wieder ein normales Leben führen. Das gibt mir Energie und erfüllt mich mit Sinnhaftigkeit. Aber laufe ich damit nicht Gefahr, etwas von der Kraft des aktuellen Momentes zu verpassen? Dieser unbändige Wunsch nach Vorankommen bringt mich dazu, ständig in einer Gedanken-Blase zu verweilen, anstatt einfach mal gedanklich und innerlich zu entspannen und loszulasssen. Diese Erkenntnis sitzt tief und bringt mich wirklich ins Grübeln.

Eine Freundin fragt per Whatsapp: „Wann möchtest du dich treffen? Am Nachmittag um welche Zeit? In welchem Kaffee? Sollen wir noch einen Spaziergang anhängen oder gemeinsam im Anschluss was essen gehen?" So viele, eigentlich einfache und logische Fragen. Aber sie haben immer wieder die Tendenz, mich zu überfordern. So geht es mir z. B. auch mit dem Post öffnen oder Mails lesen.

Gefühlt will scheinbar jeder etwas von mir. Es ist immer noch so, dass es mir je nach Belastungslevel schwer fällt, solche alltäglichen Dinge sinnvoll und gut abgegrenzt zu verarbeiten oder eben, scheinbar belanglose Entscheidungen im Alltag vorausschauend zu treffen. Auch das gehört mit dazu, immer noch und ist oftmals ein guter Gradmesser um zu erkennen, wie es mir derzeit geht.

Ich bin Single und lerne gerade jemanden kennen. Auch das ist eine Herausforderung. Der Umgang mit neuen Situationen, mit Nähe und Distanz und die Frage, ab wann man jemanden mit der eigenen Burnout-Erkrankung konfrontieren soll. Ich habe Angst vor Vorurteilen. Ich rede ganz generell ungern über dieses Thema. Andererseits denke ich, dass es mir gut tun würde, jemanden an meiner Seite zu haben und wieder eine Partnerschaft zu führen. Eine Beziehung kann viel Sicherheit, Unterstützung, Liebe und eine wichtige Resonanz bieten. Und ich denke, die Wahrscheinlichkeit in eine Burnout-Erkrankung zu geraten, wäre geringer gewesen, wenn ich jemanden zu Hause gehabt hätte, der mir vielleicht hätte spiegeln können, dass etwas nicht stimmt und dass ich mich verändert habe. Vielleicht hätte ich dies jedoch zu Hause zu verbergen versucht. Ich weiß es nicht. Ich denke, das soziale Umfeld und der Umgang mit dem Kranksein, die subjektive Bewertung von einem selbst und im Familien- und Freundeskreis haben einen Einfluss. Ich bin auf jeden Fall dankbar für all die Menschen, die offen, achtsam und unvoreingenommen auf meine Burnout-Erkrankung reagieren und interessiert Fragen stellen, ohne vorschnell zu beurteilen. Mit jeder gut verlaufenen Offenbarung fühle ich mich leichter und stärker.

Der Wiedereinstieg gestaltet sich nach wie vor schwierig. Ich schaffe es nicht, wie vom Vertrauensarzt geplant, jeden Monat um zwanzig Stellenprozent aufzustocken. Oftmals überfordern mich schon zehn Stellenprozente und ich muss das Tempo auf unterschiedlichen Ebenen runterschrauben. In all dem bin ich sehr dankbar um die Unterstützung meiner Case-Managerin. Ich hätte es zu Beginn nicht gedacht, aber es hilft sehr, wenn man jemand Neutralen zum Reden und Reflektieren hat, der in schwierigen Situationen vermittelt und Grenzen und Chancen aufzeigen kann. Jemanden, der nicht emotional beteiligt ist und keine eigenen Interessen vertritt.

Ich fühle mich nach wie vor unsicher, da ich einfach nicht weiß, wie meine berufliche Zukunft aussehen wird. Wir stecken als Organisation in einem Change-Prozess und ich habe verständlicherweise Existenzängste. Ich bin der festen Überzeugung, dass ich in einigen Monaten wieder voll leistungsfähig sein werde. Aber ich bin halt immer noch nicht an diesem Punkt. Ich spüre einen gewissen Druck, mich neu beweisen zu müssen: mir selbst sowie meinem Umfeld und meinem Arbeitgeber gegenüber. Das ist nicht einfach auszuhalten. Meine Motivation zum Leisten und Produzieren schlummert immer noch in mir. Doch es ist schwierig, diese Energie dosiert auszuleben und nicht wieder über meine Grenzen zu gehen. Es ist, als ob ich in gewissen Bereichen neu und von Beginn weg laufen lernen müsste. Das Vertrauen in die eigenen Fähigkeiten hat Schaden genommen. Dies gehört mit zur Genesung – den eigenen Platz in der Gesellschaft wiederfinden und festen Boden unter den Füßen spüren.

Die Beziehung zu meiner neuen Vorgesetzten ist nach wie vor angespannt. Ich denke, der Wiedereingliederungsprozess und die lange Unklarheit über mein Befinden hat beide belastet und verunsichert. Da wir uns vor meiner Erkrankung noch nicht lange gekannt hatten infolge des Führungswechsels, fällt es wahrscheinlich beiden schwer, sich gegenseitig im Prozess richtig einzuschätzen und das Vertrauen aufzubauen. Das beeinflusst natürlich meinen Wiedereingliederungsprozess. Vorgesetzte tragen in diesem

Prozess eine entscheidende Rolle und Verantwortung. Führungspersonen, die unterstützen und Mut machen, sind sehr wichtig und hilfreich. Es geht darum, den Fokus auf das Gelingen und die vorhandenen Ressourcen zu legen, Geduld zu haben und Wertschätzung auszudrücken. Wenn jedoch das Vertrauensverhältnis stark verunsichert ist, unter anderem durch eine sehr lange Krankheitsphase, dann braucht es viel Offenheit und Wohlwollen im gegenseitigen Kontakt. Wenn zusätzlich starke Ängste, Befürchtungen und Leistungsdruck bei der/dem Betroffenen vorhanden sind oder das Vertrauensverhältnis zwischen Mitarbeiter/in und Führungsperson belastet ist, kann es Sinn machen, über einen Neuanfang nachzudenken und sich beruflich allenfalls neu zu orientieren. Ein Stellenwechsel kann eine Chance sein und helfen, die Identität „Ich bin krank" hinter sich zu lassen und einen Neuanfang in einer anderen Organisation und Rolle zu wagen. Dieser Schritt ist je nachdem mit viel Kraftaufwand und Verunsicherung verbunden. Ich weiss, ich möchte bleiben. Ich möchte zurück zu meinem Team. Auch wenn ich die Reaktionen meiner Vorgesetzten nicht immer nachvollziehen kann, möchte ich zuversichtlich und wohlwollend bleiben.

Ich verspüre große Verunsicherung – meine weitere innere Stimme, die aus der Erschöpfungsdepression entstanden ist, meldet sich zu Wort. Eine verstärkte zweifelnde Stimme, die ich nun neu erkenne und bewusst in die Schranken weisen kann. Nach der Reflexion mit meiner Therapeutin erkenne ich, dass diese innere Stimme mich meistens mehr lähmt und verängstigt, als dass sie mir nützt. Daher möchte ich einen neuen Umgang mit mir finden.

Ich begebe mich derzeit doch in einen Bewerbungsprozess. Das ist parallel zum Genesungsprozess sehr anstrengend und nervenaufreibend. Aber ich denke, es ist wichtig, dass ich mir mögliche Optionen offen halte und prüfe, wie sich die Option eines Stellenwechsels anfühlt. Auch wenn ich nach wie vor zurück zu meinem Team möchte. Schnell schlafe ich wieder unruhiger, habe Schweißausbrüche in der Nacht und mein Körper reagiert tagsüber direkt mit enormer Müdigkeit, erneuten Kopf- oder Muskel- und Gelenkschmerzen. Auch bin ich schnell überfordert in Beziehungen und habe erneut große Mühe, große und kleine Entscheidungen des Alltags zu treffen. Es zeigen sich Rückschritte in meiner Genesung, merke ich. Nur schon die Frage nach einem möglichen Stellenwechsel verschafft mir sofort schlaflose Nächte. Ich bin wohl noch nicht soweit. Es braucht einmal mehr Geduld und das Aushalten des Nicht-Wissens.

Ich übe mich darin, Dinge zu tun, die mich auf andere Gedanken bringen, mich zu mir selbst zurückholen, mir Mut machen und neues Selbstvertrauen geben. Als große Ressource habe ich das Saunieren für mich entdeckt. Ich kann dort in wenigen Minuten abschalten und meinen Körper wieder spüren. Spazieren und irgendwo in Ruhe einen Kaffee trinken gehen, die Energie der Stadt um mich spüren und dabei nicht wirklich Teil davon sein oder aktiv mit jemandem in Interaktion treten zu müssen, ein Buch lesen oder einen Blog-Post schreiben, eine Massage buchen, etc.. All diese Dinge tun mir im Alltag gut und ich integriere und plane sie wenn möglich regelmäßig ein. Meine Erfahrung hat gezeigt, dass ich sonst Gefahr laufe, diese zu „vergessen" und dann wieder „nur noch die Arbeit" im Fokus habe. Diese persönliche Tendenz macht mir Angst, auch wenn sie mich in meinem Leben über all die Jahre weit gebracht hat. Hier muss ich wohl lernen, mich vor mir selbst zu schützen.

Bildlich gesprochen – Langsam zurück ins Leben

5 Das Haus an der Küste – Langsam zurück ins Leben

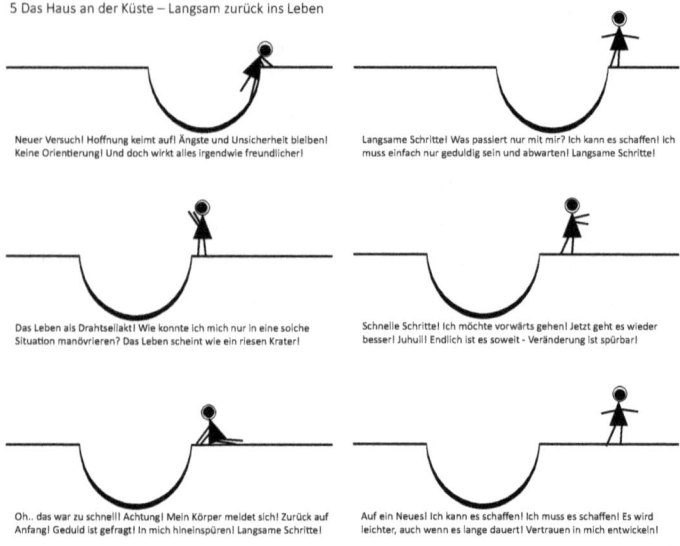

Neuer Versuch! Hoffnung keimt auf! Ängste und Unsicherheit bleiben! Keine Orientierung! Und doch wirkt alles irgendwie freundlicher!

Langsame Schritte! Was passiert nur mit mir? Ich kann es schaffen! Ich muss einfach nur geduldig sein und abwarten! Langsame Schritte!

Das Leben als Drahtseilakt! Wie konnte ich mich nur in eine solche Situation manövrieren? Das Leben scheint wie ein riesen Krater!

Schnelle Schritte! Ich möchte vorwärts gehen! Jetzt geht es wieder besser! Juhui! Endlich ist es soweit - Veränderung ist spürbar!

Oh.. das war zu schnell! Achtung! Mein Körper meldet sich! Zurück auf Anfang! Geduld ist gefragt! In mich hineinspüren! Langsame Schritte!

Auf ein Neues! Ich kann es schaffen! Ich muss es schaffen! Es wird leichter, auch wenn es lange dauert! Vertrauen in mich entwickeln!

Für (mögliche) Betroffene – Selbstreflexion und Resilienz lernen

Wie kommt man von wackligen Füßen auf einen stabilen Stand und Untergrund mit mehr Selbstsicherheit und Selbstvertrauen? Wie könnte das Fein-Tuning zurück in die Arbeitswelt genau aussehen? Wie schafft man es, mit persönlichen Rückschlägen gut umzugehen und daraus zu lernen? Was sind in all der Zeit realistische Erwartungen und wie kann man dabei eine positive Haltung und seine Motivation bewahren? Solche und andere Fragen werden in dieser nächsten, fünften Phase zentral, wenn es darum geht, wieder ins Arbeitsleben einzusteigen.

Bereits im vorhergehenden Kapitel habe ich immer wieder beschrieben, wie unsicher, verloren und ohnmächtig ich mich in so vielen Momenten in der Genesungsphase fühlte. Dies zog sich sehr lange hin und wurde durch die Planung und den Einstieg ins Arbeitsleben noch intensiviert. Zum Glück wurden die Unsicherheiten mit der Zeit doch merklich weniger und ich kann nicht genau sagen, wie sich die Gefühle zwischen Unsicherheit und Angst und Vorfreude und Tatendrang schlussendlich ausgeglichen haben. Es war irgendwann einfach der richtige Zeitpunkt und bis dahin versuchte ich, mich neuen Erfahrungen und Gedankenspielen zu stellen und zu sehen, was dadurch in mir ausgelöst wurde. Ich hatte nach wie vor keine andere Wahl, als einfach Schritt um Schritt weiterzugehen und zu lernen mit dem umzugehen, was sich in diesen neuen Situationen zeigte.

Ich kann dementsprechend leider nicht sagen, wie genau Sie diese Phase gestalten sollen, um an Ihr Ziel zu gelangen. Die Burnout-Erkrankung ist sehr individuell und so ist auch der Weg zurück sehr individuell zu gestalten und braucht schrittweise Anpassung im Prozess. Eben deshalb ist es sinnvoll, sich professionell von einem Therapeuten, Coach, Berater/in etc. begleiten zu lassen. Lange Zeit war für mich das eigentliche Ziel gar nicht wirklich sicht- oder fassbar und stand in Kontrast zu meinen Wünschen und je nach Situation unrealistischen Erwartungen. Ich konnte nur von Tag zu Tag leben und versuchen, mich am Gelingenden zu orientieren.

Für mich war es weiterhin zentral und überlebenswichtig, mich an meinen körperlichen Grenzen zu orientieren, mich auf meine inneren Bedürfnisse zu konzentrieren und mir dabei immer wieder ausreichend Raum und Zeit für die Selbstreflexion zu geben. Damit gelang es mir, mehr im Moment zu sein und mich mit dem zufrieden zu geben, was gerade möglich war, um dann kraftvoll nächste, kleine Schritte zu gehen. Es brauchte auch hier wieder in so vielen Momenten enorm viel Kraft und Geduld, um mit den inneren und äußeren Widerständen umzugehen und alle Eindrücke und Erlebnisse des Tages für mich einzuordnen. Mein Ziel war, eine möglichst realistische Sicht auf den Wiedereinstieg zu erlangen, welche eben auch Rückschläge und Stolpersteine beinhaltet. Dies erachtete ich als einen wichtigen Gelingensfaktor. Aber dafür brauchte es viel Vorbereitungszeit und ausreichend Verständnis und Achtsamkeit von meiner Seite.

Mit der Zeit stellte ich fest, dass ich mich, neben dem großen Respekt, den ich gegenüber dem Wiedereinstieg hatte, sehr auf die Rückkehr zu meinem Team und ins Arbeitsleben freute. Allerdings hatte ich nie die Erwartung, dass dies übermorgen der Fall sein musste. Ich war mittlerweile soweit, dass ich einfach mit Zuversicht darauf hoffte, dass die „richtigen" Gefühle und Entwicklungsschritte schon zur „rechten" Zeit auftauchen würden. Damit möchte ich sagen: Geben Sie sich Zeit und betrachten Sie wertfrei, was mit Ihnen und in Ihnen vor sich geht. Es wird die Zeit kommen, wo Sie einfach spüren, welches die nächsten Schritte sind! Geben Sie sich diese Zeit und den Raum, dies zu ergründen und abzuwarten, auch wenn es Ihnen oft schwerfallen mag.

Genauso wie sich eine Burnout-Erkrankung auf unterschiedliche Weise manifestiert, genauso unterschiedlich ist auch der Weg der Heilung. Was ich mit Sicherheit sagen kann ist, dass es viel länger dauerte, als ich angenommen hatte und dass es unendlich viel Geduld, Kraft und Verständnis von allen Beteiligten benötigt. Wenn Sie mehr und mehr aus dieser positiven Haltung des Annehmens und Akzeptierens heraus (re-)agieren können, dann haben Sie schon sehr viel erreicht und zur persönlichen Heilung beigetragen. Seien Sie also möglichst oft wertschätzend und liebevoll mit sich selbst und feiern Sie all die kleinen und großen Erfolge, welche Sie auf Ihrem Weg zurück bereits festgestellt und erreicht haben!

Vielleicht schaffen Sie es sogar, die Gefühle der Unsicherheit und des Nichtwissens als kraftvolle Wegbegleiter mit einzuladen und als positive Unterstützung anzusehen?! Unsicherheit kann im positiven Sinne dazu führen, dass wir genauer hinschauen und für uns nachprüfen, ob es auch wirklich für uns stimmt. Das Nichtwissen(-Können) bringt uns vielleicht näher hin zur Spiritualität und der Bewusstheit über das Begrenztsein als Mensch?! Beides sind Bereiche, die mir rückblickend und in Bezug auf meine (vergangene) Burnout-Erkrankung sehr viel Klarheit, Zuversicht und Kraft gespendet haben.

> Ich wünsche Ihnen nun von Herzen viel Kraft, Zuversicht und Flexibilität für den Weg zurück in eine farbenprächtigere (Arbeits-)Welt und einen bereichernden Alltag mit Ihrer Familie und Ihren Freunden! Es lohnt sich dranzubleiben. Sie können es schaffen! Orientieren Sie sich an dem, was Sie bereits erreicht haben. Jeder weitere Schritt ist ein Erfolg und bringt Sie näher an Ihr Ziel!

Für Angehörige, Freunde und MitarbeiterInnen – Systemdenken

Aufatmen, ohne den Respekt vor weiteren, möglichen Stolpersteinen und die Achtsamkeit im Prozess nicht zu verlieren? Wie kann man als Familie nun weitergehen? Wie entwickelt sich Sicherheit im Zusammenleben und neue Energie für die Gesundwerdung des Genesenden? Wo braucht es individuelle und/oder gemeinsame Verarbeitung und Zeit fürs Einordnen des Vergangenen? Wie kann diese Einordnung sinnvoll umgesetzt werden?

In dieser Phase V fühlt sich der/die Betroffene vielleicht schon wieder etwas zuversichtlicher und die Situation hat sich etwas stabilisiert. Allerdings sind immer noch viele Fragen offen. Fortschritte im Genesungsprozess werden zum Glück immer mehr sichtbar.

Die emotionale Loslösung von der Arbeitsstelle und von einschränkenden (Denk-, Gefühls- und Verhaltens-)Mustern gelingt immer besser und es fällt dem/der Betroffenen zunehmend leichter, sich abzugrenzen, seine/ihre Gefühle wahrzunehmen und seinen/ihren wahren Bedürfnissen zu folgen, sodass tiefgreifende Heilung stattfinden kann. Trotzdem ist diese Phase auch eine Art Testlauf. Der Wiedereinstieg in das alte oder ein neues Arbeitsumfeld steht bevor. Alte Ängste und Beschränkungen können wieder auftauchen. Und doch braucht es Mut und Offenheit für den Schritt nach vorn.

Sie als Angehörige, Freunde und Berufskollegen und -kolleginnen spielen in dieser Phase eine wichtige Rolle! Sie können eine wichtige Stütze sein und Zuversicht spenden. Trotzdem braucht es ausreichend Achtsamkeit, damit sich der/die Betroffene unterstützt und gleichzeitig in seiner/ihrer Autonomie gestärkt fühlt. Ich rate dazu, wenn immer möglich, vorgängig das Gespräch zu suchen, um Unterstützung anzubieten, aber auch um Bedürfnisse zu erfragen. Es kann sein, dass der/die Betroffene vieles mit sich alleine ausmachen möchte und die nötige Unterstützung anderweitig (z. B. durch Therapie, Coaching, Beratung, etc.) in Anspruch nimmt. Es kann trotzdem helfen, das Gespräch zu suchen und ein offenes, proaktives Beziehungsangebot zu machen und dadurch Wertschätzung und Präsenz zu zeigen. Auch jetzt ist ein geschützter, sicherer, wertfreier Raum für Austausch und Begegnung wichtig.

Es ist möglich, dass der/die Betroffene immer noch unter verschiedenen Symptomen wie Schlafstörungen,

Glieder-, Rücken- und/oder Kopfschmerzen, Erschöpfung, etc. leidet und diese phasenweise sogar wieder stärker auftreten. Dabei ist zu bedenken, dass die lange Pause und Abwesenheit vom Arbeitsleben natürlich Spuren hinterlassen hat und sich der ganze Organismus (körperlich und seelisch) wieder an die neuen Gegebenheiten und Ansprüche (Tempo, Tagesstruktur, Belastung, etc.) gewöhnen muss. Diese Umstellung und Anpassungsleistung gehört mit zur Genesungs- und Wiedereingliederungsphase. Totale Entspannung wäre hier also fehl am Platz, wobei Druck und Anspannung nach wie vor zu vermeiden sind. Ein Spannungsfeld, dass den Prozess wiederum anspruchsvoll macht und ausreichend Achtsamkeit, (Selbst-) Reflexion und Flexibilität aller Beteiligten erfordert.

Ein therapeutischer Arbeitsversuch, bei dem der/die Betroffene zwar vor Ort ist, aber noch keine wirkliche Leistung unter (Zeit-)Druck erbringen muss, kann ein sinnvoller, erster Schritt sein. Danach bietet sich ein schrittweiser Wiedereinstieg an. Auch eine Kombination von Arbeitsversuch und einem Leistungspensum ist möglich. Auch hier können Rückschläge und neue Herausforderungen auftauchen und das Leben des/der Betroffenen von neuem belasten. Zudem gibt es Personen, die direkt wieder mit einem höheren Arbeitspensum eingestiegen sind. Die Gestaltung des Wiedereinstiegs ist abhängig vom Befinden des Betroffenen, aber auch der Kontext, die Prognose, die persönlichen Umstände sowie die Vorgeschichte, die Möglichkeiten und Massnahmen am Arbeitsplatz, etc. haben Einfluss auf die erfolgreiche Umsetzung des beruflichen Wiedereinstiegs. Weiterhin sinnvoll ist daher eine Fortführung der therapeutischen Begleitung, auch wenn die Versuchung des/der Betroffenen groß ist, wieder auf eigenen Beinen stehen zu wollen und voll funktionstüchtig zu sein.

Hier braucht es viel Geduld, Achtsamkeit und Verständnis für das Erleben, Denken, Fühlen und Handeln des/der Betroffenen. Er/Sie muss seinen/ihren eigenen Weg finden und das kann für Aussenstehende manchmal eine sehr anspruchsvolle Situation darstellen. Ziel ist, die Autonomie (im Sinne der Definition aus der Transaktionsanalyse, vgl. Phase III - Das Meer – Genesung und Rückschläge), Selbstwirksamkeit und somit das Selbstvertrauen des/der Betroffenen zu stärken und mögliche Verunsicherungen wahrzunehmen und sinnvoll einzuordnen. Aufkommende Ängste und Rückschläge gehören sozusagen mit zum Weg der Heilung – das gilt es gemeinsam auszuhalten.

Das braucht von Ihnen als Angehörige, Freunde und Teammitglieder zeitweise viel Geduld, Offenheit und Verständnis. Es ist daher ratsam, dass Sie den direkten Austausch wagen und sich gegebenenfalls selbst Unterstützung mittels Beratung, Coaching, etc. holen. Es geht dabei um Sie und Ihre Bedürfnisse! Denken Sie daran, dass auch Sie als Teil des Systems wichtig sind und daher gut auf Ihre eigenen Kräften und Bedürfnisse achten sollten! Eine länger andauernde Krankheitsphase und ein teilweiser Wiedereinstieg ins Berufsleben kann von Ihnen als Familie und dem Team einiges abverlangen. Es ist wichtig, dass Sie diesen Gedanken und Gefühlen und einer allfälligen Überforderung Raum und Gehör geben und diese nicht einfach runterschlucken oder zu wenig ernst nehmen!

> Ich wünsche Ihnen viel Kraft und Zuversicht in dieser anspruchsvollen Anpassungs- und Findungsphase! Vergessen Sie nicht: Sie können nur eine kraftvolle Stütze sein, wenn Sie sich selbst ausreichend Sorge tragen. Auch für Sie gilt: Nehmen Sie sich und Ihre Bedürfnisse und Gefühle ernst und sprechen Sie wenn nötig aus, wie es Ihnen in der Situation geht. Holen auch Sie sich bei Bedarf Unterstützung durch eine Fachperson!

Für Führungskräfte – Cooperate/Social Responsibility

Es sind je nach Verlauf nun schon viele Monate vergangen, in denen Ihr/Ihre MitarbeiterIn ganz oder teilweise krankheitsbedingt abwesend war. Die Zeit scheint endlos und es ist möglich, dass sich immer noch nicht genau abzeichnet, wann und wie der Wiedereinstieg der/des Betroffenen aussehen soll. Das einzige, was Sie in dieser Phase tun können, ist abwarten, Geduld und Verständnis aufbringen und immer wieder einmal ein Zeichen der Solidarität, der Wertschätzung, des Vertrauens und der Anteilnahme senden.

Nach Bedarf des/der Betroffenen und in Anbetracht der betrieblichen Möglichkeiten startet ihr/e MitarbeiterIn mit einem therapeutischen Arbeitsversuch, welcher einige Wochen andauern kann. Der Vorteil ist, dass hier beide Seiten, Arbeitgeber und Arbeitnehmer, ohne Druck in Bezug auf Leistung und Zeit nach und nach schauen können, wie der Kontakt gelingt, welche Aufgaben sinnvoll erscheinen und wie der/die Betroffene mit der Verantwortungsübernahme und den steigenden Anforderungen von außen umgehen kann. Ich war selbst zuerst sehr skeptisch gegenüber einer solchen Umsetzung mittels therapeutischem Arbeitsversuch. Rückblickend muss ich aber sagen, dass ich schlussendlich selbst sehr froh um diese Möglichkeit des Einstiegs war. Denn die Phase der Abwesenheit kann sich ja sehr lange hinziehen, so dass es tatsächlich zu Beginn um eine Art gegenseitiges „Beschnuppern" und eine innere Anpassungsleistung bei dem/der Betroffenen und dem Umfeld geht. In der Folge ist es mit großer Wahrscheinlichkeit so, dass kleinschrittig das Pensum aufgestockt werden kann, zuerst mit zehn Stellenprozent, dann vielleicht mit zwanzig Stellenprozent, z. B. über je ein bis zwei Monate hinweg, bis der/die MitarbeiterIn wieder bei seinem/ihrem ursprünglichen Arbeitspensum angelangt ist, wenn das so vereinbart wurde. Die Phase der schrittweisen Pensenerhöhung, allenfalls in Kombination mit einem Arbeitsversuch, kann sich in die Länge ziehen und hängt von der Befindlichkeit des/der Betroffenen, sowie von den betrieblichen Gegebenheit (Anpassungsmöglichkeiten bezüglich Aufgaben, Arbeitsort, Arbeitszeit, etc.) und von der vorhandenen Flexibilität vor Ort ab. Es braucht also nochmals eine ordentliche Portion Geduld, Zuversicht, gegenseitiges Vertrauen und Durchhaltewillen von allen Beteiligten. Sie selbst können diese anspruchsvolle Zeit und Ihren/Ihre MitarbeiterIn vor allem darin unterstützen, dass Sie die gelingenden Dinge hervorheben, positive Aspekte ehrlich benennen und Erfolge aufzeigen. Meist ist die Selbstwahrnehmung infolge der großen Unsicherheit für den/die Betroffene/n immer noch erschwert, so dass er/sie froh sein wird, wenn Sie ihm diesbezüglich Unterstützung und eine Aussensicht bieten. Seien Sie zu Beginn noch nachsichtig und warten Sie mit zu viel Kritik, bis sich das Vertrauensverhältnis stabilisiert hat. Ich gehe davon aus, dass Ihr/Ihre MitarbeiterIn selbst schon genug kritisch mit sich sein wird. Es bleibt für Sie als Führungskraft also abzuwägen, wie das ehrliche Feedback aussehen soll und ob und wann es tatsächlich nötig und sinnvoll ist, wichtige Kritikpunkte anzusprechen. Es geht dabei nicht um übermässiges Schonen oder eine Sonderbehandlung, sondern darum, es dem/der Betroffenen nach der längeren und sehr verunsichernden Phase der Krankheit so einfach wie möglich zu machen, um wieder festen, sicheren Boden unter den Füssen zu erlangen. Im Idealfall hat das Case-Management ja bereits die Fallführung übernommen und dient in diesem Fall als Beratungs-, Vermittlungs- und Bindeglied im bevorstehenden oder bereits laufenden Prozess des Wiedereinstiegs.

Falls Sie noch keine Zeit dazu gefunden haben, wäre jetzt sicherlich ein guter Zeitpunkt, sich mit den Fakten rund um eine Burnout-Erkrankung zu befassen. Das wird Ihnen in der Kommunikation mit dem/der Betroffenen sicherlich weiterhelfen und das gemeinsame Vertrauen und Verständnis fördern. Je nach Persönlichkeit des/der Betroffenen und Kontext ist der Bedarf oder die Offenheit für einen persönlichen Austausch über das eigene Befinden eher gering. Nehmen Sie das nicht persönlich! Sie erinnern sich vielleicht, dass Burnout-Betroffene oftmals mit Scham- und Schuldgefühlen zu tun haben. Dies erschwert den sozialen Kontakt und offenen Austausch beträchtlich. Es macht daher Sinn, wenn Sie selbst zumindest ein wenig über die Faktenlage einer Burnout-Erkrankung Bescheid wissen und sich entsprechend informieren. Dies kann je nachdem als Türöffner für klärende Gespräche mit Ihrem/Ihrer MitarbeiterIn dienen.

Das Gelingen der Wiedereingliederung hängt aus meiner Sicht maßgeblich von Ihnen als Führungskraft ab. Die zentrale Frage ist, mit welcher Haltung Sie dem/der Betroffenen begegnen, welche Forderungen (ausgesprochen oder latent) Sie an die Person oder die Situation stellen, welche Anpassungen und Unterstützungsangebote Sie punkto Arbeitsplatz, Tätigkeiten, Zeitmanagement und Verantwortungsübernahme machen können, wie viel Wertschätzung und Vertrauen Sie dem/der Betroffenen gegenüber wieder entwickeln können, wie stark Sie der Person wieder zutrauen, sich mit den vorhandenen Gegebenheiten zurechtzufinden. All das trägt maßgeblich zum Gelingen der Wiederaufnahme der Arbeitstätigkeit des/der Betroffenen bei. Besonders hinderlich ist jeglicher Druck (z. B. Zeit, Leistung, Arbeitsumfang, Flexibilität, Teamarbeit, etc.) oder eine generell zu hoch gesteckte Erwartungshaltung. Es kann bei der Wiedereingliederung

Rückschläge und Stolpersteine geben! Eine realistische Erwartungshaltung beider Seiten trägt zum Gelingen bei und minimiert zudem den Druck auf alle Beteiligten. Umso wichtiger ist es daher, über Befürchtungen, Ängste, Gefühle von Enttäuschung, etc. und mögliche (herausfordernde) Szenarien und nächste Schritte ausreichend und sorgfältig zu reflektieren und möglichst im Voraus zusammen mit dem/der Betroffenen und dem Case-Management zu besprechen.

Nicht jedes Unternehmen kann es sich leisten, einen langen Wiedereingliederungsprozess zu ermöglichen und/oder einen therapeutischen Arbeitsversuch umzusetzen. Auch ist nicht in allen Unternehmen ein Case-Management eingerichtet. Umso mehr plädiere ich für eine aktive betriebliche Aufklärung und Prävention in Bezug auf eine mögliche Burnout-Erkrankung, denn beim Eintreten einer Burnout-Erkrankung ist das ganze System stark gefordert und die finanziellen Auswirkungen sind gravierend. Jegliche Bemühungen, eine Burnout-Erkrankung zu verhindern, lohnen sich im Hinblick auf unterschiedliche Ebenen. Eine Burnout-Erkrankung kann aber nicht immer verhindert werden, da die Zusammenhänge komplex und vielschichtig sind. Es braucht auf der einen Seite eine gesunde Abgrenzung und realistische Betrachtung der Thematik, andererseits ist Offenheit und Bereitschaft nötig, betroffene Personen wieder ins Berufsleben einzugliedern. Personen, die eine Burnout-Erkrankung erleben, sind meist sehr engagiert, diszipliniert und erfahren. Es lohnt sich also, diese Personen bei der Rückkehr ins Arbeitsleben aktiv zu unterstützen! Dazu braucht es in einer ersten Phase der Eingliederung angepasste und unterstützende Arbeitsbedingungen! Gleichzeitig ist es aus meiner Sicht legitim, die eigenen Sorgen, Ängste und (betrieblichen)

Grenzen sowie aufkommende Überforderungen als Arbeitgeber, Vorgesetze/r oder MitarbeiterIn offen mitzuteilen und in die Gestaltung des Wiedereingliederungsprozesses und bei notwendigen richtungsweisenden Entscheidungen miteinzubeziehen. Holen Sie sich wenn nötig professionelle Hilfe und Unterstützung mittels Coaching, Supervision, Case Management, etc.! Es ist nicht alleine Ihre Verantwortung als Führungskraft oder Organisation, dass eine Wiedereingliederungsmaßnahme tatsächlich gelingt. Hier darf sich der Arbeitgeber oder der/die Vorgesetzte aus meiner Sicht ausreichend abgrenzen, ohne dabei die Eigenverantwortung an andere abzuschieben oder diese zu vernachlässigen. Wenn es Ihnen gelingt, den Wiedereingliederungsprozess erfolgreich zu gestalten und das Ihrige dazu beizutragen, dann sehe ich darin sehr viele Chancen für die Team- und Persönlichkeitsentwicklung und zur Stärkung einer tragenden und wertschätzenden Organisations- und Führungskultur.

Burnout-Betroffene sind meist sehr engagierte, fachlich kompetente und gewissenhafte MitarbeiterInnen. Sie prägen ein Team mit ihrer hohen Motivation, ihrem Einsatz, aber auch mit ihren persönlichen Fähigkeiten. Gelingt es, diese Stärken und Ressourcen so in den Betrieb und das Team zu integrieren, dass ein unbemerkter Raubbau eines Einzelnen verhindert werden kann, so erscheint ein Burnout-Vorfall in neuem Licht und kann als „organisationaler Kick-Start" und als Chance für die Stärkung der organisationalen Gesundheit und Resilienz dienen und damit zu mehr Achtsamkeit, Vertrauen, gegenseitigem Verständnis und gelingender Kommunikation im Team führen.

Fakt ist, dass Burnout-Betroffene selbst oft nicht merken, was mit ihnen passiert. Dies gilt gegebenenfalls auch bei einem Wiedereinstieg, wenn sie erneut ins gleiche

Fahrwasser geraten. Die Rückfallrate ist dementsprechend hoch. Es braucht daher ausreichend Vorsicht, entsprechendes Fachwissen, gegenseitige Achtsamkeit und wenn möglich eine sachliche, subjektive Außensicht von Personen, die sich zutrauen, eben solche Thematiken direkt beim (möglichen) Betroffenen anzusprechen und ehrliches Feedback zu geben.

Wenn es Ihnen als Führungskraft gelingt, eine sichere, tragende Beziehung, basierend auf Vertrauen, Offenheit und Wertschätzung zu ihren MitarbeiterInnen aufzubauen, und Sie gleichzeitig auf das Thema Burnout und Resilienz sensibilisiert sind und bei einem Verdacht gezielt, bewusst und achtsam reagieren können, dann glaube ich, ist die Wahrscheinlichkeit sehr viel kleiner, dass ein Rückfall passiert oder ein/e weitere/r MitarbeiterIn an einem Burnout erkrankt.

Dieser Einsatz lohnt sich in jedem Fall, denn die Burnout-Erkrankung bringt wie gesagt eine lange Ausfall-, Krankheits- und Genesungsphase mit sich. Über die Aufklärung und das vertiefte Wissen zum Thema Burnout und Resilienz schützen Sie sich nicht nur selbst, sondern auch Ihre MitarbeiterInnen und stärken dadurch die Resilienz und das Wohlbefinden in der gesamten Organisation. Dies ist somit eine Investition, die sich nicht nur finanziell, sondern auch menschlich und organisationell auszahlt.

> Holen Sie sich wenn nötig selbst Unterstützung im Prozess der Wiedereingliederung und wenn Sie einmal unsicher werden sollten, kann nur schon der Blick auf das Gelingende und ausgedrückte Wertschätzung ein guter nächster Schritt und Türöffner für die Zusammenarbeit sein!

(Selbst-) Reflexion – Schritte zur Selbsterkenntnis

Für (mögliche) Betroffene

In Bezug auf eine Burnout-Erkrankung scheint mir ein weiteres Konzept aus der Transaktionsanalyse besonders hilfreich. Es geht dabei um die Grundeinstellung [1], auch OK-OK-Haltung oder Grundposition genannt, welche beschreibt, wie ich mir selbst, anderen und der Welt begegne. Dieses Konzept erscheint im ersten Moment vielleicht etwas trivial. Bei genauerer Betrachtung wird jedoch klar, wie schnell und unbemerkt wir im Alltag in eine Nicht-OK-Haltung (uns selbst oder anderen gegenüber) fallen und uns dabei selbst sabotieren und uns selbst oder andere abwerten.

Bei der OK-OK-Haltung gibt es vier Positionen:

+/+ Ich bin OK. Du bist OK.
+/− Ich bin OK. Du bist nicht OK.
−/+ Ich bin nicht OK. Du bist OK.
−/− Ich bin nicht OK. Du bist nicht OK.

Die OK-OK-Haltung ermöglicht autonomes Denken, Fühlen und Verhalten. Sie geht davon aus, dass beide Personen den Wert und die Würde als Menschen von Grund auf in sich tragen, unabhängig von Handlung oder Haltung. Mögliche Aussagen wären zum Beispiel: Ich akzeptiere mich so wie ich bin. Ich akzeptiere dich so wie du bist. Du hast deine Geschichte. Ich habe meine Geschichte. Ich bin es wert, geliebt zu werden. Du bist es wert, geliebt zu werden. Diese Überzeugungen und Aussagen beziehen sich auf das Wesen eines Menschen, aber nicht unbedingt auf das jeweilige Verhalten einer Person. Es kann sein, dass mir das, was jemand tut, nicht passt und ich das nicht akzeptieren kann oder möchte. Das darf/soll ich dann auch so kommunizieren. Dabei nehme ich im Idealfall eine respektvolle und wertschätzende Haltung mir selbst und der anderen Person gegenüber ein, was in der Kommunikation spürbar wird. Ich akzeptiere in der Begegnung, wer der/die andere als Person ist. Das Wesen als Mensch ist für mich in Ordnung, selbst wenn es das Verhalten vielleicht nicht ist. Ich stehe nicht über der Person und diese steht nicht über mir. Als Menschen begegnen wir uns auf der gleichen Ebene und kommunizieren und handeln auf Augenhöhe. Ich akzeptiere dabei, dass die Person ihre eigene Geschichte hat und dadurch geworden ist, wer sie heute ist. Ich akzeptiere ebenso meine eigene Geschichte, die mich zu der Person hat werden lassen, die ich heute bin. Ich gestehe mir eigene Bedürfnisse, Gefühle und Meinungen zu und ich gestehe meinem Gegenüber eigene Bedürfnisse, Gefühle und Meinungen zu. Und mit diesem Bewusstsein akzeptiere und wahre ich die vorhandenen Grenzen, meine eigenen, aber auch die der anderen Person. All diese Aussagen zeigen eine klare und wertschätzende OK-OK-Haltung. Eine Nicht-OK-Haltung wäre andererseits, wenn ich mich selbst verurteile oder klein mache (auch nur gedanklich) oder eben mein Gegenüber verbal oder gedanklich angreife, abwerte, ignoriere, ausgrenze oder verurteile.

Spannend ist hier, sich im Kontakt mit anderen selbst zu beobachten und mit der Zeit herauszufinden, welche Situationen einem eher zur Nicht-OK-Positionen (sich selbst oder anderen gegenüber) verleiten. Denn nur wenn wir aus einer „Ich bin OK - Du bist OK"-Position agieren, können wir aus unserer Kraft und Stärke heraus für uns selbst und unser Gegenüber gewinnbringend handeln und entscheiden. Leider ist es so, dass eine Nicht-OK-

Haltung oft unbemerkt eingenommen wird. Dies hat wiederum Einfluss darauf, wie wir anderen begegnen und wie achtsam und wertfrei wir z. B. zuhören und uns auf die Anliegen oder Perspektiven des Gegenübers einlassen können Eine Nicht-OK-Haltung hat Einfluss darauf, wie wir zu uns selbst, unserem Erleben und unseren Bedürfnissen und Ansichten stehen können, ohne dabei abwertend, irritierend, wütend oder konfrontativ auf das Gegenüber und dessen Ansichten zu reagieren.

Fragen zur Reflexion

- Können Sie mit den oben genannten Aussagen etwas anfangen? Wenn ja, welche sprechen Sie besonders an und warum? Wo gelingt es Ihnen, in einer OK-OK-Haltung auf Menschen zuzugehen? Wo, wann und bei welchen Personen fällt es Ihnen eher schwer?
- In welchen Situationen rutschen Sie eher in eine Nicht-OK-Position (Position der Minderwertigkeit) – sich selbst oder anderen gegenüber? Woran erkenne Sie das?
- Wie gelingt es Ihnen, sich Ihre eigenen Schwächen und Grenzen einzugestehen und trotzdem (oder gerade deshalb) eine OK-OK-Haltung einzunehmen?
- Wie stehen Sie zur Aussage, dass jeder Mensch Respekt und Wertschätzung verdient, unabhängig von seinen Leistungen, seinem Erfolg oder seinem Handeln? Begründen Sie Ihre Haltung!
- Was bedeutet es für Sie, Erfolg im Leben zu haben? Wie ist Ihre persönliche Definition von Erfolg, Glück und Wohlbefinden im Leben?
- Welche der vier Grundpositionen ist Ihre bevorzugte, wenn Sie in Stress geraten?

- Fühlen Sie sich in stressigen Situationen eher überlegen, unterlegen oder auf gleicher Ebene? Wodurch zeigt sich das bei Ihnen (im Verhalten, Denken, Fühlen)?
- Bei welchen Personen gelingt es Ihnen besonders gut, in der OK-OK-Position zu bleiben? Warum? Welche neue Perspektive oder Handlung (bezogen auf sich selbst) könnte das verändern oder abschwächen?
- Bei welchen Personen fällt es Ihnen besonders schwer, in der OK-OK-Position zu bleiben? Warum? Welche neue Perspektive oder Handlung (bezogen auf sich selbst) könnte das verändern oder abschwächen?
- In welchen Situationen nehmen Sie eine „Ich bin nicht OK-Position" ein? Woran zeigt sich das? Welche neue Perspektive oder Handlung könnte das verändern oder abschwächen?
- Welche Position haben Ihre Mutter/Ihr Vater häufig eingenommen? Dies bezogen auf sich selbst und/oder Ihnen gegenüber? Wie hat sich das in stressigen Situationen gezeigt und/oder verändert? Welche Veränderung/Einsicht/Handlung hätte Ihren Eltern bzw. Ihnen gut getan? Was hätte dies verändert?
- Aus welcher OK-Position wurde Ihnen häufig als Kind begegnet? Wie hat sich das gezeigt? Welche Schlüsse haben Sie daraus als Kind gezogen? Wo wäre es heute wichtig (bezogen auf Ihre Gesundheit und Ihr Wohlbefinden), sich davon zu distanzieren und neue Wege zu gehen?
- Inwiefern prägt Sie diese Erfahrung als Kind in der gegenseitigen Begegnung mit Menschen/Vorgesetzten allenfalls noch heute? Wo wäre eine neue Perspektive oder Erfahrung hilfreich, um neue Wege zu gehen?
- Haben Sie allenfalls eine bestimmte Erwartungshaltung, wie jemand Ihnen meistens begegnen wird? Inwiefern beeinflussen Sie durch Ihr Handeln/Auftreten die Be-

gegnung mit Ihrem Gegenüber? Wo bräuchte es allenfalls eine andere Herangehensweise? Wie würde diese Ihr Verhalten bzw. das Verhalten Ihres Gegenübers verändern?
- In welchen Situationen (beruflich oder privat) könnten Sie allenfalls eine neue, positive Haltung einnehmen? Wie könnten Sie sich einmal ganz anders verhalten? Welche Auswirkungen hätte das wohl auf Sie und auf Ihr Gegenüber und die Situation?

Gerade bei einer Burnout-Erkrankung, wie auch sonst im Leben, ist es wichtig, dass ich mir selbst aus einer OK-OK-Haltung begegne. Heilung kann nur geschehen, wenn ich mir erlaube, eine OK-OK-Haltung einzunehmen. Nur so kann ich mir selbst und meinen Bedürfnissen ausreichend Sorge tragen.

Erlaubnisse (Schlegel 2002) sind ein weiteres Konzept aus der Transaktionsanalyse, welches uns hilft, mehr und mehr in die Autonomie zu gelangen. Dieses Konzept wurde von Pat Crossman [2] genauer erläutert und beschrieben. Erlaubnisse wurden in der Kindheit nicht oder nicht ausreichend von den Eltern oder Bezugspersonen ausgesprochen. Als Erwachsene können wir uns diese später selbst erteilen. Erlaubnisse dienen dazu, dem Menschen Türen zu öffnen, um neue Wege zu gehen und neue, positive Erfahrungen machen zu können, welche die eigene OK-OK-Haltung stärken, die eigene Perspektive erweitern und neue Erfahrungen und Betrachtungsweisen zulassen und ermöglichen. So gibt es zum Beispiel für jeden der fünf Antreiber (vgl. Phase VI - Der Leuchtturm – Einordnen der Unsicherheit), welche auf eine Nicht-OK-Haltung sich selbst gegenüber deuten, ein Gegenmittel, welches als Erlaubnis bezeichnet wird.

Sei perfekt!	Du bist gut, genauso wie du bist!
Mach es anderen recht!	Du darfst es dir selbst recht machen!
Sei stark!	Du darfst schwach sein, deine Bedürfnisse spüren und ausdrücken.
Streng dich an!	Tu es wie du es kannst! Du darfst dich entspannen!
Beeil dich!	Nimm dir die Zeit, die du brauchst.

Folgende Fragen können Ihnen bei der Entdeckung von möglichen Erlaubnissen helfen

- Wo in Ihrem Leben brauchen Sie eine Erlaubnis für Veränderung?
- Welche Erlaubnis würde Ihnen in Bezug auf Ihre Gesundheit und Resilienz gut tun?
- Was hält Sie davon ab, sich als Erwachsene eben diese Erlaubnisse zu geben, auch wenn Sie diese als Kind vielleicht nicht von Ihren Eltern bekommen haben?
- Was brauchen Sie, um sich eben diese Erlaubnisse im Hier und Jetzt zu geben?
- Wie könnten diesbezüglich nächste, sinnvolle Schritte in Richtung Autonomie aussehen? Welchen nächsten kleinen Schritt setzen Sie schon morgen um?

Für Führungskräfte – mit Blick auf die Organisation

Auch für den Blick auf Ihre Organisation ergeben sich daraus spannende Fragen für die Reflexion

- Welche der vier Grundpositionen ist Ihre bevorzugte (welche Sie mehrheitlich einnehmen) als Führungskraft? Wie verändert sich diese, wenn Sie in Stress geraten?

- Welche Grundposition nehmen Sie ein, wenn ein/e bestimmte/r MitarbeiterIn mit einem Problem oder Anliegen zu Ihnen kommt? Gibt es MitarbeiterInnen, die bei Ihnen eher eine Nicht-OK-Position auslösen?
- Welchen Personen begegnen Sie aus welcher Position heraus? Machen Sie eine Analyse Ihres Teams und schreiben Sie zu jeder Person Ihre entsprechende OK-Position auf. Was fällt Ihnen auf?
- Ergänzen Sie nun die Liste mit den OK-OK-Positionen, die Sie bei den anderen Personen vermuten! Was fällt Ihnen auf?
- Bei welchen Personen würden Sie gerne eine Veränderung in der OK-OK-Position herbeiführen? Wie müsste sich Ihre OK-Position verändern, damit das möglich wird? Wie könnte es Ihnen gelingen, die betreffenden Personen zur Veränderung zu ermutigen, ohne dabei grenzüberschreitend zu handeln? Wie könnten Sie auf positive Art und Weise eine Stärkung der Autonomie der betreffenden Person unterstützen?
- Welche der vier Positionen ist in Ihrer Organisation vorherrschend? Welche Gründe gibt es dafür?
- Wie verändert sich diese, wenn Sie oder das Team in Stress geraten? Gibt es dann eine Lieblingsposition oder gelingt es Ihnen, die OK-OK-Position zu behalten?
- Wie könnte die generelle Haltung in Ihrem Team verbessert/verändert werden? Welche nächsten Schritte wären dazu notwendig?
- Was bräuchte es in Ihrem Team, um die Bewusstheit bezüglich gegenseitiger wertschätzender Haltung in der Kommunikation zu schärfen? Welche nächsten Schritte wären dazu sinnvoll? Wie könnten Sie ihr Team an die Wichtigkeit und den Einfluss der OK-OK-Haltung heranführen?

- Welche Erlaubnisse würden Ihnen als Führungskraft gut tun und Ihnen zu mehr Autonomie und Selbstwirksamkeit verhelfen? Welche nächsten Schritte wären dazu notwendig?
- Welche Erlaubnis würde Ihrem Team gut tun und diesem zu mehr Autonomie und Selbstwirksamkeit verhelfen? Welche nächsten Schritte wären dazu sinnvoll?

Literatur

1. Schlegel, L. (2002). *Handwörterbuch der Transaktionsanalyse* (2. Aufl., S. 91–95). Herder Verlag.
2. Schlegel, L. (2002). *Handwörterbuch der Transaktionsanalyse* (2. Aufl., S. 63–64). Herder Verlag.

Phase VI – Der Leuchtturm – Einordnen der Unsicherheit

Zusammenfassung In dieser Phase wird es zunehmend leichter, die Kräfte und die Lebensenergie kommen mehr und mehr zurück. Das Vertrauen in den eigenen Körper und die eigene Person wächst. Der Blick aus der Ferne, aus sicherem Abstand hilft, neue Perspektiven zu erlangen. Die Kraft und der Mut fürs Gestalten und Wirken nehmen zu. Doch es ist immer noch nicht ganz überstanden und Heilung braucht Zeit. Hier wird klar, wie ausdauernd und langwierig die Burnout-Erkrankung sein kann und wie viel es braucht, um sich den Weg zurück in ein gesundes Leben zurück zu erobern. Die Theorien zu den Antreibern und Einschärfungen scheinen im ersten Moment vielleicht etwas ernüchternd oder sogar einengend. Mit der Vertiefung kommen aber Ressourcen und Einsichten zum Vorschein, die eine neue, wertfreie Betrachtung ermöglichen. Dies ist die Vorbereitung auf neue, unbekannte Wege und Entdeckungen. Der Weg nach vorn ist frei und offen und lässt beim Betrachter abermals neue Kraft, Hoffnung und Zuversicht aufkeimen.

Der Leuchtturm

Ein wunderbarer Ort, um sich zu orientieren und in alle Himmelsrichtungen zu blicken. Zwar war der Aufstieg anstrengend. Das Sich-auf-den-Weg-Machen erforderte Mut und Energie. Trotzdem bin ich froh, nun endlich hier zu sein. Was für eine Aussicht! Ich fühle mich frei! Dieser Ort, an dem kaum je ein Mensch hinkommt, ist wunderschön. Der Turm, der nur für wenige zugänglich ist. Ich habe es geschafft. Ich habe die Katastrophe überlebt. Ich bin ein anderer Mensch geworden. Reicher an Erfahrungen. Geprägt und neu erfunden. Ein zweites Leben wurde mir geschenkt. Nun begreife ich, dass ich aktiv gestalten kann. Dass nichts und niemand mir vorschreiben kann, wie ich mein Leben zu leben habe. Dass ich für mich herausfinden darf, in welche Richtung es gehen soll und wo ich mein Glück finden möchte. Und zu jeder Zeit kann ich mich neu ausrichten, den Fokus anders setzen. Ich entscheide, wohin der Lichtkegel scheinen soll. Ich entscheide. Ich finde meinen Weg zwischen Einsamkeit und Kontakt zur Außenwelt. Ich habe die Wahl. Ich kann Menschen in mein Leben einladen, wenn ich will. Es ist aber auch legitim, für mich zu bleiben und abzuwarten. Den Moment zu genießen. In alle Himmelsrichtungen zu blicken und gespannt darauf zu warten, dass ein Schiff am Horizont auftaucht. Ich darf an Ort und Stelle stehen oder mich auf neue Wege begeben. Gerade so, wie es mir beliebt. Ich darf emporsteigen, mich zurückziehen oder ins nahe gelegene Dorf reisen. Ich darf spüren, prüfen und mich neu ausrichten, ohne Druck oder dem Zwang, mich jemandem anpassen zu müssen. Ich darf mich verlieren und wiederfinden, im Wissen, dass sich das Licht auf dem Leuchtturm immer weiter drehen wird. Dieser Orientierungspunkt bleibt und ist sichtbar auch im größten Unwetter. Ich bin in Sicherheit und behalte die Orientierung. Ich bin ich und das ist gut so. Ich habe wieder neue Kraft und strecke meine Fühler aus. Es braucht noch etwas Mut. Ich gehe schrittweise voran und wage es immer mehr, meinem Herzen zu folgen. Mein Vertrauen in die Welt und in mich nimmt täglich zu und ich traue mich immer mehr, meine Träume aktiv zu gestalten und in die Tat umzusetzen. Schrittweise. Ohne Überforderung. Das Leben gewinnt an Sinn. Ich fühle mich wirkungsvoll. Ich freue mich auf das, was kommt. Ich bin glücklich.

Meine Geschichte – wieder Sonne und Wind im Gesicht spüren

Die Aufstockung von sechzig Stellenprozent vor gut einem Monat auf nun bereits achtzig Stellenprozent war abermals ein kleiner Meilenstein für mich. Ich merkte, dass mich die Vorstellung, bald wieder vier Tage pro Woche im Einsatz stehen zu müssen, mit großer Angst und Besorgnis erfüllte. Gleichzeitig freute ich mich sehr darauf, denn in der Planung ging es schrittweise vorwärts in Richtung Rückkehr zu meinem Team und meinen ursprünglichen Führungsaufgaben.

In dieser Zeit hatte ich das Bedürfnis und den Mut, mehr und mehr meine Familienangehörigen bezüglich meiner Erkrankung einzuweihen. Ich gestaltete diesen Begegnungsraum immer noch sehr achtsam und setzte mir keine Deadline, bis wann ich wen eingeweiht haben wollte. Aber ich merkte, dass mit jeder positiven Reaktion mein Mut und meine Zuversicht zunahmen und ich mich daran gewöhnte, über meine Schwächen und das Erlebte zu reden, ohne mich dabei schwach, schuldig oder unzulänglich zu fühlen. Dies gelang mir nicht immer, aber ich wurde routinierter, mit den aufkommenden Gefühlen und allenfalls Selbstzweifeln im Nachhinein sinnvoll umzugehen, so dass sie mich nicht mehr so lange belasteten und Energie raubten.

Ich hatte mir mit der Zeit eine klare Tagesroutine ausgearbeitet, die mir half, mich zu stabilisieren und mir und meiner Gesundheit achtsam Sorge zu tragen. Zu Beginn fühlte sich das noch etwas versteift an. Ich startete zum Beispiel direkt morgens mit Meditieren und konnte nur schlecht damit umgehen, wenn ich dies nicht wie geplant umsetzen konnte. Sport integrierte ich immer noch mehrmals wöchentlich in meinen Alltag. Daneben hatte ich es mir angewöhnt, am Abend vom Büro zu mir nach Hause zu Fuß zu gehen. Am Wochenende ging ich oft wandern. Weiterhin versuchte ich das Schreiben in meine Freizeit zu integrieren. Es war meine Art, mich auszudrücken, Dinge für mich gedanklich einzuordnen und kreativ zu sein. Ich hatte mit der Zeit kaum mehr Tage, an denen ich völlig neben mir stand und meine Zukunftspläne gefühlt den Bach runtergingen.

Ich achtete wieder bewusster darauf, dass ich sozialen Kontakt als Ressource und willkommene Pause in meinem Alltag einbauen konnte. Das konnte am Nachmittag einmal ein Telefonanruf sein oder ein Treffen mit einer Freundin zum Kaffee oder ein gemeinsamer Spaziergang. Solche Begegnungen schätzte ich wieder sehr. Ich konnte hier bewusst an meiner Wahrnehmung arbeiten und lernen, meine körperlichen Signale während des „Im-Kontakt-Seins" besser zu lesen. Es gelang mir nun besser, meine Körpersignale und -empfindungen bewusst als Orientierung in meiner Wahrnehmung und meinem (Er-)Leben einzubauen. In den ersten Phasen des Burnouts war das noch gänzlich unmöglich, weil ich mich da gar nicht wirklich spürte oder meine Bedürfnisse nicht wahrnehmen konnte.

Mit der Zeit passte ich gewisse Routinen an oder verschob sie im Tagesverlauf. Gesunde Ernährung war mir schon immer wichtig und ich integrierte dabei das Intervall-Fasten in meinen Alltag. Phasenweise meditierte ich nach wie vor täglich, jedoch zu unterschiedlichen Zeiten. Dieser Wechsel stellte mit der Zeit weniger ein Problem dar, wobei ich sehr darauf bedacht war, nicht wieder ins gleiche Fahrwasser wie vor der Burnout-Erkrankung zu geraten. Ich trieb mehrmals die Woche Sport. Ich trank ausreichend Flüssigkeit und versorgte meinen Körper mit ausreichend Elektrolyten und Mineralien. Ich nahm mir bewusst und regelmäßig Zeit für mich und das „Einfach-Sein". Ich folgte bewusst guten Gedanken und konzentrierte mich auf das Positive. Ich ließ mich immer weniger von Selbstzweifeln aus dem Konzept bringen. Ich schrieb regelmäßig Tagebuch und notierte mir abends bewusst drei Dinge, für die ich dankbar war. Das tönt alles vielleicht etwas banal und überstrukturiert, aber in der Summe half es mir, in den schwierigen Zeiten das Gelingende im Blick zu behalten. Es gab mir das Gefühl von Kontrolle und Orientierung. Ich erinnere mich noch genau, wie zu Beginn meiner Burnout-Erkrankug nur schon das Ein- und Ausführen dieser einzelnen, scheinbar banalen Routinen ein Kraftakt für mich war. Neu arbeitete ich ja nun achzig Stellenprozent. Das forderte mich zusätzlich heraus, gewisse Routinen anzupassen oder flexibler umzusetzen. Mit der Zeit gelang mir das aber immer besser.

Neu war ebenfalls, dass ich immer besser gelernt hatte, auf mein Bauchgefühl zu hören und meiner Intuition zu folgen. Dies war nicht nur im privaten Bereich, sondern auch bei der Arbeit als Schulleiterin von Vorteil. Es führte dazu, dass ich mehr und mehr bei mir ankommen konnte und darauf vertraute, dass ich die nötigen Antworten zu gegebener Zeit finden würde. Ich folgte täglich so gut wie möglich meinem Herzen und hört in mich hinein, um meine Bedürfnisse nicht ausser Acht zu lassen. Das brauchte je nach Situation und Entscheidung immer noch eine große Portion Mut, Achtsamkeit und Selbstvertrauen. Aber auch hier war ich auf gutem Wege und merkte mit jedem kleinen Schritt, mit jedem weiteren Erfolgserlebnis, dass ich auf dem richtigen Weg war.

Punkto Entscheidungen konnte ich eine neue Art der Leichtigkeit in mein Leben integrieren. Ich musste nicht alle Antworten sofort kennen und ich wusste mittlerweile, dass es oftmals kein Richtig oder Falsch gab. Das nahm den Druck etwas von mir. Die Arbeit mit inneren Anteilen aus der Gesprächstherapie verhalf mir zudem, meine kritischen Stimmen richtig einzuordnen. Ich kannte aus meiner Jugend sowohl eine selbstsichere, mutmachende innere Stimme, aber auch eine sehr kritische, unsichere Stimme. Aus der Burnout-Erkrankung hatte sich neu noch eine dritte, besonders kritische und verunsichernde Stimme entwickelt, die mir andauernd vor Augen hielt, dass ich mir auf keinen Fall mehr trauen konnte. Schliesslich hatte ich ja die Entfremdung im Rahmen der Burnout-Erkrankung nicht erkannt und war geradewegs in mein Unglück gerannt. Erst als ich diese innere, dritte Stimme und deren Ursprung infolge meiner Erkrankung realisierte und richtig einordnen konnte, war es mir möglich, relativierender in Situationen der Unsicherheit zu reagieren und diese Stimme in die Schranken zu weisen. Das war ein weiterer Durchbruch für mich! Ich schaffte es insgesamt immer besser, mir und meinen Fähigkeiten und Kompetenzen wieder zu vertrauen. Wenn ich in stressigen Situationen doch einmal dazu tendierte, dass diese kritische Stimme Überhand zu nehmen drohte, konnte ich bewusst kurz eine Pause machen, durchatmen, mir gut zureden und plötzlich funktionierte mein sachliches Denken wieder und ich fand ohne große Schwierigkeiten die Lösungen für meine Probleme. Je mehr ich diesen negativen Gedanken-Kreislauf erkennen und in der Situation durchbrechen konnte, umso schneller fand ich wieder zu mir und meinem Selbstvertrauen und meinen vorhandenen Fähigkeiten zurück. Dies wirkte sich auf alle Lebensbereiche sehr positiv aus und stärkte mich und mein Selbstvertrauen sehr.

Burnout Diary -Blitzlichter

„Burnout ist wie ein Schlag vor den Bug, der dich aus deinem Leben herausreißt. In der Folge musst du dich mit den Konsequenzen und mit dir selbst intensiv auseinandersetzen. Deine Manövrierfähigkeit verbessern. Den Schaden am Schiff beheben. Dich für den Moment einfach treiben lassen. Das Ausgeliefert-Sein aushalten. Dem Meer die Kontrolle überlassen, bis der Bug repariert ist. Erst im Einklang mit den Gezeiten ist es möglich, wieder Fahrt aufzunehmen und deinen Weg und deine Bestimmung zu finden."
Rebecca Petersen

Ich fühle mich besser. Viel besser als noch vor ein paar Monaten. Zum Glück! Es geht aufwärts. Und das ist nicht nur eine Vorahnung, sondern es zeigen sich immer mehr merkliche, kleine Anzeichen. Allerdings bleiben so viele intensive Erinnerungen bestehen. Das Gute ist, dass ich zumindest schon wieder mehr Kontakt mit Freunden habe. Es fällt mir zwar immer noch leichter im Einzel-Kontakt zu sein als in einer Gruppe, aber das ist ok. Ich kann die Zeit mit Freunden tatsächlich wieder genießen und fühle mich nicht mehr bedroht oder so gestresst, so dass ich gar nicht richtig präsent sein und zuhören kann oder den Kontakt zu mir und meinen Bedürfnissen verliere. Das ist ein großer Fortschritt.

Ich schaffe das. Das Arbeiten an den unterschiedlichen Projekten gelingt mir gut. Ich leiste viel und erhalte ab und zu ein Lob meiner neuen Chefin. Das ist ein Fortschritt. Zudem freue ich mich so sehr darauf, bald wieder mit meinem Team arbeiten zu können. Die Vorbereitungen für die Übergabe mit meiner Stellvertretung laufen. Ich bin zwar etwas nervös, weil das ein wichtiger nächster Schritt ist und ich jetzt nicht genau sagen kann, wie es herauskommen wird. Aber ich bin zuversichtlich. Ich werde das schaffen!

Heute ist es wieder soweit. Ich treffe mich mit einer Freundin auf einen Spaziergang. Ich freue mich darauf. Das Treffen läuft gut und ich komme fröhlich und gestärkt nach Hause, auch wenn ich vom Austausch und all den Eindrücken noch etwas müde bin und mich jetzt erholen muss. Ich achte wieder bewusster darauf, dass ich sozialen Kontakt als Ressource in meinem Alltag einbauen kann. Und wenn es nur ein Telefonat oder eine Whatsapp-Nachricht ist. Mir ist es gelungen, bewusst an meiner Wahrnehmung zu arbeiten und zu lernen, meine körperlichen Signale während des „Im-Kontakt-Seins" besser zu lesen. Es gelingt mir nun besser, mein Körperempfinden bewusst als Orientierung in mein Leben einzubauen. In den ersten Phasen des Burnouts war das nicht möglich. Soziale Kontakte stellten damals für mich eine Belastung und Stresssituation dar.

Ich vollziehe gerade einen absoluten Richtungswechsel in meinem Leben. Ich folge täglich so gut wie möglich meinem Herzen. Das braucht je nach Situation und Entscheidung einiges an Mut und Selbstvertrauen. Aber es funktioniert immer besser. Diese Fähigkeit, in Verbindung zu meiner inneren Weisheit zu sein, möchte ich kontinuierlich aufbauen und stärken! Gefühlt war ich meinem Glück, meiner Zufriedenheit und meinem Wohlbefinden wohl noch nie näher als heute. Das stimmt mich positiv! Ich muss nicht alle Antworten jetzt schon haben. Ich darf Kontrolle abgeben. Ich darf kleine Schritte gehen und merke mit jedem nächsten, wie die Energie und Motivation zurück in mein Erleben fließt. Vielleicht stelle ich mir genau so das „Geist-Einhauchen" vor, das im spirituellen Kontext oft gebraucht wird. Ich bin christlich aufgewachsen, was mir den Zugang zum Spirituellen sicher in vielen Momenten vereinfacht hat. In so vielen Phasen meiner Burnout-Erkrankung möchte ich immer noch mit dem Kopf durch die Wand. Dann lerne ich auf die harte Tour, dass das nicht (mehr) funktioniert, weil mein Körper streikt und mir Grenzen setzt. Ich bin also dazu gezwungen, neue und andere Strategien auszuprobieren. In den Momenten, in denen es mir gelingt, Schwäche zuzulassen und mich ganz dem Moment hinzugeben, spüre ich diese Kraft und Weisheit in mir, als Kontrast zu der Unsicherheit und den immer wieder aufkommenden Ängsten und Selbstzweifeln. Beides darf sein. Ganz zu Beginn sind dieses Gefühl und die Zuversicht fast unmerklich wahrnehmbar und doch spüre ich in mir ein aufkeimendes Vertrauen, dass ich getragen bin, ohne es intellektuell einordnen oder verstehen zu müssen. In eben diesem Moment, wo ich loslassen kann und es zulasse, wird dieses Gefühl des „Getragen-Seins" umso stärker. Die innere Weisheit, wie ich sie gerne bezeichne – das gute, wohlige Gefühl in mir, das nur schwer zu beschreiben ist. Wir alle kennen es und tragen es in uns! Wenn wir uns nur erlauben, in uns hineinzuhorchen und dann die Gedanken und Erklärungsversuche für einmal einfach loslassen.

Die Arbeit macht mir Freude. Ich bin immer noch am schrittweisen Aufbau und das ist nach wie vor oftmals eine große Herausforderung. Es ist sehr frustrierend und ernüchternd zu erleben, wie wenig Energie ich zeitweise habe, wie schnell mein Körper auf Überlastung oder aufwühlende Themen oder Begegnungen reagiert und dann gleich der Schlaf oder der Rücken wieder in Mitleidenschaft gezogen wird. Andererseits kann ich langsam aber sicher akzeptieren, dass ich nach wie vor Geduld haben muss und nicht alles kontrollieren kann! Dabei hilft mir der Austausch mit meinen Schulleitungskollegen. Ich merke, dass sie mit ähnlichen Problemen kämpfen, oftmals selbst überlastet sind und dass gewisse Strukturen nicht ideal sind. Zum besseren Verständnis: Die Organisation befindet sich in einem mehrjährigen Change-Prozess. Die Integrationssettings der SchülerInnen werden in Zukunft von der Regelschule geführt. Das ist im Sinne der Integration ein guter und wichtiger Schritt und ich freue mich über diese Entwicklung! Die Regelschule schafft für diese neue Zuständigkeit und Aufgabe eine Vollzeitstelle. Auch das macht im Umsetzungsprozess durchaus Sinn! Andererseits ist es für mich ernüchternd, da ich realisiere, dass ich in den letzten sechs Jahren den Arbeitsinhalt von zwei Vollzeitstellen übernommen habe. Ist es da ein Wunder, dass ich in eine Burnout-Erkrankung geraten bin?!

Ein weiterer Besuch beim Vertrauensarzt steht bevor, obwohl ich schon fast wieder bei meinem ursprünglichen Arbeitspensum angelangt bin. Das irritiert mich im ersten Moment! Aber irgendwie verstehe ich es, dass mein Arbeitgeber von einer neutralen Person erneut wissen möchte, wo ich stehe und wie es mir geht. Zu Beginn des Gesprächs bin ich noch etwas unsicher. Schnell fasse ich jedoch Vertrauen zur Ärztin. Das hat auch damit zu tun, dass es mir insgesamt wieder besser geht. Es fällt mir leichter, im sozialen Austausch zu sein. Ich bin ehrlich und offen! Ich erzähle all das, was mir wichtig erscheint, versuche einen guten Gesamtüberblick von Anfang bis zum jetzigen Moment zu geben. Die Vertrauensärztin fragt dort nach, wo sie es für wichtig hält. Sie macht mir Mut, ist wertschätzend und offen. Konfrontiert mich ab und an mit ihrer Wahrnehmung und Einschätzung. Das schätze ich wirklich sehr, da es mir neue Hinweise und Inputs für die Selbstreflexion gibt. Die Ärztin macht sich im Gespräch viele Notizen und doch habe ich den Eindruck, dass wir gut im Kontakt sind. Ich bin selbst verblüfft über den langen, steinigen Weg, den ich hinter mir habe und hier ausführlich erzähle. Ich denke, ich kann wirklich stolz auf mich sein! Und doch fühle ich nach wie vor diese Unsicherheit. Ich kann selbst einfach noch nicht wirklich abschätzen, was alles auf mich zukommen wird. Ich habe immer noch große Hürden zu nehmen, Dinge, die mich täglich herausfordern oder stark ermüden. Ich habe noch nicht absolutes Vertrauen in mich und meinen Körper zurückerlangt. Es ist aus meiner Sicht immer noch möglich, dass alles anders kommt, als ich es geplant habe. Ich bin daher äußerst vorsichtig. Ich möchte mich vor unrealistischen Hoffnungen und Enttäuschungen schützen. Ich bleibe wachsam, mir selbst und meiner Umwelt, gegenüber. Das scheint mir der sicherste Weg zu sein.

Bildlich gesprochen – Neues entsteht

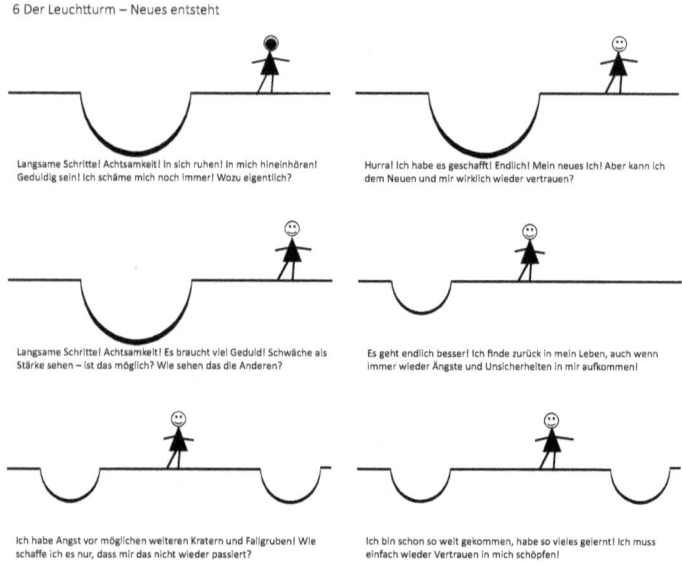

6 Der Leuchtturm – Neues entsteht

Langsame Schritte! Achtsamkeit! In sich ruhen! In mich hineinhören! Geduldig sein! Ich schäme mich noch immer! Wozu eigentlich?

Hurra! Ich habe es geschafft! Endlich! Mein neues Ich! Aber kann ich dem Neuen und mir wirklich wieder vertrauen?

Langsame Schritte! Achtsamkeit! Es braucht viel Geduld! Schwäche als Stärke sehen – ist das möglich? Wie sehen das die Anderen?

Es geht endlich besser! Ich finde zurück in mein Leben, auch wenn immer wieder Ängste und Unsicherheiten in mir aufkommen!

Ich habe Angst vor möglichen weiteren Kratern und Fallgruben! Wie schaffe ich es nur, dass mir das nicht wieder passiert?

Ich bin schon so weit gekommen, habe so vieles gelernt! Ich muss einfach wieder Vertrauen in mich schöpfen!

Für (mögliche) Betroffene – Selbstreflexion und Resilienz lernen

Wie bereits in Kapitel IV angesprochen, sehe ich die Intuition als wichtiges Werkzeug auf dem Weg der Genesung zurück ins Leben. Die Intuition ist ein wichtiger Wegbegleiter, weil wir nicht immer mit dem Verstand erklären können, warum wir etwas so oder anders einordnen oder entschieden haben. Vertrauen Sie darauf, dass Sie wissen, was gut für Sie ist und finden Sie mehr und mehr zurück zu ihrem inneren Ur-Vertrauen! Aus meiner Erfahrung ist es möglich, sich dieses Vertrauen in sich selbst auch später noch anzueignen! Sie sind Ihr eigener Experte/ihre eigene

Expertin! Sie entscheiden, wie Ihr Genesungsweg aussehen soll. Ihre Intuition wird es zum gegebenen Zeitpunkt wissen, was gut für Sie ist. Sie können sich offen und mutig darauf einlassen, was da auf Sie zukommt. Sie werden mit Hilfe Ihrer Intuition erkennen, welche Eindrücke und Hinweise von außen für Sie wichtig sind und welche Sie getrost wieder vergessen können. Diese Unterscheidung ist aus meiner Erfahrung nicht immer einfach, insbesondere dann nicht, wenn wir nur auf unseren Verstand vertrauen. Intuition (umgangssprachlich: Bauchgefühl) ist die Fähigkeit, sehr schnell eine Entscheidung zu treffen oder eine Einsicht zu gewinnen, ohne bewusst den Verstand oder rationale Schlussfolgerungen zu nutzen. Die Erkenntnisse kommen aus dem Unterbewusstsein, dem „impliziten Wissen" – ohne langes Nachdenken oder Abwägen. Manchmal wird dies mit dem Moment des „einfach Wissens" bezeichnet. Dies ist ein wichtiger Aspekt im Lernprozess, bezogen auf das Leben selbst, aber auch in Bezug auf die Stärkung der Resilienz und Ihrer intuitiven Fähigkeiten!

Wir sind fast am Ende unserer Reise und so kann es, neben all den Fortschritten und Erfolgen, immer auch wieder zu Rückschlägen und Verirrung in alte Muster kommen. Das ist nicht weiter schlimm, denn die Richtung, in die Sie sich bewegen und bisher bewegt haben, stimmt. Solange Sie die Rückschläge als Hinweise für nächste Entwicklungsschritte sehen können, ist wirklich alles in Ordnung!

Solche Rückschläge und Rückschritte in alte Verhaltens-, Gefühls-, Denk- und Glaubensmuster können ein Hinweis dafür sein, dass das betreffende Verhalten in Ihrem Skript stark verankert ist und die Veränderung noch nicht nachhaltig geschehen ist. Sie erinnern sich vielleicht an das Thema Skript, welches bereits in Kapitel II Thema war? Wenn nicht, können Sie dort nochmals kurz nachlesen.

Wenn Veränderung nachhaltig geschehen soll, ist es wichtig, neue (Gehirn-)Bahnen zu legen und zu festigen, d. h. neue Erfahrungen zu sammeln und geduldig zu sein, bis sich daraus eine neue „gute und standhafte" Gewohnheit, sprich Autobahnspur, entwickelt hat, die Rückfälle weniger wahrscheinlich macht. Es ist nicht so, dass ihre Persönlichkeit und ihre persönlichen Eigenschaften seit Geburt nun einmal einfach so gegeben sind und Sie sich damit abfinden müssen. Sie können sich und Ihre persönlichen Eigenschaften, mit all Ihrem Denken, Fühlen, Verhalten und Glauben jederzeit verändern und weiterentwickeln. Sie fragen sich vielleicht gerade, wie das gehen soll? Nun, Sie haben es mit großer Wahrscheinlichkeit manchmal bewusst, manchmal unbewusst all die Monate und während Ihrer Vergangenheit umgesetzt. Der Grund, dass wir uns in gewissen Bereichen scheinbar nicht verändern können, liegt nur daran, dass wir glauben, der Gedanke oder eben die persönliche Eigenschaft sei ein Teil von uns. Sie ist aber im Laufe unserer Skriptbildung entstanden und kann sich daher wieder verändern. Das kann wie gesagt bewusst oder eben unbewusst geschehen mit Aha-Erlebnissen, Selbstreflexion, dem Erleben neuer Erfahrungen und durch persönliche Einsichten, die von innen heraus, durch Ihre innere Weisheit und aus Ihrem Herzen kommen.

Ein Grund, warum Sie vielleicht noch Mühe haben, neue Bahnen zu legen, könnten die Antreiber und Einschärfungen sein, welche zu Ihrem Skript gehören. Es ist mir wichtig zu erwähnen, dass es sich hier um von Menschen gemachte, subjektive Theorien und Modelle handelt. Es ist daher wichtig, in diesen Betrachtungen immer selbst zu entscheiden, was für einen selbst und das persönliche Verstehen und Erleben hilfreich und richtig erscheint. Bei Theorien und Modellen handelt es sich um neue Betrachtungsweisen, bei denen Sie als Experte/als Expertin für Ihr eigenes Leben entscheiden können, was für Sie zutreffend und hilfreich ist.

Daher komme ich nochmals auf das Thema der Antreiber und Einschärfungen zurück, welche Teil der Skripttheorie sind. Sie finden im Abschnitt Selbstreflexion weiter unten eine genauere Erklärung dazu. Zudem kann Ihnen ein Test bezüglich Antreiber vielleicht helfen zu erkennen, warum Sie dieses oder jenes Verhalten immer noch beibehalten oder was Sie über die Maßen antreibt, obwohl es nicht wirklich förderlich ist für Ihre Gesundheit und Genesung. Dies kann dann zu neuen Erkenntnissen und achtsameren, gesünderen Verhaltensweisen führen.

> Resilienz lernen bedeutet, den für sich richtigen Weg mit eigenen Werten und Bewertungen zu finden. Das ist je nach dem eine grosse Herausforderung, kann aber auch sehr spannend sein. Wichtig ist, sich immer wieder vor Augen zu halten, dass es nicht den einen richtigen Weg gibt. Zudem können Sie zu jedem Zeitpunkt wieder neu entscheiden und eine neue Richtung einschlagen. Ihre Intuition ist dabei ein wichtiger Wegweiser. Es lohnt sich, diesen immer besser nutzen zu lernen. Ich wünsche Ihnen bei der Entdeckung und Vertiefung viel Freude und spannende Einsichten!

Für Angehörige, Freunde und MitarbeiterInnen – Systemdenken

Sie haben es geschafft! Ja, auch Sie! Denn Sie haben in der Unterstützung und mit all Ihrer Geduld und dem Verständnis für den Betroffenen einen großen Beitrag zur erfolgreichen Genesung geleistet. Die Burnout-Erkrankung ist besiegt, für den Moment zumindest.

Die Rückfallquote bei Burnout ist leider relativ hoch. Das heißt es macht Sinn, sich zu überlegen, welche Strategien, Einstellungen und allenfalls Gewohnheiten geholfen haben und wie Sie sich als (Familien-)System in der Zukunft vor einem Rückfall sichern wollen.

Aber zuerst geht es jetzt einmal darum, gemeinsam Bilanz zu ziehen und das Erreichte zu würdigen! Nehmen Sie sich ruhig Zeit und „feiern" Sie ihren gemeinsamen Erfolg! Burnout ist eine der herausforderndsten Erkrankungen, weil es das ganze System betrifft und derart unterschiedliche Ausprägungen und komplexe Symptome mit sich bringt.

Für die gemeinsame Reflexion im Sinne einer Bilanz habe ich Ihnen kurz ein paar Fragen zusammengestellt:

- Wo konnten Sie gemeinsam Stolpersteine und Herausforderungen meistern und wie sind Sie daran gewachsen?
- Wie haben diese das Zusammenleben geprägt (positiv und negativ)? Was davon möchten Sie bewahren, was davon loslassen?
- Welche Gewohnheiten, Rituale, Einsichten, Bilder, Aha-Erlebnisse, Anker, etc. möchten Sie in Zukunft beibehalten?
- Was könnte im gemeinsamen Alltag noch optimiert oder verändert werden? Wo braucht es vielleicht aber auch ein Loslassen und „Einfach-Sein"?
- Welche Werte sind neu für das Zusammenleben entstanden oder haben an Wert und Wichtigkeit für Sie als Familie/Team zugenommen? Wie werden diese gelebt und wodurch zeigen sich diese?
- Wie hat sich Ihre Kommunikation und Wahrnehmung untereinander, in der Beziehung und im gemeinsamen Kontakt, verändert?

- Wie zeigen und leben Sie gegenseitige Wertschätzung im Alltag?
- Wofür sind Sie besonders dankbar?
- Wo braucht es ggf. besondere Würdigung oder einen bewussten Abschluss und ein Loslassen von alten Gedanken, Befürchtungen, Ängsten und Erwartungen?
- Ist es möglich, dass sich durch die Burnout-Erkrankung vielleicht sogar Chancen für Veränderung ergeben? Wenn ja, welche?

All diese Fragen zur Reflexion können helfen, die kommende Phase aktiv zu nutzen und die Burnout-Erkrankung aus einer neuen, positiven Haltung zu betrachten. Auch hier ist der/die Betroffene wieder auf Ihre Unterstützung angewiesen. Sie sind als (Familien-, oder Arbeits-) System nur so stark wie die einzelnen Mitglieder! So wie jeder/jede Einzelne für sein/ihr Wohlbefinden und seine/ihre Gesundheit im Grundsatz selbst verantwortlich ist, so können Sie sich doch gegenseitig im Alltag unterstützen und Achtsamkeit und gegenseitige Wertschätzung im Kontakt aktiv leben. Das macht einen Unterschied!

Es ist dementsprechend Zeit, einmal tief Luft zu holen, um frei atmen zu können! Es ist Zeit, die Aussicht zu genießen und das Erreichte als Teil des Weges anzuerkennen und daraus Freude, Stolz und Zuversicht für die Zukunft zu schöpfen!

Sie sind durch das Erlebte reicher und stärker geworden – die gemachten Erfahrungen während der Burnout-Erkrankung haben Sie (und Ihr Umfeld und System) geprägt! Nehmen Sie diese Kraft und Energie bewusst in den Alltag mit. Freuen Sie sich darüber, dass das Leben endlich wieder so richtig Fahrt aufnehmen kann, ohne dass es Sie gleich aus der Bahn wirft! Auch wenn die Gefahr für einen Rückfall bestehen bleibt, kann doch eine neue Bewusstheit, Intensität und Lebensfreude in Ihrem Leben Einzug halten!

> Genießen Sie die unbeschwerte Lebensfreude, wenn immer möglich in vollen Zügen und seien Sie im jeweiligen Moment ganz bewusst präsent! Haben Sie den Mut, das Vergangene hinter sich zu lassen und mutig nach vorne zu schauen! Auch das ist ein wichtiger Schritt als Angehörige, Freunde und MitarbeiterInnen, um wieder in ein unbeschwertes Miteinander zurückzufinden.
> Ich wünsche Ihnen von Herzen eine gesunde, erfüllende und erfolgreiche Zukunft!

Für Führungskräfte – Cooperate/Social Responsibility

Es ist mir ein großes Anliegen, im Rahmen dieses Buches Sie als Führungskraft und Team auf Ihre (Mit-)Verantwortung bei der Erkennung, Prävention und erfolgreichen Reintegration nach einer Burnout-Erkrankung anzusprechen. Ihre Unterstützung zählt, da aus meiner Sicht das Verhindern und/oder frühzeitige Erkennen einer Burnout-Erkrankung zentral ist und viel Leid und Schaden verhindern kann. Sie als Führungskraft nehmen im Aufgleisen von sinnvollen, wirksamen und unterstützenden Präventionsmassnahmen und schützenden (Organisations-) Strukturen und Prozessen eine zentrale Rolle ein. Das ist Ihnen selbst wahrscheinlich bereits bewusst geworden, aber Sie wissen nicht genau, wo und wie Sie anfangen sollen?!

Die Burnout-Erkrankung ist eine sehr vielschichtige Krankheit, die stark von den Persönlichkeitsfaktoren des/der Betroffenen abhängt. Menschen sind als soziale Wesen auf andere Menschen (und das Umfeld und System) bezogen und beeinflussen sich gegenseitig. Sie sind aufeinander angewiesen. Dies bezieht sich nicht nur auf die Zusammenarbeit und das Familienleben, sondern auch auf das gesellschaftliche Leben. Die soziale Eingebundenheit hat direkten Einfluss auf das Wohlbefinden und die körperliche und seelische Gesundheit des Individuums. Im Grundsatz hängt das evolutionäre Fortbestehen von anderen Menschen und einem gelingenden Sozialkontakt ab.

Die Cooperate/Social Responsibility ist daher ein zentraler Aspekt in Bezug auf die Burnout-Prävention und Genesung. Es geht dabei darum, dass Burnout-Betroffene wie gesagt oft sich selbst und den Prozessverlauf der Burnout-Erkrankung nicht realistisch wahrnehmen können. Auch ist die direkte, ehrliche Konfrontation von Beobachtungen und Einschätzungen im Team aus unterschiedlichen Gründen meist nicht einfach oder sie wird von dem/der Burnout-Betroffenen selbst abgeblockt, nicht gehört oder nicht ernst genommen.

Ist eine Burnout-Erkrankung und ein Ausstieg aus dem Arbeitsleben infolge Krankheit und Erschöpfung eingetreten, kann die Genesungsphase mehrere Monate bis zu über einem Jahr dauern, was bei einer Burnout-Erkrankung keine Seltenheit darstellt. Auch das wissen Sie mit großer Wahrscheinlichkeit bereits. Das hat nicht nur hohe finanzielle Konsequenzen für den Betrieb, sondern ebenso einen direkten und nicht zu unterschätzenden Einfluss auf das Team und die Gesamtorganisation. Dies einerseits bezogen auf soziale Auswirkungen, ausgelöst durch kurzfristige und unvorhersehbare Veränderungen, welche die Teamdynamik und Strukturen in der Zusammenarbeit beeinflussen, andererseits aber auch bezogen darauf, dass das System durch die entstandene personelle Lücke in Dysbalance gerät und sich bewegen muss. Ein Team hat unter Umständen plötzlich Druck und personelle Engpässe zu verzeichnen und muss über längere Zeit mit weniger MitarbeiterInnen die gleiche oder sogar mehr Arbeit verrichten, weil es nun eine Umverteilung und mehr Absprachen braucht. Zudem fehlt zwischenzeitlich wichtiges

Fachwissen, welches bei einer nicht gelingenden Re-Integration sogar ganz verloren geht.

Es ist daher lohnenswert, dass sich die Organisation als Arbeitgeber aktiv an der Prävention und Vermeidung von Burnout-Erkrankungen beteiligt, die MitarbeiterInnen schützt und der geteilten Verantwortung bzw. Cooperate/Social Responsibility nachkommt.

Wie also ist es möglich, als Team eine Burnout-Erkrankung zu vermeiden? Aus meiner Sicht spielen dabei vier Faktoren eine entscheidende Rolle:

- Kommunikation im Team (Offenheit, Raum und Zeit für Gemeinschaft, Geselligkeit und Austausch).
- Wertschätzende Haltung und Kultur (Ressourcen- und Lösungsorientierung, positive Fehlerkultur, Schwächen als Entwicklungspotenzial, Nutzen und Orientierung an Ressourcen und Stärken der Individuen, gegenseitige Wertschätzung, Offenheit, Vertrauen, Achtsamkeit und Bewusstheit für Cooperate/Social Responsibility), die aktiv gelebt und immer wieder belebt und thematisiert wird.
- Präventive und regelmäßige Sensibilisierung zum Thema Burnout und Resilienz, wiederkehrender Austausch über die jeweilige Gesundheit und gelingenden Umgang im Team sowie über Themen wie Arbeitsplatzkonflikte, unterschiedliche Werte, gemeinsames WHY und Zielsetzung der Organisation, etc.. Dabei soll der Austausch nicht nur auf dem Papier umgesetzt werden, sondern tatsächliche echte Begegnung ermöglicht und gefördert werden.
- Offenheit für Veränderung fördern und gemeinsam entwickeln (Veränderung als Lernprozess sehen und mit aufkommenden Gefühlen und Gedanken sinnvoll umgehen lernen; gemachte Fehler und aufkommende Herausforderungen als Chance für Veränderung und

Lernzuwachs sehen; gefühlte Widerstände und Irritationen des/der Einzelnen wertschätzen; Stärkung der Autonomie des/der Einzelnen; Erleben des Nutzens von gemeinsamem Handeln, welche das System/die Organisation und die gemeinsamen Werte und Haltung stärkt; „blinde Flecken" der Organisation mit Unterstützung von außen bzw. mit einer Fachperson/Coach/BeraterIn in regelmäßigen Abständen reflektieren).

Neben all diesen wiederkehrenden Entwicklungsthemen bleibt nicht zu vergessen, dass der/die Burnout-Betroffene in der Zeit der Genesung selbst viel an sich, seiner Einstellung und seinem Verhalten zu verändern hat. Dies ist ein oft anstrengender, emotionaler und aufreibender persönlicher Entwicklungs- und Veränderungsprozess. Zudem ist bei all den Bemühungen nicht sicher, dass der/die Betroffene tatsächlich in den Betrieb zurückkehren wird. Aber die Aufarbeitung der Themen Gesundheit, Resilienz und Burnout lohnt sich für das Team und die Gesamtorganisation in jedem Fall.

Dementsprechend hoffe ich, dass Sie als Führungskraft eine allfällige Burnout-Erkrankung eines Mitarbeiters/einer Mitarbeiterin in all der Not, die dadurch verursacht wird, als Chance für Veränderung sehen können und daraus ein neues Bewusstsein für die Relevanz von Resilienz und Gesundheit in Ihrem Team und in Ihrer Organisation entstehen kann.

> Ich wünsche Ihnen und Ihrem Team alles Gute für die weitere Zukunft und das gemeinsame Streben nach einer gestärkten Gesundheit und Resilienz, einer tragenden und wertschätzenden Teamkultur sowie unterstützenden und schützenden Organisationsstrukturen und -prozessen! Dies ist neben der persönlichen Verantwortung, die jeder selbst für sich trägt, wohl der zentrale Beitrag zur Prävention einer Burnout-Erkrankung!

(Selbst-)Reflexion – Schritte zur Selbsterkenntnis

Für (mögliche) Betroffene

Antreiber [1] (auch Gegen-Einschärfungen) genannt und Einschärfungen [2] (auch Bann- oder Hexen-Botschaften genannt) sind Teil des Skripts, welches bereits in Kapitel II genauer erläutert wurde. Nach Mary und Bob Gouldings Theorie gibt es zwölf Einschärfungen, von denen wir im Laufe unserer Kindheit mit grosser Wahrscheinlichkeit einige verinnerlicht haben. Die Antreiber sind dabei unbewusste „Helfer" (nicht immer nur positiv umgesetzt), welche den vermeintlichen, kindlichen Versuch aufzeigen, die Einschärfungen abzuschwächen oder als unwahr zu entlarven und zu entmachten. Da Antreiber und Einschärfungen als Prozesse in der frühen Kindheit vermehrt unbewusst „entschieden" und verinnerlicht wurden, ist es umso schwieriger, diese zu erkennen und dagegen anzukämpfen. Das gilt besonders für die Einschärfungen, da sie non-verbal und frühkindlich entstanden sind und ihr Ursprung somit oft nicht mit Sicherheit bestimmt werden kann. Eine Bewusstwerdung im Erwachsenenalter bezüglich der Antreiber und Einschärfungen kann helfen, das routinierte, oft destruktive und lösungsvermeidende (Antreiber-)Verhalten abzuschwächen und nachhaltig positiv zu verändern. Die Bewusstwerdung der Einschärfungen ist nicht immer möglich und nicht zwingend notwendig. Nur schon eine Abschwächung der Antreiber kann eine positive Veränderung in Richtung Autonomie ermöglichen und das Wohlbefinden erweitern.

Die zwölf Einschärfungen

- Sei nicht! (Existiere nicht!)
- Sei kein Kind!
- Sei nicht du selbst!
- Werde nicht erwachsen!
- Schaff's nicht!
- Lass das! Tu es nicht! Tu nichts, tu überhaupt nichts!
- Sei nicht wichtig!
- Sei nicht zugehörig!
- Sei nicht nahe!
- Sei nicht gesund! (Sei nicht normal!)
- Denke nicht!
- Fühle nicht!

Die fünf Antreiber

- Beeil dich!
- Mach es anderen recht!
- Sei perfekt!
- Sei stark!
- Streng dich an!

Die Antreiber sind frühkindlich entstanden und verbal von Eltern und Bezugspersonen übermittelt und aktiv vorgelebt worden. Sie treiben uns Menschen im Sinne von „Ich muss ..." an, weil wir uns unbewusst minderwertig fühlen und als „nicht ok" einstufen. Einschärfungen deuten auf eine „Ich bin nicht ok-Haltung" hin. Um dieses Minderwertigkeitsgefühl zu vermeiden, haben wir uns den Antreibern unterworfen. Dies mit dem Ziel, unseren Wert als Mensch wieder aufzuwerten. Eine Bewusstwerdung bezüglich der (zu stark) wirkenden Antreiber kann helfen, einschränkende Mechanismen, destruktive Glaubenssätze und unbewusste Einschränkungen im (Er)Leben zu erkennen, schrittweise aufzulösen und abzuschwächen.

Zur Erkennung der Antreiber gibt es einen entsprechenden Fragebogen der Transaktionsanalyse für die Selbsteinschätzung, welcher auf meiner Website zum Download verfügbar ist. Bei den Einschärfungen macht es Sinn, dies im Rahmen von Selbstreflexion oder einer Therapie, Beratung oder Coaching genauer zu reflektieren. Der genaue Ursprung ist, wie schon erwähnt, aber nicht immer zu ergründen und für die erfolgreiche Entwicklung und Veränderung Richtung Autonomie nicht immer unbedingt notwendig.

Sobald Sie für sich einen Antreiber oder eine Einschärfung als einschränkend und prägend wirkend erkannt haben, können Sie gezielt versuchen, diese abzuschwächen oder im Alltag stufenweise entgegenzuwirken. Hierzu haben Sie im Kapitel V bereits einige Bespiele im Rahmen des Theoriekonzepts zu den Erlaubnissen erhalten. Meist hilft schon nur die Bewusstwerdung, dass man sich vom skriptgebundenen Verhalten, Denken, Fühlen und Glauben in einem ersten Schritt loslösen kann, hin zu einer gesünderen, balancierteren, freieren Ausprägung und Ausgestaltung im Alltag und Berufsleben. Je autonomer (skriptfreier) Sie handeln und entscheiden können, umso stärker werden Sie in Bezug auf Ihre Resilienz und Genesung werden. Die Stärkung der Autonomie führt dazu, dass Sie insgesamt immer bewusster und freier denken, fühlen, handeln und entscheiden können, was das allgemeine Wohlbefinden stärkt.

Fragen zur Selbstreflexion

- Was treibt Sie im Alltag besonders an? Welche Antreiber sind dabei besonders stark wirksam? Mit welchem Verhalten zeigen sich diese konkret im Alltag?

- Wo gelingt es Ihnen nur schwer, Ihr bisheriges (Antreiber-) Verhalten abzulegen oder zu verändern? Welche unbewussten Überzeugungen oder Einschärfungen könnten hier darunter verborgen liegen?
- Welche Überzeugungen oder Einschärfungen könnten bei Ihren Eltern verborgen liegen? Welche davon haben Sie allenfalls selbst übernommen und verinnerlicht? Wie könnten Sie sich davon distanzieren? Welche Erlaubnis bräuchte es dazu?
- Welche Ängste oder Unsicherheiten begegnen Ihnen im Alltag? Wie gehen Sie mit diesen um? Welcher neue Umgang oder welche neuen Einsichten würden Ihnen dabei helfen, hier einen nächsten Schritt in Richtung Stärkung und Autonomie zu gehen?
- Wie würde eine fürsorgliche Mutter oder ein fürsorglicher Vater wohl reagieren und damit umgehen, wenn sein/ihr Kind diese Problemstellung oder Herausforderung hätte? Wie könnten Sie selbst so fürsorglich mit sich in dieser Situation umgehen? Welche Erlaubnisse bräuchten Sie dazu, um dies gewinnbringend umzusetzen?
- Wenn Sie keinerlei Wissen über Ihre Einschärfungen hätten, welche Erlaubnis oder magische Botschaft aus Ihrem Unbewussten würde Ihnen trotzdem helfen und ermöglichen, neue Wege und Schritte in Richtung einer stärkeren Gesundheit und Resilienz zu gehen?
- Welche Ressourcen und Kompetenzen begegnen Ihnen bei sich im Alltag, mit denen Sie Hürden und Herausforderungen bisher selbstsicher und erfolgreich meistern konnten?
- Wie würde eine gute Freundin oder ein guter Freund diese Frage wohl beantworten? Wie würde alternativ Ihr Chef/Ihre Chefin diese Frage wohl beantworten? Wie würden Sie darauf antworten (wollen)?

Für Führungskräfte – mit Blick auf die Organisation

Bei Teams und Organisationen zeigt sich ebenfalls, dass diese in ihrer (Team- und Zusammenarbeits-) Kultur gewisse Überzeugungen, Glaubenssätze, Regeln und Strukturen sowie allenfalls auch (Skript-)Muster und -Prozesse verinnerlicht haben und diese dementsprechend - bewusst oder unbewusst - auf die Zusammenarbeit und Ausführung von Aufgaben wirken. Auch die Antreiber können den Berufsalltag, die gemeinsamen Begegnungen und die Zusammenarbeit prägen. Antreiber sind per se nichts Negatives, so lange Sie eine Person nicht dazu bringen, ständig über Ihre Ressourcen und Grenzen hinauszugehen und persönlichen Raubbau an der Gesundheit zu betreiben. Mit der Bewusstwerdung von einengenden Überzeugungen, Annahmen und Erwartungen, im Team und in der Organisation kann schon viel erreicht werden, was in der Folge die Autonomie, Selbstwirksamkeit und das Wohlbefinden bei sich selbst, im Team und in der Organisation stärken kann.

In der Reflexion mit Ihrem Team können folgende Fragen hilfreiche Perspektiven eröffnen

- Welche (Verhaltens-) Muster, Überzeugungen oder Regeln sind bei Ihnen im Team aus Ihrer Sicht wirksam? Wo und wodurch zeigen sich diese?
- Welche (Verhaltens-) Muster, Überzeugungen oder Regeln werten Sie eher negativ? Welche haben einen positiven/negativen Einfluss auf die Resilienz und Gesundheit in Ihrem Team? Warum? Welche Gefahren könnten bei einer zu starken Fokussierung und Umsetzung entstehen? Welchen Einfluss haben diese auf die Zu-

sammenarbeit im Team? Wo bräuchte es allenfalls eine Abschwächung oder Veränderung?
- Welche Antreiber leben Sie als Führungskraft verstärkt vor? Wo sind Sie (negatives oder positives) Vorbild? Welche Veränderung bräuchte es allenfalls, um die Wirkung der Antreiber bei Ihnen abzuschwächen? Wie würde sich dadurch Ihre Resilienz und Gesundheit positiv verändern?
- Welche einengenden Überzeugungen, Erwartungen oder Annahmen (über das Leben, über mich oder die anderen) haben Sie verinnerlicht, welche Sie in ihrer Rolle als Führungskraft unbewusst beeinflussen und allenfalls sogar behindern? Wie können Sie diesen entgegenwirken? Welche Erlaubnisse bräuchte es dazu?
- Haben Sie allenfalls ein Motto oder ein Sprichwort, das Ihnen besonders oft in den Sinn kommt und Sie in Ihrem Denken, Handeln und Entscheiden in Ihrer Arbeit antreibt und prägt? Haben wir allenfalls ein Motto oder ein Sprichwort im Team/in der Organisation, welches wir uns auf die Fahne schreiben würden? Wozu treibt uns dieses Motto/Sprichwort an? Welche Chancen und Vorteile entstehen daraus? Welche Nachteile oder Stolpersteine könnten sich daraus allenfalls ergeben? Wo wäre es sinnvoll, neue Ideen oder Erkenntnisse zu integrieren?
- Welche Antreiber erkennen Sie allenfalls bei Ihren MitarbeiterInnen? Gibt es gewisse Antreiber, die besonders häufig in Ihrem Team/Ihrer Organisation vorkommen? Gibt es in Ihrem Team/Ihrer Organisation allenfalls einen bevorzugten Antreiber, der von den meisten unbewusst umgesetzt und allenfalls sehr geschätzt und gefördert wird? Wie könnten Sie einen Beitrag für eine mögliche Veränderung und/oder Abschwächung dieser Antreiber leisten? Wie schaffen Sie dies, ohne grenzüberschreitend zu wirken/zu handeln? Welche Erlaubnisse

könnten für die Abschwächung der Antreiber hilfreich sein? Welche Vorteile hätte eine solche Abschwächung – insbesondere in Bezug auf die Resilienz und Gesundheit?
- Welchen (unbewussten) Mustern folgen Sie im Team oder als Organisation? Haben Sie vielleicht ein Motto oder Leitsätze, die Sie (unbewusst) antreiben und Ihnen eine bestimmte Richtung vorgeben? Welche Vorteile und Chancen ergeben sich daraus? Welche Gefahren oder Nachteile könnten daraus entstehen?
- Wovon sind Sie als Team oder Organisation überzeugt? Welche Leitlinien und/oder Regeln gibt es in Ihrem Team/in Ihrer Organisation? Welche Leitlinien und Regeln sind offengelegt? Welche Leitlinien oder Regeln sind verdeckt wirksam? Welche Vor-/Nachteile entstehen daraus? Welche Veränderungen wären allenfalls sinnvoll?
- Welche Bereiche der internen Strukturen oder Vorgehensweisen sollten Sie als Team/Organisation mehr infrage stellen und diese nicht als „die eine Wahrheit" betrachten? Wo würde es Ihnen als Team/Organisation gut tun, neue Wege zu gehen und etwas flexibler zu werden? Was hätten diese Veränderungen allenfalls für positive Auswirkungen auf das Team/die Organisation?
- Wo könnten Sie sich im Sinne der kreativen Weiterentwicklung auf neue Bereiche, Verhaltensweisen, Ideen, Leitsätze, Visionen, etc. einlassen und sehen, was daraus entsteht? Wo braucht es allenfalls Mut, erste Schritte ins Ungewisse zu gehen und erst mit der Zeit zu erkennen, welche Chancen aus diesen neuen Entdeckungen/Schritten entstehen kann?

Literatur

1. Schlegel, L. (2002). *Handwörterbuch der Transaktionsanalyse* (2. Aufl., S. 5–7). Herder Verlag.
2. Schlegel, L. (2002). *Handwörterbuch der Transaktionsanalyse* (2. Aufl., S. 84–90). Herder Verlag.

Phase VII – Die grosse, weite Welt – Integration im Innen und Außen

Zusammenfassung Wie ist die letzte Phase der Burnout-Erkrankung zu erkennen und einzuordnen? Gibt es überhaupt je eine Gewissheit, dass die Gefahr gebannt ist? Wann kann man von abschliessender Genesung reden? Wann werden Rückschritte endlich merklich weniger? Welche Hürden gibt es auch in dieser Phase noch zu meistern? Die Theorien zu symbiotischen Beziehungen und seelischen Grundbedürfnissen bieten einen klärenden Einblick in das Thema Beziehungsgestaltung – mit sich selbst und anderen. Die Vertiefungen für (mögliche) Betroffene, Angehörige, Führungskräfte und Teams laden erneut zur (Selbst-) Reflexion ein. Wandel und Weiterentwicklung stehen abermals im Zentrum und eine Haltung, welche eine ganzheitliche Herangehensweise integriert sowie die Stärkung der Autonomie und Eigenverantwortung fördert und insbesondere den Blick auf Resilienz und Gesundheit in Organisationen richtet.

Die große, weite Welt

Noch vor ein paar Monaten war es für mich unklar, ob ich je wieder meinen festen Platz in der großen, weiten Welt finden würde. Und nun stehe ich hier. Der Leuchtturm ist in die Ferne gerückt. Aber er ist noch da. Ich spüre ihn. Habe ihn in mein Denken, Fühlen und Handeln integriert. Er ist in meiner Erinnerung Teil von mir geworden. Aber ohne das Gefühl der Unsicherheit oder Schwäche. Ich bin über mich hinausgewachsen. Die große, weite Welt liegt vor mir. Ich bin bereit, sie neu zu entdecken. Ich bin bereit für neue, gute Erfahrungen. In mir hat sich Zuversicht, Klarheit und Stärke ausgebreitet. Ich kann es nicht genau erklären. Aber es fühlt sich gut an. Es hat sich gelohnt, mich so lange in der Nähe des Leuchtturms aufzuhalten, bis ich diese innere Stärke und Kraft wiedergefunden habe. Ich hätte es nicht für möglich gehalten. Aber es war möglich. Ich spüre es, auch wenn viele Menschen sich davor fürchten, dass ein weiterer Tsunami die Welt dem Erdboden gleich macht. Jetzt bin ich schlauer. Ich habe dazu gelernt. Ich kenne die Vorzeichen. Ich habe meine Antennen immer noch im Einsatz. Aber nicht mehr so, dass sie mich in Angst und Schrecken versetzen, wenn mal wieder ein kleines Beben kommt. Die Antennen sind einfach da. Als meine Unterstützung. Nur für mich. Nun bin ich mit mehr Stärke, Klarheit und Zuversicht auf dieser Welt. Ich habe ein neues Leben geschenkt bekommen. Zumindest fühlt es sich so an. Dieses werde ich in vollen Zügen genießen! Auch wenn ich noch nicht genau weiß, wie das für mich genau aussehen wird. Aber ich werde es herausfinden. Auf diese Entdeckungsreise freue ich mich. Das Leben ist gut.

Meine Geschichte – wieder wissen, dass das Leben gut kommt

Die geplante Aufstockung auf achtzig Stellenprozent war abermals ein kleiner Meilenstein für mich. Ich merkte, dass mich die Vorstellung, bald wieder vier Tage pro Woche im Einsatz stehen zu müssen, mit großer Angst und Besorgnis erfüllte. Gleichzeitig freute ich mich sehr darauf, denn in der Planung ging es schrittweise vorwärts in Richtung Rückkehr zu meinem Team und meinen ursprünglichen Führungsaufgaben. Leider fiel meine Vorgesetzte krankheitsbedingt für länger aus, was die Situation in unserer Organisation zusätzlich belastete. Dagegen hatte ich zu neuer Stärke und Selbstsicherheit zurückgefunden. Ich war bereits regelmäßig mit meiner Stellvertretung im Austausch und so organisierten wir autonom die schrittweise Übergabe der unterschiedlichen Aufgabenbereiche. Ich hatte wieder mehr Energie und Interesse daran, mich an Schulentwicklungsthemen und anderen, übergeordneten Themen aus der Geschäftsleitung zu beteiligen. Mein Leben nahm endlich wieder Fahrt auf.

Diese letzte Phase des Burnouts war gefühlt der Anfang eines neuen Lebens! Ich war wieder leistungsfähig und konnte situativ sogar über meine Grenzen hinausgehen, ohne dass ich gleich die nächsten Tage dafür büßen musste. Ich war motiviert. Die Rückkehr zu meinem Team war mir gelungen. Ich konnte mich als Führungskraft neu etablieren und spürte selbst, dass es mir so viel besser ging als noch vor ein paar Monaten. Was für eine Erleichterung. Der Job machte mir großen Spaß. Zwar war bei uns immer noch vieles im Wandel. Meine Chefin war nach wie vor krankheitsbedingt abwesend. Es wurde in der Zwischenzeit eine neue Gesamtleitung ad interim angestellt.

Mit diesem Führungswechsel konnte ich gut umgehen, denn ich konnte wieder meinen ursprünglichen Verantwortungsbereich übernehmen und erfüllen. Ich merkte, dass ich durchaus fähig war, wieder als Führungskraft tätig zu sein. Die ersten Wochen nach dem Start mit meinem Team waren schon wieder sehr turbulent. Ich hatte einige personelle Ausfälle zu verzeichnen. Das hiess, dass meine Kernaufgaben und die täglichen anfallenden Aufgaben vorerst liegen blieben und zu einem späteren Zeitpunkt nachgeholt werden mussten. Daran führte kein Weg vorbei. Ich bestand diesen ersten Belastungstest mit Bravour. Nach zwei Wochen intensiver Arbeit und Tagen, an denen ich wieder bis zu elf Stunden gearbeitet hatte, war für mich der klare Beweis erbracht, dass es mir gesundheitlich nachhaltig besser ging. Ich war sehr erleichtert und ein wenig stolz auf meinen bisherigen Weg und meine wiedergefundene Belastbarkeit!

Daneben bemerkte ich nach wie vor die körperlichen Auswirkungen meiner Burnout-Erkrankung. Meine Rückenschmerzen waren nach wie vor immer wieder einmal präsent. Auch hatte ich ab und an den Eindruck, dass meine Gedächtnisleistungen gelitten und sich verschlechtert hatten. Dies hing bei mir aber immer auch mit dem Level an ausreichend Schlaf und Müdigkeit, z. B. nach einer konzentrationsintensiven Aufgabe oder einem langen Treffen mit Freunden zusammen. Dann merkte ich, dass meine Konzentration und Erinnerungsfähigkeit an ihre Grenzen kamen. Mein Schlaf war ein empfindliches Gut. War die Arbeit in der Schule über den Tag verteilt besonders intensiv und lang, hatte ich zeitweise wieder Einschlaf- oder Durchschlafprobleme. Dies waren die wenigen körperlichen Anzeichen, welche mich noch an meine intensive Burnout-Erkrankung erinnerten.

Wie oft hatte ich mich in der Vergangenheit gefragt, ob ich je wieder leistungsfähig sein würde? Wie lange konnte ich mir gar nicht mehr wirklich vorstellen, einen ganzen Tag lang Hochleistung erbringen zu können und dann im Anschluss vielleicht noch mit Freunden unterwegs zu sein? Wie lange war da in mir dieses kleine Quantum Unsicherheit – eine Stimme, dir mir immer wieder beweisen wollte, dass ich mir wohl doch nicht ganz trauen kann? Denn insgeheim war mir immer noch sehr bewusst, dass ich meine Burnout-Erkrankung damals selbst nicht richtig erkannt hatte! Dieser Schock saß tief! Nun schien es aber so, als ob ich diese letzte Phase der Unsicherheit ebenfalls hinter mir gelassen hatte. Oder zumindest konnte ich diese innere Stimme immer schneller in die Schranken weisen und richtig einordnen. Dieses Hin und Her und diese Unsicherheit meiner Belastbarkeit sollten mich in der letzten Phase und darüber hinaus noch lange begleiten und waren immer wieder Thema in den Therapiesitzungen.

Nach über einem Jahr hatte ich es geschafft. Ich war wieder als Schulleiterin meines ursprünglichen Teams zuständig und für alle Belange alleine verantwortlich. Die Weiterführung der Krankschreibungen konnte ich endlich hinter mir lassen. Meine Stellvertretung hatte per Ende Monat aufgehört zu arbeiten. Die Übergabe verlief gut, war zeitweises aber sehr anspruchsvoll. Ich staunte, wie gut ich diese Phase und die zunehmende Komplexität in der Einarbeitung mit den unterschiedlichen Herausforderungen gemeistert hatte. Ich verspürte wieder große Motivation für die Arbeit als Schulleiterin. Der Planungstag mit meinem Team in den Sommerferien hatte mir gezeigt, dass es die richtige Entscheidung war, an meinen ursprünglichen Arbeitsort zurückzukehren. Das war nicht selbstverständlich. Ich hatte Angst davor, dass sich meine MitarbeiterInnen anders verhalten könnten und mir gewisse Aufgaben allenfalls nicht mehr zutrauen würden, auch wenn ich bisher nie öffentlich gemacht hatte, dass ich an einem Burnout erkrankt war und das der Grund für meine längere Abwesenheit war. Mein Team reagierte unkompliziert und schien erfreut, dass ich wieder wohlbehalten und gesund zurückgekehrt war. Sie hatten zwar schon vor Monaten mitbekommen, dass ich zur Einarbeitung mit anderen Aufgaben in die Organisation zurückgekehrt war. Nun war aber endlich klar, dass ich als ihre Vorgesetzte dort anknüpfen konnte, wo meine Stellvertretung aufgehört hatte. Ich merkte im Kontakt mit meinen MitarbeiterInnen von Neuem, dass mir die Führungsrolle lag, dass ich in dieser Tätigkeit aufging und es mir Freude bereitete, für ein Team da zu sein und den MitarbeiterInnen wichtige Strukturen sowie Orientierung und Halt zu geben. Ich freute mich besonders wieder über den Kontakt mit den Eltern und SchülerInnen und dem Team im Regelschulbetrieb. Ich merkte, wie der Kontakt mit Menschen wieder neue Energie in mir mobilisierte. Früher, während meiner Burnout-Erkrankung, hatte mir das alles nur Energie abgezapft. Das war ein großer Fortschritt, der mich zuversichtlich stimmte und mich beflügelte. Allerdings möchte ich hier anmerken, dass doch vieles noch nicht so war, wie vor meiner Burnout-Erkrankung. Glücklicherweise konnte ich nun aber sagen, dass das nicht mehr mein angestrebtes Ziel war. Ich empfand die gemachten Veränderungen mittlerweile als positiv. Mein Entwicklungsweg war noch nicht abgeschlossen. Aber ich hatte eine neue Lebensqualität im Alltag gefunden, welche es mir erlaubte, ruhigere Zeiten zu erleben und Begegnungen mit anderen Menschen wieder bewusst zu genießen und mich darauf einzulassen. Ich gönnte mir sehr viel Ruhe und Schlaf und achtete auf ausreichend Bewegung, Sport und gesunde Ernährung. Mein Rücken bestimmte nach wie vor an manchen Tagen mein Tagesprogramm und ich orientierte mich somit mehr als früher an meinem Körpergefühl und der vorhandenen Energie. Bei der Arbeit achtete ich ganz gezielt auf ausreichend Pausen und versuchte dabei, weniger meiner Leistungsmotivation und meinem Perfektionismus zu folgen. Immer besser gelang es mir, hier eine Balance zwischen Kopf (Denken), Herz (Fühlen, Empfinden) und Hand (Tun) herzustellen und das erfüllte mich mit großer Zufriedenheit.

Der Umgang mit Pausen war ein weiterer Aha-Moment und Lernprozess für mich in der persönlichen Selbstreflexion. Pause hatte ich unbewusst mit etwas Unwichtigem, Nebensächlichem gleichgestellt. Dies galt nicht für meine MitarbeiterInnen, sondern nur für mich selbst. Ich war der Meinung, dass ich keine Pausen brauchte! Geschweige denn konnte ich wirklich wahrnehmen oder genau sagen, wann ich eine Pause gebraucht hätte. Wie schnell war ich dementsprechend bei der Arbeit im Büro und insbesondere unter Stress wieder in meinem alten Muster, Pausen einfach wegzulassen. Hatte ich einmal angefangen zu arbeiten, war ich so vertieft in eine Aufgabe, dass ich mich gedanklich nur ungern davon entfernte und einen Unterbruch zuließ. Just zwei Stunden später meldet sich dann mein Körper mit Rücken- oder Kopfschmerzen. Ich lernte daraus, dass wenn mein Körper zu mir spricht, es eigentlich schon zu spät ist und ich meine Grenzen mehrmals überschritten hatte. Mit der Zeit merkte ich dann, dass eben gerade diese Unterbrüche durch eine Pause für mich besonders wichtig und wertvoll waren, auch wenn es mir oftmals schwer fiel, die Pause überhaupt erst einzulegen. Also begann ich den Wecker auf meinem Handy zu stellen und mich auf diese Art zu einer halben Stunde Mittagspause zu zwingen. Mit der Zeit, insbesondere nach dem Umzug in mein neues Büro, empfand ich sogar plötzlich wieder Freude daran, kurz in den Einkaufsladen zu spazieren, etwas fürs Mittagessen einzukaufen und dann mit anderen Lehrpersonen im Teamzimmer zu Mittag zu essen.

Ein neues Ritual hatte sich daraus entwickelt, welches mir wertvolle soziale Kontakt ermöglichte und gleichzeitig Abstand von der Arbeit und spannende Einblicke ins Alltagsleben anderer bot. Auch die Rücken- und Kopfschmerzen sah ich mittlerweile als Ressource und Weckruf an – ein klares Anzeichen, dass es auch mal ruhiger und mit weniger Einsatz gehen durfte.

Die Burnout-Erkrankung hatte mich in meinem Ur-Vertrauen in das Leben und in Bezug auf mich selbst zutiefst erschüttert. Ich hatte nach einer langen Krankheits- und Genesungszeit endlich zu mir und meiner inneren Stärke und Kraft zurückgefunden. Ich konnte sogar behaupten, dass ich nun stärker und geerdeter im Leben stand als je zuvor! Wenn ich nun eines für mich ganz klar sah, dann dass ich nach der intensiven und langandauernden Erkrankung nicht mehr dieselbe Person war wie zuvor. Und das war gut so. Gewisse Anteile von mir waren auf der Strecke geblieben, andere waren dazu gekommen! Das war wahrscheinlich in jeder Krise auf die eine oder andere Weise so?! Bei einer Burnout-Erkrankung konnte ich jedoch aus eigener Erfahrung sagen, dass die Erschütterungen und Auswirkungen tiefgreifend und hoch komplex sind und in ihrem Ursprung in meinem Fall über lange Zeit existenzbedrohend, identitätsraubend und sehr beängstigend wirkten.

Ich hatte also meinen Weg zurück zu mir gefunden und damit verbunden war die Gewissheit, dass ich zu mir Sorge tragen wollte und wieder dazu fähig war! Ich hatte für mich entschieden, dass ich nie wieder in eine solche Überlastung hineingeraten und alles dafür tun wollte, um einen Rückfall zu verhindern. Die Burnout-Erkrankung hatte mir auf unsanfte Art geholfen, aus dem Hamsterrad auszusteigen und die Überforderung zu erkennen. Das war mir vorher nicht möglich gewesen. Ich wollte wirklich auf keinen Fall einen Rückfall erleben. Doch leider gab es dafür keine Garantie. Ich schätzte meine Resilienz mittlerweile aber ziemlich hoch ein. Ich wusste nun viel genauer, was ich wollte und was nicht und wie es sich anfühlte, wenn ich gegen meine innere Stimme und Intuition handelte. Das bewusste Wahrnehmen war für mich zu einem wichtigen Gradmesser geworden. Ich war nun scheinbar ganz bei mir angekommen und hatte so wieder Vertrauen in mich selbst gefunden. Mir war über die persönliche Auseinandersetzung und im Austausch mit anderen klar geworden, dass ich durch mein Erleben eine wichtige Ressource für andere Menschen sein konnte! Das war der Grund, warum ich dieses Buch schreiben wollte. Auch wenn ich manchmal nicht sicher war, ob und wieviele Menschen ich damit erreichen würde. Ich hatte zum Glück gelernt, dass es nicht ausschlaggebend ist, immer alles im Voraus zu wissen und kontrollieren zu können. Das Offenlegen meiner Erfahrung war dementsprechend ein wichtiger nächster Schritt auf meinem Entwicklungsweg. Ich wollte fähig sein hinzustehen, um offen von meinen Erfahrungen mit der Burnout-Erkrankung zu berichten. Dies im Wissen, dass mich das Erlebte nicht als Person definieren konnte. Und weil ich wusste, dass es möglich ist, sich von einer Burnout-Erkrankung zu erholen und gestärkt daraus hervorzugehen! Damit wollte ich anderen Mut machen und das gesellschaftliche Tabu durchbrechen! So kann aus meiner Sicht individuell erlebte Schwäche und Leid zu einer gesellschaftlichen Stärke werden!

Die Themen Burnout, Depression und psychische Krankheiten werden in unserer Gesellschaft immer noch mit Schwäche und Unzulänglichkeit gleichgesetzt. Sie sind negativ behaftet und oft mit Vorurteilen besetzt, obwohl es glücklicherweise immer mehr Personen gibt, die zu ihrem Erleben einer Burnout-Erkrankung offen Stellung beziehen. Andererseits reden viele nicht offen über ihr

Erleben, was ich sehr gut nachvollziehen kann. Ich frage mich manchmal, wie Menschen auf meine Offenlegung reagieren werden und welchen Einfluss das auf ihre Einschätzung meiner Person haben wird. Gleichzeitig spüre ich jetzt wieder diese Kraft in mir, mich davon nicht beirren zu lassen. Ich möchte allen Menschen Mut machen, an sich zu glauben und die eigene Gesundheit und Resilienz früh genug an erste Stelle zu setzen. Alles andere lohnt sich einfach nicht! Nur so kann viel persönliches Leid, aber auch familiärer und gesellschaftlicher Schaden vermieden werden. Jede Burnout-Erkrankung hat unweigerlich Auswirkungen auf das Gesamtsystem und in diesem Sinne trägt jeder von uns eine Verantwortung gegenüber dem Umfeld.

Die Burnout-Erkrankung hatte mich gelehrt, dass ich es wert war, auf mich und meine Gesundheit zu achten und dass ich niemandem etwas nützen würde, wenn es mir gesundheitlich schlecht ging und ich arbeitsunfähig wurde. Unsere Gesundheit und unser Wohlbefinden hängen direkt mit unseren innersten Wünschen und Vorstellungen eines glücklichen Lebens zusammen. Das wusste ich schon vor meiner Erkrankung. Sinnhaftigkeit, sich wertvoll, geliebt und angenommen fühlen, Teil der Gesellschaft zu sein, ist für jeden Menschen wichtig, unabhängig von Status, Bildung, Berufs- oder Arbeitsfähigkeit. Jeder Mensch ist wertvoll, unabhängig davon, was er/sie leistet oder leisten kann! Unbewusst sind wir jedoch oft vom Gegenteil überzeugt, so dass wir uns von Gefühlen wie Scham, Schuld und Unzulänglichkeit in den Rückzug drängen lassen. Nur wenig Menschen können von sich behaupten, völlig frei von Selbstzweifeln zu sein und ein unverwundbares Ur-Vertrauen von ihren Eltern mit auf den persönlichen Lebensweg mitbekommen zu haben. Jeder von uns hat seine eigene, persönliche Geschichte mit Erlebnissen, die Verunsicherungen, Entmutigungen und Muster der

Anpassung mit sich bringen. Vielleicht glauben wir, dass wir in unserer Kindheit negativ geprägt wurden und uns daher nicht verändern können. Veränderung ist jedoch möglich, in jedem Alter und zu jedem Zeitpunkt! Spätestens als Erwachsene können wir autonom entscheiden, welchen Weg wir gehen wollen. Wir können uns selbst eine wertschätzende und liebevolle Haltung entgegen bringen sowie unserem Körper, unserem Geist und unserer Seele ausreichend Sorge tragen. Genau das hatte ich während meiner Burnout-Erkrankung nochmals auf unterschiedliche Weise lernen und für mich persönlich erkennen dürfen. Es war ein steiniger Weg, der mich oft aus dem Gleichgewicht gebracht und persönlich herausgefordert hatte. Aus meiner Erfahrung führt für eine erfolgreiche Genesung kein Weg an einer ganzheitlichen Herangehensweise vorbei, welche die Intuition und Spiritualität integriert. Es gibt hier viele unterschiedliche Zugänge zur Ausgestaltung und Entdeckung der eigenen Präferenzen und Bedürfnisse. Mein breites Fachwissen und meine berufliche Erfahrung hatten mich weit gebracht. Der Zugang über das Denken und meinen Intellekt fiel mir einfach. Den Zugang über das Fühlen, Erleben und zu meiner Intuition musste ich während meiner Burnout-Erkrankung teilweise neu erlernen und für mich weiterentwickeln. Das Realisieren, dass ich mich so stark von mir selbst entfremdet hatte, würde mich wohl mein Leben lang prägen und nachhaltig beeinflussen. Und das war gut so, denn ich hatte den Eindruck, dass ich durch meine persönliche Weiterentwicklung und mein Erleben zu einer noch besseren Beraterin und Führungskraft geworden war. Es ging im Leben immer wieder darum, den eigenen für sich passenden Weg und Antworten auf zentrale Fragen zu finden. Dabei waren Umwege und Rückschritte kein Misserfolg, sondern eine Chance für Weiterentwicklung. In diesem Sinne sah ich den Mut und die Fähigkeit, Schwäche zugeben zu können, mittlerweile als Stärke, denn ich hatte so oft erlebt, dass gerade dieses Eingestehen ungeahnte Chancen für persönliche Begegnungen (mit sich selbst und anderen) eröffnete. Dafür war ich unendlich dankbar!

Burnout Diary – Blitzlichter

„Burnout ist wie eine Lawine von Ansprüchen, die über dich hereinbricht. Ob es nun Ansprüche von dir selbst oder von außen sind. Deine Reaktionsfähigkeit ist so oder so zu kurz, als dass du dich in Sicherheit bringen könntest. Der Schnee wirbelt dich umher und drückt dich mit aller Wucht nach unten. Jegliche Bewegung schmerzt und lässt deinen Atem langsam flacher werden."
Rebecca Petersen

Ich bin zurück im Leben! Zwar manchmal noch etwas wackelig auf den Beinen, aber stärker und bewusster als je zuvor. Das ist gut so. Ich habe mir meinen Platz in der Organisation und im Leben zurückerkämpft. Ich bin zufrieden. Ein schrittweiser Einstieg macht Sinn. Ich habe immer noch viele persönliche Themen und Fragen, die ich bearbeiten möchte. Ich bin nach wie vor dankbar um die Unterstützung einer Therapeutin. Gewisse Routinen verfestigen sich, andere fallen weg. Dinge, an denen ich mich vorher mit voller Kraft (gedanklich und emotional) festgehalten hatte, werden nun immer weniger wichtig. Mein gesundheitlicher Zustand verändert sich zunehmend positiv, ohne dass ich aktiv etwas dafür tun muss oder es mir bewusst ist. Ich merke, dass hilfreiche Routinen und Anker sich in meinen Alltag ganz von alleine, ohne Kraftanstrengung, stimmig integrieren oder verändern lassen.

Phase VII – Die grosse, weite Welt – Integration ...

Ich kann mehr und mehr die Kontrolle abgeben und darauf vertrauen, dass es gut kommt.

Ich habe aufgehört an meinem Buch zu schreiben! Ich brauche dringend eine Pause. Ich bin mir nicht sicher, wohin die Reise gehen soll und was ich mit meinen ursprünglichen Plänen für dieses Buch machen soll. Ich weiss nur, dass mich die konstante Beschäftigung mit meiner Burnout-Erkrankung neuerdings viel Kraft kostet. Das ist es mir nicht wert. Ich setze mich nicht mehr unter Druck! Das habe ich in den letzten Monaten gelernt! Ich weiß, dass das kontraproduktiv für meine Gesundheit ist. Ich bin einfach weiterhin offen dafür, dass sich dieser ursprüngliche Wunsch, aus meinem Leid und dem Erlebten durch die Burnout-Erkrankung für mich einen Sinn zu generieren, wieder zum Guten verändern wird. Ich habe die Zuversicht, dass ich meinen Weg finden werde, auch bezüglich einer möglichen Buchveröffentlichung. Das braucht jetzt halt vorerst zuerst etwas Zeit, Geduld und offensichtlich ein bewusstes Loslassen!

Ich nutze im Alltag nach wie vor gezielt Strategien aus der positiven Psychologie, aus dem Coaching, der Transaktionsanalyse und der Persönlichkeitsentwicklung sowie aus der Spiritualität und Achtsamkeitslehre. Ich habe gelernt, sichernde Strukturen und Gewohnheiten einzubauen und schneller wahrzunehmen, wenn ich über meine Grenzen gehe. Die Frage bleibt bestehen, ob und wie ich es schaffe, diese hilfreichen Anker und Ressourcen auch dann beizubehalten, wenn mein Arbeitspensum und der berufliche Stress wieder zunehmen. Die Zeit wird mir hier die Antwort darauf geben. Was ich aber sehr genieße, ist, dass ich für mich entdeckt habe, dass es nicht die eine sinnvolle Strategie gibt, sondern dass ich intuitiv immer wieder merke, was mir wann gerade gut tut. Ich habe bemerkt, dass sich meine Bedürfnisse mit der Zeit und im Entwicklungsprozess verändern können. Mit dieser Erkenntnis ist eine neue Art der Flexibilität und Leichtigkeit in meinen Alltag gekommen, denn ich muss mich nicht mehr so stark an geplanten Strukturen festhalten.

Heute habe ich es wieder geschafft! Ein weiterer Meilenstein ist gesetzt. Ich habe meiner Mutter und meinem Bruder von meiner Burnout-Erkrankung erzählt. Es gelingt mir immer besser, darüber zu reden. Auch wenn sich mein Puls bei jeder Offenbarung im Kontakt mit mir wichtigen Menschen immer noch erhöht und ich den Tränen nahe bin. Ich weihe also immer mehr von meinen Familienmitgliedern und Freunden in mein Erlebtes in Bezug auf die Burnout-Erkrankung ein. Es braucht Mut und auch hier lasse ich mir Zeit. Ich horche in mich hinein. Nehme mir nichts Bestimmtes vor. Entscheide im Moment, anhand meines Bauchgefühls und höre dabei auf mein Herz. Viele reagieren positiv, erzählen von ihren eigenen Erfahrungen, Ängsten und schwachen Momenten. So auch meine Mutter und mein Bruder. Ich merke im Austausch, dass dadurch meine eigene Kraft zunimmt. Ich beobachte mich selbst und erkenne, wie viel besser es mir seit dem Einbruch durch meine Burnout-Erkrankung geht. Ich stehe an einem ganz anderen Ort als vor dem Burnout. Ich habe zwar einige Narben und Verletzungen mitgenommen, aber diese heilen, schrittweise, und scheinen sich sogar als Beweis neuer Stärke, Weisheit und Zuversicht zu manifestieren. Oftmals überkommt mich eine große Dankbarkeit. Manchmal kommen die Schuld- und Schamgefühle, aber auch die Trauer und die Angst zurück. Aber ich kann in diesem Prozess immer mehr erkennen, dass sie einen weniger lähmenden Einfluss auf mich haben oder ich sie nach kurzer Zeit wieder hinter mir lassen kann. Das gibt mir Sicherheit. Ich spüre nach wie vor, dass ich nicht zu schnell euphorisch sein darf und mir mit allem immer noch Zeit lassen muss. Oder vielleicht besser, Zeit lassen darf. Gerade in diesem Aushalten von aufkommenden Emotionen und dem Bewusstsein, dass ich mich nicht selbst unter Druck setzen muss, liegt eine große Ressource. Auch, weil ich dabei nicht nur auf mich selbst vertraue, sondern auf die Verbindung zum größeren Ganzen und darauf, dass es schon irgendwie gut kommen wird. Aus Schwäche kann sich Stärke entwickeln. Das habe ich nun selbst auf körperlicher und seelischer Ebene erlebt.

Ich habe mir nun endlich eine neue, flexiblere Tagesroutine angeeignet, die mich mental sehr gut über Wasser hält und sich mit meinem neuen Arbeitspensum vereinbaren lässt. Ich habe kaum mehr Tage, an denen ich völlig neben mir stehe und meine Zukunftspläne gefühlt den Bach runtergehen. Ich nutze Strategien aus der Positiven Psychologie, aus den Sport- und Ernährungswissenschaften und aus der Spiritualität. Ich habe in den letzten Monaten, oder zumindest ab dann, als ich mental und körperlich wieder dazu fähig war, intensiv und gezielt an mir gearbeitet. Ich habe Persönlichkeitsentwicklung betrieben. Dies nicht nur im Rahmen der unterschiedlichen Therapien und Behandlungen (Physio, Gesprächs-, Atemtherapie, TCM, Coaching, etc.), sondern auch mittels Vertiefung in Literatur, Weiterbildungen, etc.. Ich merke, dass mir diese Kombination von „Mind, Body und Soul" und unterschiedliche Zugänge, so banal dies klingen mag, sehr gut tun und ich hier meinen individuellen, für mich passenden Weg gefunden habe. Zumindest für den Moment. Die Frage bleibt, ob und wie ich es schaffe, diesen Rhythmus und den positiven Fokus beizubehalten. Ich frage mich, wie hoch mein Arbeitspensum denn in Zukunft sein soll. Möchte ich längerfristig ein Voll- oder Teilpensum anstreben? Dies kann ich im Moment noch nicht abschließend beantworten. Und das ist ok! Eins nach dem anderen, denke ich mir!

Ich frage mich derzeit immer öfter, ob ich schon über dem Berg bin und mich bezüglich eines möglichen Rückfalls in Sicherheit wiegen kann. Habe ich die Burnout-Erkrankung tatsächlich überstanden? Kann ich mir soweit wieder trauen, dass ich tatsächlich merken würde, wenn ich wieder in alte Muster der Überforderung und Überarbeitung gelangen würde? Derzeit habe ich ja immer noch Begleitung und regelmässige Unterstützung mittels Therapie, um die ich nach wie vor sehr froh bin. Aber wie wird es sein, wenn ich wieder ganz auf eigenen Füssen stehen werde? Wann werde ich überhaupt soweit sein und wie werde ich das merken? Ich weiß die Antworten zu all diesen Fragen noch nicht. Ich weiss nach wie vor nicht, was die Zukunft bringen wird.

Aber das ist ok. In meinem Wiedereingliederungsprozess in meiner Organisation erweist sich das Case-Management nach wie vor als wichtige Ressource. Auch jetzt noch, da ich seit längerem schon wieder achtzig Stellenprozent übernehme, teils im Homeoffice. Obwohl ich nun weniger Unterstützung und Gespräche durch das Case Management brauche, ist es beruhigend, eine neutrale Person, die meine Geschichte kennt, an der Seite zu haben. Ich bin wirklich dankbar, dass diese Unterstützung an meinem Arbeitsort vorhanden ist.

Wir haben derzeit auf Ebene der Gesamtorganisation viele Absenzen bei den MitarbeiterInnen zu verzeichnen. Nicht alle sind der Überlastungsthematik zu schulden, einige davon aber schon. In solchen Momenten durchlebe ich manchmal wieder die Selbstzweifel und Kraftlosigkeit der akuten Phase meiner Krankheit. Trauer, Wut und Ohnmacht machen sich breit. Und dann kommt da dieser Gedanke zurück, dass es vielleicht doch Sinn macht, das Buch zu veröffentlichen. Es könnte eine Chance sein, um auf die gegenseitige Verantwortung hinzuweisen, welche wir in einem (Organisations-)System und in der

Gesellschaft füreinander tragen und aus meiner Sicht aktiv wahrnehmen sollten. Ich sage nicht, dass auf diese Weise meine Erkrankung oder eine Burnout-Erkrankungen von jemand anderem hätten verhindert werden können. Aber gerade weil die Burnout-Erkrankung eine starke Selbstentfremdung mit sich bringen kann und sich die Symptome so individuell und vielfältig manifestieren, ist ein Austausch und Aufklärung wichtig. Das Miteinander und soziale Begegnungen sind wertvoll, denn in vertrauensvollen Begegnungen kann aufeinander geachtet werden. Mit gezielter Teamentwicklung und Prävention kann die Bewusstheit über die Gefahren einer möglichen Burnout-Erkrankung gefördert werden. Eben diese Thematik der Prävention liegt mir wirklich sehr am Herzen und gibt mir neue Zuversicht. Ja, vielleicht entscheide ich mich doch, das Buch nach Möglichkeit zu veröffentlichen.

Ich habe wieder mehr Energie, um mich aktiv in die Aufgaben der Geschäftsleitung einzubringen und für übergeordnete Projekte Verantwortung zu übernehmen. Ich kann führen, prägen und leiten, so wie ich dies vor meiner Burnout-Erkrankung getan habe. Dieses Gefühl ist unbeschreiblich. Wir haben nach wie vor viele Prozesse und Abläufe, die es zu klären und aufzuarbeiten gilt. Doch das ist gut so. Ich fühle, dass ich in der Organisation etwas bewegen und meine Fähigkeiten und Stärken gewinnbringend einbringen kann. Das motiviert mich.

An den schlechten Tagen zweifle ich immer noch an mir und meinen Fähigkeiten, so wie heute. Wann wird diese Unsicherheit endlich ein Ende nehmen? Ich habe mehrere personelle Ausfälle zu verzeichnen und muss dementsprechend Stellvertretungen suchen. Die ganze Kernarbeit meines Schulleitungsauftrags muss ich über Wochen beiseite schieben, da ich mit der Personalsuche beschäftigt bin. Da hilft die beste Organisation und Planung nicht darüber hinweg. Jetzt gilt es, Prioritäten zu setzen. Elf-Stunden-Tage werden wieder häufiger. Das Gute ist, dass ich die Kraft habe, diese zu leisten. Ich hätte nicht gedacht, dass das irgendwann wieder in dieser Intensität möglich ist. Andererseits frage ich mich, ob ich das in Zukunft so beibehalten möchte und ob die Organisation als solches der falsche Arbeitsort für mich ist. Ich sehe dies als bewusste Entscheidung für mich. Ich stehe hier in einer Verantwortung mir selbst gegenüber. Eine Verantwortung, die ich für mich und meine Gesundheit trage. Meine Therapeutin konfrontierte mich in diesem Zusammenhang mit der Möglichkeit eines Rückfalls und der Tatsache, dass die „Datenautobahn" im Hirn schnell wieder zurück in alte Muster findet. Sie fragt mich ganz direkt, ob ich dieses Risiko tatsächlich eingehen möchte. Natürlich nicht! Die Konfrontation hilft mir zu erkennen, dass es zwar erfreulich ist, dass ich wieder so leistungsfähig bin, dass ich aber Gefahr laufe, wieder unkontrolliert in altes Fahrwasser und eine Überarbeitung zu geraten. Das werde ich mit allen Mitteln zu verhindern versuchen. Das bin ich mir schuldig!

Analog dazu schaue ich mich auf dem Stellenmarkt um und überlege mir, was für mich anderes, neben der Schulleitungsrolle und Beratertätigkeit, infrage käme. Gleichzeitig merke ich, dass mir der Führungsjob einfach sehr gut gefällt und ich daraus sehr viel Sinn und Motivation ableiten kann. Irgendwann wird sich diese Frage wohl für mich abschliessend klären. Ich bin offen für Neues und versuche in der Zwischenzeit, mich selbst sinnvoll und ausreichend abzugrenzen. Keine Ausreden mehr!

Ich nutze nach wie vor die Möglichkeit für Gesprächstherapie. Es wird nie langweilig und ich bin der Meinung, dass ich jedes Mal enorm viel davon profitiere. Ich bin dankbar für die vielen Erkenntnisse, die ich für mich jedes Mal mitnehmen kann. Da ist z. B. das Realisieren, dass ich mich mit meinem Schulleitungsjob in den letzten Jahren zu sehr identifiziert habe. Das stimmt, auch wenn ich das nie wirklich wahrhaben wollte! Zudem wollte ich meine Arbeit möglichst perfekt und effizient machen. Mein Leben bestand als Single zeitweise nur noch aus Arbeit, Schlafen, Essen und ein wenig Sport treiben. Ich habe das damals schon wahrgenommen, gleichzeitig wusste ich nicht genau, wie ich diesen Umstand aktiv hätte verändern können. In der Zeit von Covid und dem Lockdown habe ich die soziale Isolation dann dazu genutzt, um nur noch mehr Zeit im Büro bzw. im Homeoffice zu arbeiten. Ich habe früher am Morgen mit Arbeiten begonnen und später als normal damit aufgehört. Zudem wollte ich unbedingt ausreichend für mein Team da sein. Dies sind alles Tendenzen, die von Aussen betrachtet kritisch eingeordnet werden müssen. Allerdings hätte ich das tatsächliche Ausmaß meiner Überarbeitung nicht geglaubt, hätte ich zu einem späteren Zeitpunkt nicht meine Arbeitszeit-Notizen von vor einem Jahr genauer betrachtet. Ich fühlte mich wie vor den Kopf gestoßen! Ich hatte in einem halben Jahr unbemerkt unglaublich viele Überstunden angehäuft und im Tagesverlauf tatsächlich jegliche Pausen scheinbar einfach so weggelassen. Ich startete morgens immer früher mit Arbeiten, manchmal vor sechs Uhr, und arbeitete dann auch noch zu den unmöglichsten Zeiten von zu Hause aus. Aber bewusst wahrgenommen oder bemerkt hatte ich diese Veränderungen in dieser Zeit tatsächlich nie.

Es kommt immer noch vor, dass ich ab und zu unsicher werde und mich frage, ob ich den Anforderungen einer Schulleiterin gewachsen bin. In Krisenzeiten laufe ich zu Hochform auf und funktioniere einfach. Das ist eine echte Stärke. Kritisch wird es, wenn ich mir zu viele Gedanken mache über mögliche Unzulänglichkeiten oder meine Leistung sehr selbstkritisch betrachte. Ich kann mich diesbezüglich nun aber immer schneller regulieren. Das liegt daran, dass ich gemerkt habe, dass wenn ich beim Gefühl der Überforderung oder Unzulänglichkeit die Ruhe bewahren kann und mir erlaube, kurz eine Pause einzulegen, sich das Problem oder die Frage meist von selbst auflösen und mein Können und mein Selbstvertrauen ohne Anstrengung zurückkommen. Hier gilt „In der Ruhe liegt die Kraft!", denn wie aus Geisterhand kann ich dann die Fragestellung oder Entscheidung plötzlich ohne Probleme lösen und aus einer neu gewonnen Klarheit denken und handeln.

Es bleibt eine Herausforderung, sowohl mein privates wie auch mein berufliches Leben in den Fokus zu nehmen und aktiv zu gestalten. Ich arbeite einfach gerne und habe daher die Tendenz, mich darauf zu stark zu fokussieren und mich darüber zu definieren. Ich kann es irgendwie nicht ändern. Mir macht es in vielen Momenten einfach Spaß, so fokussiert und professionell unterwegs zu sein und mit meinem Team den Arbeitsalltag zu gestalten und zu sehen, wie die SchülerInnen aufblühen und Fortschritte machen. Ich bin sehr überzeugt von meinem Team und dessen Fähigkeiten und Kompetenzen. Ich habe nach wie vor hohe Ansprüche an mich selbst, wenn es um meine Arbeit als Schulleiterin und Führungskraft geht. Gleichzeitig merke ich nun einfach sehr viel schneller, wenn ich und mein Körper an seine Grenzen kommen. Ich kann dann schneller reagieren. Ich weiß nun ganz genau, dass es absolut gar nichts bringt, wenn ich zu oft über meine Grenzen gehe. Das dient weder mir noch meinem Team oder der Gesamtorganisation. Das hat aber zur Folge, dass ich viel mehr priorisieren und lernen muss, mit dem oft sehr hohen, nicht erledigten Berg von To-dos zu leben, ohne dabei Druck oder Schuldgefühle zu empfinden. Gerade wenn es direkt um die Anliegen meiner MitarbeiterInnen geht, habe ich oft noch Mühe damit. Und doch weiß ich nun, dass gerade dort eine wichtige persönliche Schwachstelle verborgen liegt, die mich herausfordert und die ich zum eigenen Schutz immer wieder von neuem bearbeiten und wenn möglich überwinden lernen muss.

Ich achte auf eine gesunde Ernährung! Kochen ist zu einer neuen, wiederentdeckten Leidenschaft geworden. Auch wenn ich manchmal abends spät nach Hause komme. Zudem habe ich wieder das Fasten für mich entdeckt. Ich meditiere täglich. Ich treibe regelmässig Sport und bewege mich an der frischen Luft. Ich trinke ausreichend Flüssigkeit, nehme mir bewusst Zeit für mich und das „Einfach-Sein". Ich folge bewusst guten Gedanken! Ich schreibe Tagebuch und notiere mir bewusst Dinge, für die ich dankbar bin. Das mag alles vielleicht etwas banal klingen. Aber es hat mir in den schwierigen Zeiten extrem geholfen. Und nur schon das Einführen dieser einfachen Routinen war zu Beginn der Burnout-Erkrankung ein wirklicher Kraftakt. Und nun, da es mir besser geht, sind die Routinen zu einer wichtigen Stütze in meinem Alltag geworden. Ich merke, dass ich immer noch daran arbeiten muss, diese beizubehalten. Das ist neben der Arbeit nicht immer einfach. Einige der Routinen habe ich bereits schon wieder verändert und an den neuen Alltag angepasst. Aber insgesamt geben sie mir Halt. Ich habe mir gewisse Einsichten und Routinen sogar in ein kleines Notizheft aufgeschrieben, welches ich in meinem Schulleitungsbüro vor mir liegen habe, als Erinnerung und persönliche Gedankenstütze! Früher dachte ich, dass diese Routinen einem unflexiblen Leben gleichen. Heute sehe ich diese Routinen als positive, stärkende Anker und Ressourcen, die mir persönlich gut tun und die mir helfen, meiner mentalen und körperlichen Gesundheit Sorge zu tragen. Sie sind zu einer wichtigen Ressource geworden, ohne dass ich sie zwanghaft ausführen muss.

Ich gehe nach wie vor zum inneren Ausgleich in die Sauna. Eine Ressource für Körper und Geist. Auch das Wandern bringt mich auf gute Weise auf andere Gedanken und lässt mich meinen Körper intensiv spüren. Ich habe wieder mit Schreiben begonnen. Urplötzlich wusste ich, dass ich jetzt wieder Kraft und Motivation dafür verspüre, mich meinem vorerst ad acta gelegten Buchprojekt zu widmen. Das Gefühl, einen großen Schritt weiter zu sein bezüglich meiner Genesung hat mich darin bestärkt. Das ist eine schöne Entwicklung und ich bin froh, dass ich diese Schreibpause bewusst einlegen und für mich nutzen konnte, ohne zu sehr an mir zu zweifeln.

Ich gehe nach wie vor ab und zu zur Massage. Mir fällt auf, was für ein großer Unterschied es in meinem Erleben gibt, wenn ich heute auf der Massagebank liege. Ich komme viel schneller gedanklich zur Ruhe, kann mich auf ein kurzes Gespräch mit der Masseurin einlassen, gemeinsam lachen und dann einfach abtauchen, mich entspannen und genießen. Es ist nicht mehr zwingend nötig für mein Wohlbefinden, aber unsagbar angenehm. Das war vor meiner Burnout-Erkrankung anders. Ich hatte mich regelrecht auf die Matte gerettet. Meine Gedanken kreisten während der ganzen Behandlung und oft konnte ich kaum merklich entspannen. Die Veränderung ist also tatsächlich körperlich gut spürbar und ich freue mich, dass ich nun an einem anderen Ort stehe als damals.

Ich arbeite nun seit mehr als eineinhalb Jahren wieder erfolgreich in meinem Betrieb, davon das letzte halbe Jahr bereits wieder ohne Krankschreibung zu fast hundert Prozent. Ich habe ein Etappenziel erreicht! Ich bin zu meinem Team an meinen ursprünglichen Arbeitsort zurückgekehrt. Mein Wunsch, mein Pensum zu reduzieren, wird leider nicht so schnell umsetzbar sein, doch ich hoffe, dass mein

Arbeitgeber mir längerfristig entgegenkommen wird. Mir ist klar, dass es im Moment immer noch darum geht, das gegenseitige Vertrauen aufzubauen und zu festigen. Jeder Monat, in dem ich erfolgreich meine Arbeit erledige und ich und mein Umfeld zunehmend merken, dass ich wieder leistungsfähig bin, gibt mir weitere Zuversicht und Lebensenergie. Ich bin stolz darauf, den Einstieg mit meinem Team gemeistert zu haben! Sie haben mich nach meiner langen Abwesenheit gut aufgenommen. Wir funktionieren nun wieder als eingespieltes Team. Ich habe den Eindruck, dass nun das gegenseitige Vertrauen in der Zusammenarbeit wachsen kann.

Ich kämpfe aktiv dafür, endlich wieder in die Ferien fahren zu können. Kämpfen im Sinne von ich möchte es für mich ins Bewusstsein holen. Ich erzähle gefühlt jedem und jeder in meiner Organisation, dass ich für ganze zwei Wochen in die Ferien fahre. So als ob ich mich selbst davor bewahren will, wieder einzuknicken und früher als geplant mit Arbeiten zu beginnen. Ich habe bereits wieder eine lange To-do-Liste erstellt, welche ich nach den Ferien bearbeitet möchte. Das Loslassen fällt mir schwer. Aber ich schaffe es und reise wie geplant in die Berge. Es dauert einige Tage, bis ich gedanklich runterkomme und nicht mehr alle paar Stunden an etwas denke, was ich aus der Arbeit noch erledigen sollte. Irgendwann werden diese Gedanken weniger. Ich bin angekommen. Das Wandern in den Bergen tut mir gut. Ich bin im wahrsten Sinne über den Berg. Ich bin endlich wieder „ferienfähig", das wird mir erst jetzt bewusst. So hatte es damals gestartet mit der Burnout-Erkrankung. Dass ich nicht mehr fähig war, mich in den Ferien zu erholen und Abstand zum Berufsalltag zu schaffen. Ein weiterer Meilenstein ist vollbracht. Was für eine Erleichterung!

Bildlich gesprochen – Sicherheit in mir finden

7 Die grosse, weite Welt – Sicherheit in mir finden

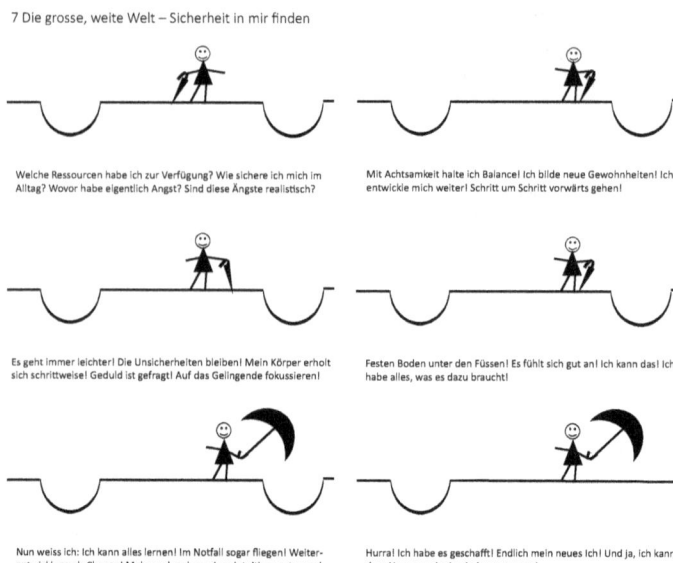

Welche Ressourcen habe ich zur Verfügung? Wie sichere ich mich im Alltag? Wovor habe eigentlich Angst? Sind diese Ängste realistisch?

Mit Achtsamkeit halte ich Balance! Ich bilde neue Gewohnheiten! Ich entwickle mich weiter! Schritt um Schritt vorwärts gehen!

Es geht immer leichter! Die Unsicherheiten bleiben! Mein Körper erholt sich schrittweise! Geduld ist gefragt! Auf das Gelingende fokussieren!

Festen Boden unter den Füssen! Es fühlt sich gut an! Ich kann das! Ich habe alles, was es dazu braucht!

Nun weiss ich: Ich kann alles lernen! Im Notfall sogar fliegen! Weiterentwicklung als Chance! Mehr und mehr meiner Intuition vertrauen!

Hurra! Ich habe es geschafft! Endlich mein neues Ich! Und ja, ich kann dem Neuen und mir wieder vertrauen!

Für (mögliche) Betroffene – Selbstreflexion und Resilienz lernen

In der letzten Phase der Burnout-Erkrankung geht es um die Integration des Gelernten, sei dies auf Gefühls-, Denk- oder Handlungsebene. Alle Anteile sind wichtig! Wir Menschen sind eine Einheit aus Geist, Körper und Seele und so braucht es auch für die Genesung einen möglichst ganzheitlichen Ansatz. Wenn wir uns nur auf einen Bereich konzentrieren, laufen wir Gefahr, dass ein anderer Anteil zu kurz kommt. Wenn wir einem Anteil etwas Gutes tun, können wir davon ausgehen, dass dies unserem ganzen Organismus und auch den anderen Anteilen zugutekommt.

Es geht in dieser letzten Phase darum, dass hilfreiche Abläufe, Gewohnheiten und Routinen in den privaten und beruflichen Alltag integriert werden. In einer früheren Phase ging es darum, diese persönlichen Ressourcen und neuen Gewohnheiten überhaupt erst einmal zu identifizieren und wahrzunehmen. Nun sind Sie bereits einen großen Schritt weitergekommen! Viele der neuen Gewohnheiten haben Sie mit großer Wahrscheinlichkeit bereits in Ihr Handeln, Denken und Fühlen integriert. Andere bedürfen je nach Situation und Stresslevel immer noch mehr Aufmerksamkeit. Das ist für den Moment völlig in Ordnung und wird wahrscheinlich in einzelnen Bereichen noch länger so bleiben, denn es ist Teil des persönlichen Entwicklungsweges, um aus der Burnout-Erkrankung langfrisitg auszusteigen. Entwicklung bedeutet stetigen Wandel (im Denken, Fühlen, Handeln) wie auch vermeintliche Rückschritte.

Es braucht eine neue Haltung und eine neue Sicht auf sich und die Krankheit. Damit meine ich, dass Sie sich gedanklich daran gewöhnen müssen, nicht mehr krank zu sein! Sie haben sich selbst in den letzten Monaten stark weiterentwickelt und es ist möglich, dass Ihnen diese Veränderungen nur bedingt selbst aufgefallen sind. Oftmals beschäftigen wir uns noch mit alten Themen, weil wir das gewohnt sind, die Beschäftigung mit diesen Themen zur Gewohnheit geworden ist und uns dadurch vermeintliche Sicherheit und Orientierung gibt. An diesem Punkt ist es nochmals wichtig, dass Sie erkennen, dass Sie nicht die Burnout-Erkrankung sind und dass Sie diese hinter sich lassen können!

Es ist an der Zeit, dass Sie die gemachten Erfahrungen, Erkenntnisse und Lernschritte wertschätzen, falls nötig für sich irgendwie schriftlich festhalten und dann loslassen können! Das Aufschreiben hilft Ihnen dabei, das Loslassen von der Idee, immer noch krank zu sein, gedanklich wirklich umzusetzen und dem eine Form und Ausdruck zu geben! Das beinhaltet schlussendlich das Loslassen der zweifelnden Gedanken, die einen an einen möglichen Rückfall erinnern und das bewusste Loslassen der vielen Unsicherheiten, welche in so vielen Bereichen des Lebens lange Zeit spürbar waren. Es geht um das Loslassen derjenigen Gedanken, die Sie an einem kraftvollen Neustart hindern. Daneben gibt es vielleicht unzählige Gedanken und Einsichten, die Ihnen Mut, Kraft und Zuversicht geschenkt haben. Diese sollen Sie natürlich behalten und Sie dürfen für sich prüfen, welche Gedanken ermutigend für Sie sind und Sie weiterhin begleiten sollen. Lassen Sie sich hier von Ihrer Intuition leiten!

Bewusstes Loslassen ist nicht immer einfach! Hilfreich ist, eine Art Ritual zu vollziehen, bei dem Sie all jene Gedanken, Ängste und Sorgen nochmals benennen, vielleicht sogar auf einen Zettel aufschreiben. Es ist wichtig, dass Sie deren Wert in der Vergangenheit anerkennen. Denn jeder Gedanke, jede Angst, etc. hat einen Beitrag für Ihre Entwicklung geliefert. Nun ist es Zeit, diese Gedanken, Ängste, etc. in Dankbarkeit ziehen zu lassen. Sie haben ihre Aufgabe erfüllt. Sie brauchen nicht länger an ihnen festzuhalten. Möglich ist z. B., diese Gedanken aufzuschreiben und zu verbrennen, zu vergraben oder in einem Bach oder See im wahrsten Sinne des Wortes davonziehen zu lassen. Nehmen Sie diese Idee für sich mit und überlegen Sie, was in diesem Prozess des Abschieds und Loslassens für Sie hilfreich sein könnte. Es gibt hier kein Richtig oder Falsch! Ihre Intuition wird Ihnen den für Sie passenden Weg und Zeitpunkt zeigen!

Im Laufe der Burnout-Erkrankung waren Sie zeitweise intensiv nur mit sich selbst beschäftigt. Dieser Fokus auf die eigene Person war damals sehr wichtig und zielführend. In der Zwischenzeit haben Sie vielleicht wieder mehr Energie zur Verfügung, um mit anderen Menschen in Kontakt zu treten und im Außen präsent zu sein. An dieser Stelle möchte ich Sie auf ein weiteres, wichtiges Konzept der Transaktionsanalyse hinweisen.

Es handelt sich dabei um die symbiotischen Beziehungsmuster. In der Theorie nach Schiff et al. kommt es zu einer Symbiose, wenn zwei oder mehr Individuen sich so verhalten, als bildeten sie zusammen eine einzige Person. Es wird auch von der „psychologischen Zweisamkeit" gesprochen, bei der es eine Über- und Unterverantwortung gibt. Derjenige, der die Verantwortung für den oder die anderen übernimmt, aktiviert innerhalb der Beziehung nur seine Elternperson und seine Erwachsenenperson. Das Kind-Ich wird ausgeschlossen. Die andere Person wird entsprechend gegenteilig seine/ihre Ich-Zustände aktivieren. In einer derartigen Beziehung werden die Betreffenden nicht ihre volle Ausstattung mit Ich-Zuständen einsetzen. Beide Personen haben nur Zugang zu einem Teil der Ich-Zustände. Dementsprechend werden beide in der Tendenz keine autonomen Entscheidungen treffen oder autonome Handlungen ausführen. Dies zeigt sich z. B. dadurch, dass der eine ungefragt Verantwortung für den anderen übernimmt. Es entsteht dementsprechend eine gegenseitige Abhängigkeit unter mangelnder Abgrenzung [4].

Das Konzept der symbiotischen Beziehungsmuster hängt eng mit dem Konzept der drei Grundbedürfnisse zusammen, welches am Ende dieses Kapitels unter (Selbst-)Reflexion genauer beschrieben ist. Zum einen möchte ich Ihnen ans Herz legen, ihre Beziehungen und Freundschaften genauer unter die Lupe zu nehmen. Es lohnt sich, hier ebenfalls bewusst „auszusortieren" und zu reflektieren, welche Kontakte Ihnen wirklich gut tun und Energie spenden und welche eher kräfteraubend, demotivierend oder einengend oder sogar übergriffig und grenzüberschreitend sind. Gesundheit und Resilienz sind direkt mit Autonomie, Selbstwirksamkeit und Selbstverantwortung verbunden. Den eigenen Lebensweg aktiv zu gestalten und seinen eigenen Bedürfnissen Sorge zu tragen gelingt, wenn Sie eine tragende Beziehung zu sich selbst pflegen und dabei alle Ich-Zustände mit Energie besetzen. Dies ist bei symbiotischen Beziehungen nicht der Fall, so dass es einer Loslösung in Richtung Autonomie bedarf. Ein solcher Loslöseprozess ist je nach Situation und Beziehung sehr aufwühlend und kräfteraubend, so dass es hilfreich sein kann, sich professionelle Hilfe eines/einer Therapeuten/in oder BeraterIn zu holen.

Es macht also Sinn zu prüfen, ob mögliche symbiotische Beziehungen in ihrem Beziehungsnetz vorhanden sind und zu reflektieren, wie stark diese auf Sie wirken. Denn im Rahmen Ihrer abschließenden Genesung ist es wichtig, dass Sie mehr und mehr wieder selbst die Verantwortung für Ihr Denken, Fühlen, Handeln, Glauben und Entscheiden übernehmen und darum ausreichend besorgt sind, zu Ihren individuellen Bedürfnissen zu schauen. Dies ganz im Sinne der Stärkung der Autonomie und Eigenverantwortung, was wie gesagt Ihrer gesamten Gesundheit und Resilienz zu Gute kommen wird.

Gehen Sie dementsprechend also nochmals kritisch mit sich in die Reflexion, sodass Sie tieferliegende Muster von ungesunden Abhängigkeiten und Symbiosen in Beziehungen direkt angehen und diese wenn möglich auflösen können! Es muss nicht so sein, dass symbiotische Beziehungsmuster vorliegen. Manchmal können Beziehungen auch so lähmend oder energieraubend wirken. Dann gilt es herauszufinden, wo die eigenen Grenzen liegen und was allenfalls der Auslöser für das Unbehagen und Unwohlsein in der Begegnung mit der Person sein kann. Ein Therapeut oder eine psychologische Beratung kann hier hilfreiche

Unterstützung bieten und Sie auf dem Weg zu mehr Klarheit begleiten. Wichtig ist mir hier noch zu erwähnen, dass es temporär Symbiosen gibt, die durchaus Sinn machen und unterstützend und nährend wirken können. Denken Sie dabei nur an eine Mutter und ihren Säugling oder an eine Person, die ihr Bein gebrochen hat und Unterstützung beim Anziehen und Kochen benötigt. Dann macht Unterstützung durch eine andere Person durchaus Sinn, so lange die Entwicklung und das Ausleben der Autonomie nicht beengt wird und die Person nach wie vor ihre drei Ich-Zustände (vgl. Phase IV – integrierendes ER-Ich) mit Energie besetzen kann.

Wenn dies für Sie zurzeit nicht immer möglich ist und Sie immer noch Phasen haben, in denen es Ihnen schlecht geht und Sie zusätzliche Unterstützung (z.B. bei Entscheidungen für nächste Entwicklungsschritte, etc.) benötigen, heißt das nicht, dass Sie in Ihrem Leben nicht voll funktionsfähig wären oder eigenverantwortlich handeln würden. Es kann mehr ein Hinweis dafür sein, dass Sie sich noch zu sehr auf andere im Außen verlassen und die Eigenverantwortung für Ihr Glück (und je nach dem auch Ihre Gesundheit) jemand anderem übergeben. Das birgt entsprechend die Gefahr der Abhängigkeit und mangelnden Abgrenzung.

Fällt diese unterstützende Person weg oder reagiert und handelt diese anders als erwartet oder gewünscht, kann es zu Beziehungskonflikten, Unsicherheit und ggf. zu Rückfällen auf Ihrem Genesungsweg kommen. Es ist daher für die nachhaltige Gesundwerdung sinnvoll, dieser Thematik der tragenden, nährenden und energiespendenden Beziehungen früher oder später auf den Grund zu gehen und für sich Klarheit zu schaffen. Dadurch steigern Sie nochmals Ihre Resilienz! Zudem sind Sie darauf angewiesen, dass Ihr Umfeld Ihnen wieder Dinge zutraut und Sie in Ihre Autonomie entlässt, falls das nicht schon der Fall war. Seien Sie hier achtsam und bestärken Sie Ihr Umfeld, wenn Sie merken, dass Ihnen nahe stehende Personen immer mehr Freiraum lassen, Sie bestärken, ihre eigenen Entscheidungen zu treffen und Sie nicht mehr davon abhalten, mal wieder an ihre Grenzen zu gehen. Sie dürfen sich selbst wieder mehr zutrauen und sich auf diesem Weg Fehler oder Grenzüberschreitungen erlauben. Haben Sie keine Angst! Sie werden auf dem Weg Schritt um Schritt merken, was Ihnen gut tut und wo es allenfalls zu viel des Guten war.

> Ich wünsche Ihnen gutes Durch- und Aushalten, im Wissen, dass Sie schon sehr weit gekommen sind! Die Klärung von Beziehungsthemen braucht Zeit und Geduld. Überfordern Sie sich also nicht damit. Es besteht keine Eile! Lassen Sie das Gelesene in einem ersten Schritt einfach einmal einige Zeit auf sich wirken und entscheiden Sie dann, welche nächsten Schritte Sie gehen wollen.

Für Angehörige, Freunde und MitarbeiterInnen – Systemdenken

Das Leben hat mit großer Wahrscheinlichkeit wieder an Ruhe und Gelassenheit zugenommen und gewonnen, vielleicht ist schon wieder etwas mehr Tempo und Stress in ihrem Alltag hinzugekommen. Zumindest erleben Sie sich mehr und mehr auf sicherem Terrain mit gewohnten Abläufen und Routinen – in der Partnerschaft, in der Familie oder im Organisationsteam. Das ist gut so!

Nichtsdestotrotz bleiben vielleicht dieser fahle Beigeschmack und das Wissen, dass es nie wieder so sein wird wie früher. Die Burnout-Erkrankung hat wahrscheinlich Spuren hinterlassen, bei der/dem Betroffenen selbst, aber auch in der Familie oder im Team.

Phase VII – Die grosse, weite Welt – Integration ...

Wichtig ist es nun, abermals einen Schritt weiterzugehen und einen Punkt zu machen. Es braucht ein bewusstes Loslassen und die Wendung hin zum Neuen und zum Unbeschwerten. Das ist wichtig, um die Krankheit und die Erinnerung gänzlich hinter sich zu lassen. Dies bedeutet ein weiterer Meilenstein in der Genesung - für das ganze System.

Geben Sie der/dem Betroffenen eine Chance, wieder ganz bei sich selbst zu sein. Trauen Sie ihm/ihr zu, dass er/sie sich selbst richtig einschätzen kann. Haben Sie keine Angst, wenn sich der/die Betroffene mal wieder zu viel zumutet und an seine/ihre Grenzen kommt. Das gehört im Sinne des Lernprozesses dazu und ist wichtiger Bestandteil der Genesung und Stärkung der Autonomie des/der Betroffenen.

Lenken Sie den Fokus neu wieder mehr auf sich selbst! Der/Die ehemals Burnout-Erkrankte ist nun wieder gesund, autonom, selbstständig und selbst für seine Gesundheit und seine Bedürfnisse und das Einhalten von Grenzen verantwortlich. Diese Abgrenzung und Unterscheidung ist wichtig. Es gab eine Phase, da war Ihre Unterstützung hilfreich und zwingend notwendig. Das ist jetzt nicht mehr so. Lassen Sie los! Starten Sie mit neuem Vertrauen in das Leben und den gemeinsamen Alltag.

Schauen Sie, wie Sie mit dieser neuen Freiheit und Unbeschwertheit umgehen können. Fällt es Ihnen leicht oder ertappen Sie sich dabei, nochmals nachzufragen, kritisch oder ängstlich zu beobachten und/oder Ihre Meinung zu einem Thema hinzufügen zu wollen?

Es ist je nachdem an der Zeit, dass Sie sich selbst nun an die neuen Gegebenheiten gewöhnen und für sich in die Verarbeitung und das Loslassen gehen. Das kann je nachdem, wie nahe Sie der betroffenen Person standen, ein intensiver persönlicher Prozess sein. Vielleicht haben Sie noch Ängste oder Befürchtungen vor einem möglichen

Rückfall des/der Betroffenen, die Ihnen im Nacken stecken? Oder Bilder von der Vergangenheit, welche Sie nicht loslassen? Scheuen Sie sich nicht, auch hier Hilfe und Unterstützung im Rahmen einer Beratung oder Therapie in Anspruch zu nehmen.

Vielleicht fällt es Ihnen aber leicht und Sie freuen sich einfach nur darauf, endlich wieder ins normale, unbeschwerte Leben zu starten! Vielleicht waren Sie selbst gar nicht so betroffen von der ganzen Situation und den Ereignissen und konnten sich in den letzten Monaten selbst gut abgegrenzt Sorge tragen. Wunderbar!

Dann schlage ich vor: Genießen Sie das Leben in vollen Zügen! Tun Sie sich Gutes! Lachen Sie zusammen und geniessen Sie die neu gewonnene Energie! Entspannen Sie sich und gewähren Sie der Unbeschwertheit und neu gewonnenen Freude Einlass in ihren beruflichen und familiären Alltag!

> Sie haben es geschafft! Die Erlebnisse rund um die Burnout-Erkrankung dürfen nun mehr und mehr in den Hintergrund gelangen! Lassen Sie nun los und atmen Sie tief durch! Sie haben die Zeit der grössten Unsicherheiten überstanden!

Für Führungskräfte – Cooperate/Social Responsibility

Der/die Betroffene arbeitet mit großer Wahrscheinlichkeit seit einigen Monaten wieder entsprechend der Anstellung vor der Burnout-Erkrankung und ist nicht mehr krankgeschrieben. Sie haben mit der Zeit bemerkt, dass noch einige wenige Unsicherheiten vorhanden sind. Mehr und mehr zeigt sich nun aber, dass der/die MitarbeiterIn sich wirklich besser fühlt und wieder vollen Einsatz und volle Verantwortung im Betrieb übernehmen kann.

Vielleicht fühlen Sie sich erleichtert über die positive Entwicklung?! Es war eine anstrengende Zeit - für Sie selbst, den/die Betroffene und das Team. Vielleicht haben Sie zwischenzeitlich mitgelitten und mussten mit Unsicherheiten und Rückschlägen des/der Betroffenen umgehen lernen. Möglicherweise gab es in der ganzen Zeit Spannungen oder Konflikte zwischen Ihnen als Führungsperson und dem erkrankten Mitarbeiter, die Sie lösen mussten. Vielleicht war ein Case-Management im Einsatz, welches Unterstützung bieten konnte, jedoch für Sie auch einiges an Mehraufwand bedeutete?! Hand aufs Herz: Eine Burnout-Erkrankung geht an der Organisation und dem Team nicht spurlos vorbei! Aber gemeinsam haben Sie es geschafft!

Vielleicht war es im Wiedereingliederungsprozess nötig, dass die Person den Arbeitsort wechselte und somit nicht mehr Teil Ihrer Organisation oder Ihres Teams ist. Auch das hinterlässt neben der zu ersetzenden Vakanz Spuren und eine Lücke, welche je nach Situation im Betrieb aufgearbeitet und im Team thematisiert werden sollte.

Eine Burnout-Erkrankung ist aus meiner Sicht immer ein Symptom für ein sehr komplexes, vielschichtiges Problem, das ein ganzes System betrifft und in Mitleidenschaft ziehen kann. Dabei sind meistens die internen Strukturen im Betrieb und die Führungskultur mit ausschlaggebend. Es ist dementsprechend wichtig, hier nicht einfach gänzlich die Verantwortung an den/die Burnout-Betroffenen abzuschieben, sondern die Eigenverantwortung im Sinne der Cooperate Responsibility zu übernehmen und Strukturen und Gegebenheiten im Betrieb kritisch zu betrachten.

Es stellen sich Fragen wie: Welche Strukturen vor Ort können eine Burnout-Erkrankung nähren bzw. vorbeugen oder verhindern? Wie gestalten Sie ein nachhaltiges und ganzheitliches Gesundheitsmanagement in Ihrem Betrieb? Wie gehen Sie mit Arbeitskonflikten um? Wie sichern Sie gelingende Kommunikation und eine wertschätzende, vertrauensvolle Teamkultur? Mit welcher Haltung begegnen sie einem/einer Burnout-Erkrankten ganz allgemein und/oder nach dem Wiedereinstieg? Wo verorten Sie die Gründe für eine Burnout-Erkrankung in ihrem Team? Was sind Sie gewillt, aktiv für die Prävention und Stärkung der Resilienz in Ihrem Team beizutragen? Was hindert Sie daran, hier eine klare Stellung zu beziehen und nächste Schritte zu gehen?

Ich bin davon überzeugt, dass Organisationen grundsätzlich das Wohlbefinden und die Gesundheit ihrer MitarbeiterInnen wichtig sind. Vielfach sind sie im anspruchsvollen Betriebsalltag jedoch damit überfordert, wenn es um die Umsetzung und Implementierung eines nachhaltigen und ganzheitlichen Ansatzes im Sinne des Gesundheitsmanagements, aber auch der Team-, Führungs- und Firmenkultur geht. Aus meiner Sicht wird hier am falschen Ort an Geld, Zeit und sonstigen wertvollen Ressourcen gespart.

Mir ist bewusst, dass nicht jede Führungskraft oder jedes Teammitglied gleich die Gesamtorganisation verändern kann und möchte. Es braucht Mut, sich längerfristig im Sinne der Cooperate Responsibility mit betrieblichen Themen, insbesondere bezüglich Gesundheit und Resilienz, auseinanderzusetzen und klar zu positionieren.

Ich bin klar der Meinung, dass jeder und jede (Führungs-)Person im Betrieb einen wichtigen Beitrag leisten kann. Die kleinen Dinge machen einen entscheidenden Unterschied. Ein positives Feedback des Vorgesetzten kann wahre Wunder bewirken und entlastend wirken. Es geht darum, genug Zeit für Begegnung im Team zu ermöglichen und wertschätzende Begegnungen zu etablieren und sich selbst im vollen Terminkalender bewusst Zeitgefäße zu schaffen, die für Austausch, organisationale Themen und die (Selbst-)Reflexion zur Verfügung stehen. Es geht darum, einem/einer ehemaligen Burnout-Erkrankten mit Offenheit, Wertschätzung und Respekt zu begegnen. Interessierte und offene Fragen stellen, anstatt ungefragt Ratschläge zu verteilen oder Vorurteile und Bewertungen zum Besten zu geben – das macht einen Unterschied in der gemeinsamen Begegnung und fördert den gegenseitigen Respekt. Hier erinnere ich gerne daran, dass eine Burnout-Erkrankung so viele Facetten und Ausprägungen hat, dass niemand genau wissen kann, wie es dem/der ehemals Erkrankten wirklich ergangen ist und mit welchen Herausforderungen er/sie vielleicht heute noch zu kämpfen hat. Seien Sie offen und interessiert an echter Begegnung und Austausch auf Augenhöhe. Schaffen Sie Vertrauen und begegnen Sie Schwierigkeiten und aufkommenden Konflikten mit einer offenen, lösungsorientierten Haltung. Muten Sie der Person wieder Dinge zu! Erwarten Sie nicht, dass jede und jeder über sein Erlebtes berichten wird. Der Umgang mit der Erkrankung und den Erlebnissen ist sehr individuell. Wahren Sie auch hier Grenzen, aber seien Sie offen und signalisieren Sie die Bereitschaft für Austausch. Das trägt viel zu einer vertrauensvollen Beziehung bei!

Bewusst habe ich hier den Begriff des/der „ehemals Erkrankten" gewählt. Denn auch hier bedarf es Ihrer Unterstützung! Ein/eine ehemals Erkrankte/r kann nur vollständig genesen, wenn ihm/ihr das Umfeld mit der Zeit wieder Vertrauen schenkt und zutraut, dass er/sie sich richtig einschätzen und etwas leisten kann. Hier braucht es Offenheit, Wertschätzung und Toleranz von allen Beteiligten. Formulieren Sie, wenn Sie sich unsicher fühlen und konfrontieren Sie Ihr Gegenüber in einem ruhigen Moment und im geschützten Rahmen mit ihren Sorgen und Ängsten. Trauen Sie sich, Gefühle wie Trauer, Wut, Ohnmacht, etc. oder Gedanken und Befürchtungen bezüglich Stress und Überforderung offen anzusprechen. Das ermöglicht der Person, sich selbst zu reflektieren und selbstverantwortlich dazu Stellung zu nehmen. Trauen Sie sich Ihrem Gegenüber mit Ihren Beobachtungen und Ihrer Einschätzung zu! Dies ist aus meiner Sicht der Königsweg für wertschätzende und respektvolle Begegnung hin zu einem tragenden, offenen und verständnisvollen Miteinander!

Eben dieses gemeinsame „Wir" ist so wichtig für eine gute Arbeitsatmosphäre im Team und in der Gesamtorganisation! Dann kann offen und ehrlich über die Burnout-Erkrankung oder eigene Grenzen und Schwächen gesprochen werden, ohne dass man befürchten muss, dafür verurteilt oder als nicht belastbar eingestuft zu werden. Dies ist ein weiterer, wichtiger Schritt zu einer gestärkten Organisation, die gesunde, motivierte und leistungsfähige MitarbeiterInnen beschäftigt und nachhaltig, respektvoll und wirtschaftlich erfolgreich unterwegs ist. Eine Investition in Cooperate Responsibility und ein nachhaltiges Gesundheitsmanagement lohnt sich aus meiner Sicht in jedem Fall!

> Ich wünsche Ihnen viel Erfolg in der Umsetzung! Holen Sie sich falls nötig Unterstützung von einer externen Fachperson! Es lohnt sich, sichernde Strukturen in der Team- und Organisationsstruktur zu schaffen, die die Gesundheit und Resilienz der Mitarbeitenden stärken und in den Fokus nehmen. Es braucht dazu langfristige Prozesse und Lösungen.

Phase VII – Die grosse, weite Welt – Integration ...

(Selbst-)Reflexion – Schritte zur Selbsterkenntnis

Für (mögliche) Betroffene

Auf meinem Weg der Genesung hat mir die Transaktionsanalyse und hier insbesondere die Theorie der drei Grundbedürfnisse [1] immer wieder geholfen, mir bewusst Gutes zu tun und auf meine Bedürfnisse zu achten. War ich in einem emotionalen oder energetischen Tief, habe ich mich manchmal einfach zu einer Umsetzung gezwungen (z. B. einer Massage oder einem Spaziergang, etc.), weil ich wusste, dass es mir gut tun und ich mich danach besser fühlen würde.

Die Grundbedürfnisse [1] nach Eric Berne beschreiben, anders als die physiologischen Grundbedürfnisse nach Schlaf, Essen und Obdach, die seelischen Grundbedürfnisse eines Menschen. Es sind dies Anerkennung/Streicheln (stroke), Stimulierung/Anregung (stimulus) und Struktur/Zeitgestaltung (structure). Ich könnte an dieser Stelle jeden dieser Bereiche vertieft beschreiben, was den Rahmen dieses Buches aber sprengen würde. Ich werde daher versuchen, dies möglichst kurz und trotzdem verständlich für Sie zusammenzufassen:

Anerkennung/Streicheln (stroke): Dies kann sowohl negative wie positive Aufmerksamkeit sein, welche durch eine andere Person oder durch die eigene Person ausgedrückt wird. Wenn keine positive Anerkennung möglich ist, begnügen Menschen sich mit negativer Anerkennung [2]. Laut Spitz, einem österreichischen Entwicklungspsychologen, kann Mangel an Anerkennung oder Kontakt besonders in der Kindheit sogar zu körperlichen oder emotionalen Störungen führen [3].

Beispiel: Lob, Lächeln, Berührung, Diskussion, Streit, Gespräch, SMS/Whatsapp-Nachricht, etc.

Stimulierung/Anregung (stimulus): Ihre fünf Sinne (Riechen, Schmecken, Fühlen, Hören, Tasten) werden auf unterschiedliche Weise stimuliert, was zu mehr Wohlbefinden führen kann. Zudem kann es im Alltag hilfreich sein, eine ganzheitliche Herangehensweise und Umsetzung zu fördern, z.B. in Bezug auf die Problemlösung oder die Struktur des Arbeitsalltags. Dabei kann es hilfreich sein, nicht nur das Denken (Kopf) zu aktivieren, sondern auch die Gefühle und das Empfinden (Herz) und das Tun (Hand) miteinzubeziehen. Zudem kann es neben dem Denken und Analysieren helfen, bewusst die Intuition im Prozess mit einzubeziehen.

Beispiel: Gewürze/Düfte, Sauna, Spaziergang, Dusche, Blumen, Massage etc.

Struktur/Zeitgestaltung (structure): Sie strukturieren die Zeit bei der Arbeit und im Privatleben mit Routinen, bekannten Abläufen und bestimmten Zeitgefäßen wie Pausen, Meetings, etc. Dies schafft Sicherheit und fördert die Abwechslung und Freude an kleinen Dingen im Alltag. Auch können z.B. psychologische Spiele (z. B. schwelende Konflikte), Smalltalk, Aktivitäten/Hobbys oder Intimität in Beziehungen eine Form der Zeitgestaltung sein und im Alltag Struktur und Sicherheit bieten.

Beispiel: Morgen-Meditation, Essen/Pausen/Apéro mit ArbeitskollegInnen, regelmässige Wochenend-Wanderung oder Spaziergang, Gottesdienst, Telefonzeit mit einer guten Freundin, etc.

Phase VII – Die grosse, weite Welt – Integration ...

Die seelischen Grundbedürfnisse hängen stark mit der Theorie zu den symbiotischen Beziehungen nach Schiff et al. zusammen [4], da wir in der Symbiose die Befriedigung für unsere seelischen Bedürfnisse wie Zuwendung, Stimulierung und Struktur auf eine andere Person übertragen.

In der Transaktionsanalyse spricht man von Symbiosen [4], wenn sich Menschen bewusst oder unbewusst als unvollständig erleben (vgl. Phase VII - symbiotischen Beziehungen) und sich dadurch in eine Abhängigkeit von anderen Personen begeben. Sie haben in Kapitel II vom Skript gehört. Alle Anteile des Skripts dienen im Grunde dem Versuch, andere Menschen zu Hilfe, Unterstützung und/oder Ausdruck von Liebe und Zuneigung zu bewegen. Damit soll das, was in der eigenen Persönlichkeitsentwicklung fehlte, endlich hergestellt werden. In diesem Sinne dienen andere Menschen dazu, im Beziehungsgeschehen eben diese fehlenden Fähigkeiten zu übernehmen und unerfüllte (Beziehungs-)Bedürfnisse zu befriedigen. Deshalb ist es gut nachvollziehbar, dass gerade während einer Burnout-Erkrankung, welche mit großer Verunsicherung und Stressempfinden einhergeht, Kommunikations- und Beziehungsmuster zunehmend symbiotisch gestaltet werden [5].

Prüfen Sie dementsprechend, welche Beziehungen Ihnen Kraft spenden oder Energie rauben. Betrachten Sie kritisch, wo Sie selbst vielleicht zu wenig Verantwortung übernehmen und die eigene Zufriedenheit und Bedürfnisbefriedigung anderen Personen überlassen oder zumuten. Achten Sie erneut auf die Ausgestaltung der seelischen Grundbedürfnisse und finden Sie neue Gewohnheiten und Routinen, wie Sie diese im privaten und beruflichen Alltag sinnvoll und regelmässig einbauen können!

Folgende Fragen können Ihnen bei der Selbstreflexion behilflich sein

- Welche Bereiche bezogen auf die drei seelischen Grundbedürfnisse (Anerkennung, Struktur, Stimulierung) setzen Sie bereits aktiv und achtsam in Ihrem Alltag um?
- Welche Bereiche kommen derzeit eher zu kurz?
- Wie könnten Sie den Bereich Struktur/Zeitgestaltung (structure) in Ihrem privaten Alltag neu aktivieren und beleben?
- Wie könnten Sie den Bereich Stimulierung (stimulus) in Ihrem privaten Alltag neu aktivieren und bewusster einbauen?
- Wie könnten Sie den Bereich Anerkennung/Streicheln (stroke) in Ihrem privaten Alltag neu aktivieren und bewusster beleben?
- Wie könnten Sie die drei Bereiche der seelischen Grundbedürfnisse auch in Ihrem beruflichen Alltag bewusster einbauen, aktivieren und beleben?
- Welche Freundschaften und Kontakte aus dem Berufs- oder Privatleben geben Ihnen Kraft, Zuversicht und ermöglichen Ihnen Selbstbestimmung und Autonomie?
- Welche Freundschaften und Kontakte aus dem Berufs- oder Privatleben nehmen Ihnen Kraft, Zuversicht und begrenzen in der Tendenz Ihre Selbstbestimmung und Autonomie?
- Wie gehen Sie mit Niederlagen, Rückschlägen und Fehlern um? Welche inneren Stimmen werden dann in Ihnen laut? Was äussern diese?
- Wie gehen Sie mit persönlichen Erfolgen und Fortschritten um? Wie könnten Sie dieses Verhalten in Bezug auf das Grundbedürfnis der Zuwendung (stro-

kes) neu gestalten und umsetzen? Welche Zuwendung könnten Sie sich infolge eines Erfolges zukommen lassen? Was löst diese Vorstellung in Ihnen aus?
- Wo würde es Ihnen gut tun, sich im Sinne der Befriedigung der drei Grundbedürfnisse (stroke, stimulus, structure) auf neue Perspektiven, Möglichkeiten und Ideen einzulassen? Welche neuen, stärkenden und erfüllenden Erlebnisse und Erfahrungen würden Sie sich dadurch ermöglichen? Inwiefern hätten diese positiven Einfluss auf Ihre Persönlichkeitsentwicklung?

Für Führungskräfte – mit Blick auf die Organisation

Auch in Bezug auf Ihre Organisation können die drei Grundbedürfnisse und die Theorie der symbiotischen Beziehungsmuster eine spannende Reflexionsgrundlage bieten! Hier ein paar Ideen für die Umsetzung und (Selbst-)Reflexion:

Anerkennung

- Wie und wofür geben Sie sich im Team Rückmeldungen, Feedback oder Lob? Wie fällt das Verhältnis zwischen Lob und Kritik aus Ihrer Sicht jeweils aus?
- Pflegen Sie eine bewusste Feedbackkultur? Wenn ja, worauf achten Sie dabei? Woran ist diese erkennbar?
- Was prägt den gemeinsamen Umgang in der Organisation? Woran ist dies sicht-, hör- und spürbar?
- Durch welche Werte ist die Zusammenarbeitskultur (bewusst oder unbewusst) geprägt? Welche Arten der Anerkennung kommen bei Ihnen im Team häufig vor?

- Wann wird die Zusammenarbeitskultur gelebt und umgesetzt? Woran ist diese erkennbar? Wodurch ist diese definiert? Wer hat diese geprägt?
- Gibt es in Ihrem Team (Unter-)Gruppierungen/Abteilungen etc., bei denen besondere „Regeln" oder „Werte" gelten? Zum Beispiel in Bezug auf Nähe/Distanz? Art der Kommunikation? Wertschätzung? Werte? Arbeitsqualität? Zusammenarbeit? Definition von Führung?

Stimulierung

- Wie setzen Sie Kreativität und Aktivierung der unterschiedlichen Sinne in Ihrem Team/Ihrer Organisation um? Gibt es Orte, die zum Erholen und zur Ruhe kommen, zu sportlicher Aktivität oder geselligem Austausch und Verweilen einladen?
- Wie sorgen Sie in Ihrer Organisation für Abwechslung im Arbeitsalltag? Welche Möglichkeiten haben die MitarbeiterInnen für die Umsetzung? Welchen Einfluss hat dies aus Ihrer Sicht auf die Resilienz und Gesundheit der Teammitglieder?
- Wie wichtig ist Ihnen die Integration der Intuition bei sich/in Ihrer Organisation? Wie schaffen Sie es, diese bei sich und Ihrem Team in den Berufsalltag zu integrieren?
- Wodurch ist eine ganzheitliche Herangehensweise (Denken, Fühlen, Handeln) – falls bereits vorhanden – in Ihrer Organisation erkennbar? Welche Vorteile werden/würden dadurch zugänglich – insbesondere in Bezug auf die Stärkung der Resilienz und Gesundheit im Team?
- Wie werden Teamanlässe gestaltet? Wie ermöglichen Sie regelmässigen Austausch und Begegnung im Team? Wie schaffen Sie es, einen merklichen Unterschied zum oft kopflastigen und stressigen Berufsalltag zu gestalten?

- An welchen Veränderungen in Bezug auf Stimulierung der unterschiedlichen Sinne hätte ihr Team besonders Freude? Was denken Sie? Was würde Ihr Team wohl sagen, wenn Sie die einzelnen Personen dazu befragen würden?
- Welche Vorteile sehen Sie in Bezug auf die Stimulierung der Sinne und eine ganzheitliche Herangehensweise im Arbeitsalltag in Ihrer Organisation - insbesondere in Bezug auf die Stärkung der Resilienz und Gesundheit? Welche Schlüsse ziehen Sie daraus für sich und Ihr Team?

Strukturierung

- Welche Rituale und Regeln gibt es in Ihrer Organisation? (ausgesprochen/unausgesprochen, bewusst/unbewusst?)
- Wie wichtig sind Struktur und Sicherheit in Ihrer Organisation? Wie begründen Sie diese Einschätzung?
- Wie werden Struktur und Sicherheit in Ihrer Organisation gewährleistet und gesichert? Woran ist dies erkennbar?
- Wo gäbe es Veränderungspotenzial und warum?
- Welche Rolle nehmen Sie dabei als Führungskraft ein?
- Wie könnte das Bewusstsein für die Wichtigkeit von Struktur und Sicherheit bei den Führungskräften erhöht werden? Welchen Einfluss hätte das auf die Organisation?
- Welche Strukturen sind im Hinblick auf die Stärkung der Resilienz und Gesundheit eher förderlich? Welche eher hemmend? Wo wäre Veränderung nötig?
- Wo verpufft aus Ihrer Sicht am meisten Energie und Motivation bei Ihnen/in Ihrem Team/in Ihrer Organisation? Wo wäre Veränderung sinnvoll?

- Wodurch wird besonders viel Energie und Motivation bei sich/im Team/in der Organisation ermöglicht und bewusst gefördert? Wo wäre Veränderung nötig?

Symbiotische Beziehungsmuster

- Welche MitarbeiterInnen agieren in ihrem Verhalten tendenziell symbiotisch und übernehmen häufig zu viel Verantwortung für andere? Welchen Nutzen ziehen diese Personen aus dieser Art der Kooperation mit anderen?
- Welche MitarbeiterInnnen verhalten sich eher passiv? Welchen Nutzen hat die Passivität für die betreffende Person? Welches Bedürfnis könnte dahinter liegen? Wie könnten Sie diese Personen als Führungskraft mehr in die Verantwortung holen? Welchen Einfluss hätte das auf Sie/auf das Team?
- Wie steht es ganz generell mit der Autonomie und Eigenverantwortung in Ihrem Team? Inwiefern hat Ihr Verhalten als Führungskraft darauf Einfluss? Wo bräuchte es allenfalls Veränderung, um die Autonomie und Eigenverantwortung im Team zu stärken?
- Wie könnten Sie konkret eine Stärkung der Autonomie und Selbstverantwortung in Ihrem Führungsbereich anregen? Welche Veränderungen würden sich daraus konkret ergeben? Wie würde sich dann Ihre Haltung als Führungskraft verändern (müssen)? Woran würden Sie das erkennen? Woran würden Ihre MitarbeiterInnen das erkennen?
- Welche Vorteile sehen Sie in Bezug auf die Förderung der Autonomie in Ihrem Team/in Ihrer Organisation? Wie könnten Sie eine Stärkung der Autonomie und

Selbstverantwortung in Ihrem Team anregen? Welche nächsten Schritten wären sinnvoll? Welchen kleinen nächsten Schritt setzen Sie in den nächsten Wochen konkret um?
- Wie könnten Sie eine Stärkung der Autonomie und Selbstverantwortung gerade auch im Hinblick auf die Stärkung der Resilienz und Gesundheit bei sich/Ihrem Team/in der Organisation anregen? Welche nächsten Schritten wären für Sie und Ihr Team sinnvoll? Wie könnte die Umsetzung konkret aussehen?

Literatur

1. Schlegel, L. (2002). *Handwörterbuch der Transaktionsanalyse* (2. Aufl., S. 83–84). Herder Verlag.
2. Schlegel, L. (2002). *Handwörterbuch der Transaktionsanalyse* (2. Aufl., S. 356–358). Herder Verlag.
3. Spitz, R. A. (1992). *Die Entstehung der ersten Objektbeziehungen* (Bd. 5, S. 112–113). Klett-Cotta.
4. Schlegel, L. (2002). *Handwörterbuch der Transaktionsanalyse* (2. Aufl., S. 313–320). Herder Verlag.
5. Schulze, H. & Sejkora, K. (2015). *Positive Führung – Resilienz statt Burnout* (S. 83–84). Haufe Verlag.

Nachwort

Was bleibt, ist eine tiefgreifende Lebenserfahrung, welche mich nachhaltig verändert hat. Was bleibt, ist Dankbarkeit für meinen erfolgreichen Genesungsweg. Was bleibt ist, dass ich mich als Schulleiterin, psychosoziale Beraterin, Coach, Supervisorin, Organisationsberaterin und lehrende Transaktionsanalytikerin PTSTA-C dafür engagieren möchte, andere vor einem solchen Erlebnis zu bewahren.

Was bleibt, ist die Gewissheit dass eine Burnout-Erkrankung eine Chance sein kann, sich zu verändern. Was bleibt, ist die Überzeugung, dass eine Burnout-Erkrankung nichts mit Scheitern zu tun hat. Eine Burnout-Erkrankung bedeutet viel mehr! Sie ist ein Zeichen dafür, dass ein Mensch die eigenen Grenzen wiederkehrend ignoriert und missachtet und in diesem Sinne verpasst hat, sich selbst zu respektieren und seiner Person und seinen Bedürfnissen ausreichend Wertschätzung und Achtung entgegenzubringen.

Die Burnout-Erkrankung ist gerade deshalb so gefährlich, weil die hormonellen Veränderungen auf Grund der hohen Stressbelastung einen großen Einfluss auf die eigene Wahrnehmung haben und im wahrsten Sinne des Wortes als „Tsunami im Kopf" die Sinne vernebeln können. Das hat zur Folge, dass man sich und die eigene Situation nicht mehr richtig einschätzen kann, so dass körperliche Symptome falsch oder zu spät erkannt oder wahrgenommen werden, was zu längerfristigen und bleibenden physischen und psychischen Schäden führen kann.

Das Gute ist, dass es wieder einen Weg hinaus gibt, auch wenn dieser sehr lange und steinig sein kann und man immer wieder mit neuen, oft unvorstellbaren Herausforderungen konfrontiert wird. Aber eine erfolgreiche Genesung ist möglich! Ich bin ein Beispiel dafür, auch wenn es sehr lange gedauert hat, bis ich mich selbst zugetraut habe, diese aufkeimende Hoffnung als Tatsache zu akzeptieren und die Burnout-Erkrankung bewusst hinter mir zu lassen.

Ich bin wieder voll leistungsfähig, meine Gedächtnis- und Denkleistungen haben sich verbessert, mein Hormonhaushalt ist wieder auf einem normalen Level, sodass ich die Nächte durchschlafen kann und mein Körper mit einem minimalen bis situativ sogar sehr hohen Stresslevel adäquat umgehen kann. Das war für mich lange Zeit undenkbar. Ich hatte große Angst, dass ich nie wieder ein solch hohes Leistungs- und Belastungsniveau erreichen würde. Mit viel Geduld und Zuversicht, welche ich mir durch meine beraterischen Fähigkeiten und vorhandenen Coaching-Skills erarbeitet habe, in Kombination mit meinem erworbenen Wissen aus Ernährung, Sport und Entspannungstechniken sowie der bewussten Integration von Spiritualität und Intuition in meinen Alltag, ist es mir gelungen, ein neues Level an Gesundheit und Wohlbefinden zu erreichen. Gleichzeitig wäre dies alles nicht möglich gewesen ohne die Hilfe von aussen durch verschiedene Personen.

Dies ist für jeden möglich und ich freue mich, wenn ich mit diesem Buch einen aktiven und nachhaltigen Beitrag zur Aufklärung, Prävention und Genesung von Burnout-Erkrankungen liefern kann. In meinen unterschiedlichen Rollen und Aufgaben kann ich zudem einen aktiven Beitrag in der Prävention, Begleitung und Unterstützung von (möglichen) Burnout-Betroffenen sowie in der Entwicklung von Organisationen, Teams und Führungskräften leisten. Dies erfüllt mich mit großer Zufriedenheit und Dankbarkeit.

Die Transaktionsanalyse bietet viele hilfreiche Konzepte und Perspektiven. Es war für mich kein Leichtes, mich in diesem Buch auf einige ausgewählte Konzepte zu beschränken. Gleichzeitig war es mir ein Anliegen, Ihnen den Zugang zu ermöglichen, hilfreiche neue Perspektiven aufzuzeigen und praktische Hilfsmittel zur Verfügung zu stellen, welche Sie direkt in Ihrem beruflichen und privaten Alltag umsetzen können. Das Wissen der Transaktionsanalyse hat mein Leben beruflich und privat bereichert und es gibt noch so viel mehr zu entdecken! Dieses Wissen und meine Erfahrung möchte ich weiterhin an andere Menschen weitergeben und somit im Rahmen von Beratungen, Supervision, Organisationsentwicklung und Aus- und Weiterbildungen zur Befähigung und Stärkung der Autonomie beitragen.

Vielen Dank an dieser Stelle für Ihr persönliches Interesse, die investierte Zeit und den Mut, sich mit sich selbst, aber auch im eigenen beruflichen und privaten Kontext mit dem Thema Burnout und Resilienz vertieft auseinander zu setzen! Somit leisten Sie einen direkten Beitrag in der Prävention und der Förderung der seelischen und körperlichen Gesundheit!

Schlusswort und Ausblick

Ich habe in diesem Buch versucht, einen möglichst breiten und vielfältigen Einblick in die Burnout-Erkrankung zu vermitteln, dabei unterschiedliche Perspektiven anzusprechen und durch die Vielfalt der Zugänge eine ganzheitliche Betrachtungsweise zu ermöglichen. Mir ist bewusst, dass diese Arbeit in keinster Weise vollständig oder abschließend ist oder allen Betroffenen einer Burnout-Erkrankung gerecht werden kann.

Gleichzeitig habe ich versucht, mich von meinen Ideen, meinem Wissen und meiner Intuition leiten zu lassen, in der Hoffnung, dass Sie, liebe Leserin und lieber Leser durch einen Aspekt oder eine Beschreibung direkt und individuell angesprochen werden und einen persönlichen Bezug zum Thema Burnout und Resilienz herstellen können. Das ist der erste, wichtige Schritt für ein besseres Verständnis und zu einer unvoreingenommenen Haltung gegenüber der Burnout-Erkrankung und (möglichen) Betroffenen.

Es war mir wichtig, persönliche Ereignisse und Erfahrungen einfließen zu lassen und gleichzeitig verschiedene Perspektiven und Lösungsansätze aufzuzeigen. Auch war es mir ein Anliegen, dieses vielschichtige und komplexe Thema neu zu beleuchten, möglichst ganzheitlich abzubilden und dabei hervorzuheben, dass es in all dem nicht darum gehen kann, Schuldige oder einen bestimmten Auslöser oder eine isolierte Ursache zu finden. Die Frage nach der Schuld und möglichen Verantwortungsträgern ist aus meiner Sicht selten wirklich hilfreich! Meiner Ansicht nach tragen wir alle einen Teil der Verantwortung – als Gesellschaft, und in diesem Sinne auch als Organisation, als Führungskraft, als Team- und/ oder Familienmitglied, als Freunde und Bekannte und natürlich auch als Individuen und (mögliche) Betroffene.

Cooperate/Social Responsibility ist dementsprechend für mich das Schlüsselwort in der Burnout-Prävention und erfolgreichen Behandlung. Ein Begriff, welcher mit einer neuen Haltung einhergeht, die geprägt ist von Achtsamkeit, Respekt, Ehrlichkeit, Offenheit sowie gegenseitigem Vertrauen und Wertschätzung. Wenn wir es schaffen, die Burnout-Erkrankung nicht aus dem Blickwinkel der Schuldzuweisung und einem Eingestehen von Schwäche zu sehen, dann ist schon vieles erreicht! Hier können Sie als Führungskraft, Team- oder Familienmitglied oder als FreundIn/Bekannte(r) bereits einen wichtigen Beitrag für eine Neubewertung und möglichst wertfreie Haltung leisten!

Ich danke Ihnen für Ihr Interesse an diesem Buch und hoffe, dass Sie zu einigen Antworten und Einsichten gefunden haben, welche Sie zu Beginn dazu bewogen haben, dieses Buch in die Hand zu nehmen.

Empfehlungen

Wie bereits erwähnt sind meine Perspektiven und Zugänge zum Thema Burnout und Resilienz nur ein erster Schritt in die persönliche Vertiefung und Aufklärung. Auf meiner Website www.triflect.ch finden sich zahlreiche kostenlose Unterlagen zur individuellen Vertiefung, unter anderem auch den Brief an Betroffene (Anhang). Zudem habe ich Online-Kurse zum Thema Burnout und Resilienz sowie Transaktionsanalyse erstellt, in denen Sie schrittweise und in ihrem Tempo lernen können und von mir professionell begleitet werden. Es gibt viele andere Bücher und Quellen, in die Sie sich im Anschluss mit Fokus auf Persönlichkeitsentwicklung und beruflicher Professionalisierung vertiefen können. Einige habe ich für Sie zusammengestellt und genauer beschrieben. Genauere Quellenangaben finden Sie im Literaturverzeichnis weiter unten.

Transaktionsanalyse (TA)

1. Die Transaktionsanalyse: Ein hilfreiches Buch, wenn Sie sich ganz allgemein für Transaktionsanalyse interessieren, einen ersten Überblick erhalten wollen. Es bietet einen guten Einstieg in die gängigsten Themen der TA und liefert am Ende jedes Kapitels spannende Aufgaben für die (Selbst-)Reflexion [1].
2. Positive Führung: Ein tolles Buch zur Vertiefung, insbesondere für Führungskräfte, welche sich im Rahmen von Transaktionsanalyse zum Thema Resilienz und Burnout vertiefen und einengende Muster erkennen und auflösen möchten [2].
3. Das konstruktive Gespräch – ein Leitfaden: Eine hilfreiche Lektüre, wenn Sie sich weiter in die Konzepte der Transaktionsanalyse einarbeiten wollen, insbesondere im beruflichen Kontext. Die Lektüre ist mit vielen wertvollen und handfesten Beispielen aus Beruf und Privatleben angereichert, was einen gut verständlichen Zugang ermöglicht [3].
4. Systemische Professionalität und Transaktionsanalyse: Ein spannender Zugang für BeraterInnen und Coaches, aber auch für Führungskräfte, die gerne systematisches Denken integrieren und offen sind, ihr eigenes Handeln selbstkritisch zu hinterfragen und sich professionalisieren möchten [4].
5. Die Transaktionale Analyse: Dieser Klassiker bietet vertiefte Zusammenhänge und Erklärungen für all diejenigen, die es gerne genau wissen möchten und unterschiedliche Quellen- und Referenzangaben suchen. Allerdings liest sich dieses Buch nicht mehr ganz so flüssig wie das Grundlagenwerk „Transaktionsanalyse", welches als erstes in dieser Liste vorgestellt wurde [5].

6. Das Handwörterbuch der Transaktionsanalyse: Dies ist ein sehr kompaktes Werk, welches einen schnellen Überblick und gut verständliche Definitionen zu den wichtigsten Begriffen der Transaktionsanalyse liefert [6].

Burnout – Fachartikel

1. Hochstrasser, B. (22.06.2016). Burnout-Behandlung Teil 1: Grundlagen. *Swiss Medical Forum*.
2. Hochstrasser, B. (29.06.2016). Burnout-Behandlung Teil 2: Praktische Empfehlungen. *Swiss Medical Forum*.
3. Hochstrasser, B. (Februar 2023). Burnout und Erschöpfungsdepression. *Zeitschrift für Psychiatrie und Neurologie*, S. 2–7.

Literatur

1. Stewart, I. & Joines, V. (1990). *Die Transaktionsanalyse – Eine Einführung*. Herder Verlag.
2. Schulze, H. & Klaus, S. (2015). *Positive Führung – Resilienz statt Burnout*. Haufe Verlag.
3. Gührs, M. & Nowak, C. (2014). *Das konstruktive Gespräch – ein Leitfaden*. Verlag Christa Limmer.
4. Schmid, B. (2008). *Systemisches Coaching – Konzept und Vorgehensweisen in der Persönlichkeitsberatung*. EHP-Verlag.
5. Schlegel, L. (2011). *Die Transaktionale Analyse*. Zürich: Deutschschweizer Gesellschaft für Transaktionsanalyse.
6. Schlegel, L. (2002, 2. Aufl.). *Handwörterbuch der Transaktionsanalyse*. Herder Verlag.
7. Welter-Enderlin, R. & Hildenbrand, B. (2006). *Resilienz – Gedeihen trotz widriger Umstände*. Karl-Auer Verlag.
8. Buchenau, P. & Nelting, M. (2015). *Burnout – Von Betroffenen lernen!* Springer Gabler Verlag.

Anhang

Brief an Betroffene – Eine einfache Möglichkeit zur Kontaktaufnahme

Ich habe mir lange überlegt, wie es möglich ist, sowohl über das Thema „Burnout" aufzuklären als auch mögliche Betroffene mit meinem Buch zu erreichen. Rückblickend kann ich zugeben, dass es bei mir viele Anzeichen für eine Burnout-Erkrankung gegeben hat. Ich wollte diese zum damaligen Zeitpunkt aber einfach nicht sehen und wahrhaben. Kritische Hinweise von Freunden habe ich vehement abgewehrt und nicht ernst genommen.

Wie also ist es möglich, jemanden in einem frühen Stadium der Erkrankung zu erreichen und zum Umdenken anzuregen? Dazu kam mir die Idee eines persönlichen Briefes, den Sie mit wenig Aufwand kopieren und an die betreffende Person schicken können. Natürlich ist es auch möglich, die betroffene Person in einem ruhigen Moment einfach darauf anzusprechen. Aus meiner Erfahrung wird ein/eine Burnout-Betroffene/r nur selten hinhören und zuallererst eine Abwehrhaltung einnehmen. Das gehört aus meiner Erfahrung schon fast zu einem klassischen Krankheitsbild hinzu und entspricht der Persönlichkeitsstruktur, die ein Burnout sogar begünstigt. Deshalb hatte ich die Idee mit dem Brief, den der/die Betroffene in aller Ruhe lesen kann und somit Zeit erhält, um die Informationen gedanklich und gefühlsmäßig für sich einordnen zu können. Vielleicht braucht es ja mehrere Anläufe, bis die Information bei der Person ins Bewusstsein vordringen kann. Ein Brief, den man in der Hand hält, lässt sich jedenfalls weniger leicht „ignorieren" oder „abwehren" als ein Hinweis oder Ratschlag eines guten Freundes/einer guten Freundin.

Ich wünsche mir, dass dieses Buch und dieser Brief viele Betroffene möglichst frühzeitig aufrütteln und zu einem „radikalen" Umdenken animieren können. Oder in einem ersten Schritt als Türöffner dienen, um sich weiter über das Thema Burnout und Resilienz zu informieren.

Mein Wunsch ist es, dass (mögliche) Betroffene gar nicht erst in ein Burnout geraten und dadurch einen weniger langen und intensiven Genesungsweg durchstehen müssen. Gleichzeitig hoffe ich, dass (mögliche) Betroffene für die jeweilige, persönliche Situation von meinen Erfahrungen lernen können, um für sich soweit als möglich zu profitieren und aus meiner Geschichte auch ein wenig Hoffnung, Kraft und Zuversicht schöpfen können.

In diesem Sinne wünsche ich Ihnen von Herzen alles Gute für Ihren persönlichen Weg und falls nötig ausreichend Mut, hinzuschauen und Ihre eigenen Beobachtungen ernst zu nehmen, sodass Sie diese dem/der möglichen Betroffenen als Hilfe/Hilfeangebot zur Verfügung stellen und ehrlich mitteilen können, was Sie beobachten, ohne daran irgendwelche Erwartungen zu knüpfen.

Die Unterlagen zum "Brief an Betroffene" finden Sie auch auf meiner Website zum Download.

Mit besten Grüßen
Rebecca Petersen
www.triflect.ch

Teil 1 - Kontaktaufnahme

Datum: _____

Lieber/Liebe _____

Sie erhalten diesen Brief von _____, weil er/sie sich Sorgen um Sie macht in Bezug auf Ihre Gesundheit und Ihre momentane Befindlichkeit.

Aus eigener Erfahrung weiß ich, wie schwierig es ist, sich in einer stressigen Phase Zeit zu nehmen, über das eigene Befinden nachzudenken und in sich hinein zu spüren. Das Problem ist, dass genau diese Schwierigkeit des Zur-Ruhe-Kommens darauf hinweist, dass Sie die Tendenz haben, in die Burnout-Falle zu tappen. Ich rede aus Erfahrung! Mir ist es ebenso ergangen! Ich war im Hamsterrad von Arbeit, Stress, Druck und konstanter Leistung so gefangen, dass ich nicht bemerkt habe, dass sich das Rad immer schneller dreht und der einzig richtige Weg fürs Überleben eigentlich der sofortige Ausstieg gewesen wäre. Ich dagegen entschied mich aufgrund meiner hohen Ansprüche an mich selbst, einfach noch schneller zu rennen und Gefühle wie Überforderung, Schwachheit und Unzulänglichkeit zu ignorieren. Das war am Anfang. Mit der Zeit habe ich mich ganz einfach nicht mehr gespürt, ich hatte gar keinen Zugang mehr zu meinen Gefühlen und Bedürfnissen. Ich funktionierte nur noch! Ich war aber bis zum Schluss der festen Überzeugung, dass ich selbst nie in einen Burnout geraten würde!

Sie denken jetzt vielleicht: „Was redet die denn da? Die kennt mich doch gar nicht!"

Das ist richtig! Jedoch weiß ich aus eigener Erfahrung, dass Hinweise von Personen, die einen gut kennen und besonders nahe stehen, allzu schnell und sehr erfolgreich, ja fast schon reflexartig abgewehrt und ignoriert werden. Man nennt das auch Verleugnung.

Genau eine solche Person versucht Ihnen nun mit diesem Brief die Möglichkeit zu geben, in einer ruhigen Minute für sich ehrlich und ohne Verleugnung zu reflektieren, wo Sie im Moment gerade stehen, wie Sie sich momentan fühlen und was Sie vom Leben wirklich möchten. Suchen Sie sich dazu einen ruhigen Ort, lassen Sie sich Zeit, atmen Sie tief durch und versuchen Sie, die Stille, das Nichtstun und das Mit-sich-Alleinsein für ca. zehn Min. einfach auszuhalten und wenn möglich sogar zu genießen. Wenn Ihnen das schon schwerfällt, ist es gut möglich, dass Sie sich bereits im Hamsterrad von Stress und Überlastung befinden und Sie es daher schon gar nicht mehr aushalten können, wenn sich das Rad einmal etwas langsamer dreht oder sogar für kurze Zeit zum Stillstand kommt.

Sie mögen jetzt vielleicht denken: „Ja, stimmt. Eigentlich fühle ich mich extrem erschöpft. Aber ganz ehrlich, ich kann gar nicht aus meinem System aussteigen! Unmöglich! Was machen denn dann meine Kinder, was macht dann mein Partner/meine Partnerin, mein/e Vorgesetzte/r, meine Kolleginnen/Kollegen und mein Team, meine Kunden, etc.?"

Auch diese Befürchtung als Begründung kann ich sehr gut nachvollziehen! Mir ging es genauso! Aber irgendwann war ich an einem Punkt, wo ich gar nicht mehr die Kraft hatte, über Alternativen und umsetzbare Ausstiegsmöglichkeiten nachzudenken. Wenn diese gedanklich für einem Moment aufkeimten, habe ich sie einfach grad wieder als dumme Ideen verworfen, weil ich überfordert war, darüber weiter nachzudenken. Ganz ehrlich: Bei einer Burnout-Erkrankung kommt irgendwann der Moment, an dem Sie das System an die Wand fahren! Einfach so, aus dem Nichts, und zwar mit Totalschaden! Das habe ich selbst erlebt! Und dann haben Sie noch nicht mal mehr die Kraft, sich gegen die Angst, Unsicherheit und die Ungewissheit über mögliche Alternativen aufzulehnen. Dann ist da nur noch Leere und Sie können gar nicht mehr für das Ihnen „ach so" wichtige System mitdenken, geschweige denn für die Personen, die Ihnen wichtig sind, da sein und ihre bisherige Rolle ausfüllen!

Dann sind Sie einfach nur noch am Ende mit Ihren Kräften. Dann haben Sie mit sich und der Welt abgeschlossen! Dann sind Sie ein körperliches und seelisches Wrack. Dementsprechend ist die Alternative, sich jetzt, genau in diesem Moment, kurz Zeit zu nehmen für eine erste (Selbst-)Reflexion, eine wirklich sinnvolle und gute Idee! Vielleicht gelingt es Ihnen, in einem ersten Anlauf nächste Schritte zur Verbesserung Ihrer derzeitigen Situation festzulegen. Oder Sie entscheiden für sich in aller Ruhe, dass Sie selbst überfordert sind und selbst keinen möglichen Ausweg sehen oder derzeit einfach keine „alles verändernde" Entscheidung treffen können. Dann holen Sie sich am besten professionelle Hilfe. Das heisst, Sie vereinbaren noch heute einen Termin beim Hausarzt/bei der Hausärztin, einem Psychologen/einer Psychologin oder einem Berater/einer Beraterin, nur um sicherzugehen, dass Sie Ihre Situation richtig einschätzen können und im weiteren Prozess gut begleitet sind. Das ist mit Sicherheit die bessere Alternative, als Ihre derzeitige Situation einfach so zu belassen, wie sie ist! Glauben Sie mir! Wie gesagt, ich rede hier aus Erfahrung und ich wünsche keiner einzigen Person auf dieser Welt, dass sie diesen körperlichen und seelischen „Kollateralschaden" oder „Totalausfall" selbst erleben muss!

Das Thema Burnout ist vielschichtig, komplex und die Symptome sind sehr individuell. Die Symptome werden daher oft missverstanden und unterschätzt. Selbst ich als psychologische Beraterin und Coach habe bei mir damals die Symptome und ersten klaren Anzeichen nicht richtig gedeutet bzw. wie bereits angesprochen, erfolgreich ignoriert, verdrängt und falsch eingeordnet. Zudem hatte ich ganz einfach keinerlei Vorstellungen davon, wie denn das Alltagsleben anders aussehen könnte und wie es sich dann anfühlen würde, mit weniger Stress, Unsicherheit und (Leistungs-) Druck. Zudem bedeutete mir die Arbeit einfach sehr viel. Die Anerkennung und das Einbringen meiner Stärken und Ressourcen bereiteten mir große Freude und ich betrachtete meinen Leistungs- und Durchsetzungswillen und meine körperliche und mentale Stärke als durchwegs positive Eigenschaften. Ich hätte nie gedacht, dass sich dies in der Länge so verhängnisvoll für mich auswirken könnte und sich das Blatt irgendwann so schnell wenden würde.

Für Sie muss das jedoch nicht so enden!

Ich habe daher eine Bitte an Sie: Führen Sie im Anschluss für sich einen kostenlosen Online-Burnout-Test durch und befassen Sie sich mit möglichen Symptomen und ersten Anzeichen einer Burnout-Erkrankung. Es ist natürlich möglich, dass in einem fortgeschrittenen Burnout-Stadium auch das wenig bringen wird, weil Sie Ihre eigene Situation und vorhandene Symptome nicht mehr richtig wahrnehmen können. Das ist eine Auswirkung des lang anhaltenden Stresszustandes! Durch die erhöhte Konzentration der Stresshormone fällt die Selbstwahrnehmung zunehmend schwerer und es werden vielfach einzelne körperliche Symptome abgewertet oder falsch gedeutet. Eine Fremdeinschätzung könnte Ihnen hier zusätzliche und wichtige Hinweise liefern.

Wenn Sie also den Mut haben, eine Ihnen nahestehende Person (vielleicht diejenige, von der Sie diesen

Brief erhalten haben) um eine Fremdeinschätzung zu bitten, dann ist der zweite Teil dieses Briefs vielleicht der nächste richtige Schritt für Sie. Teilen Sie der betreffenden Person einfach mit, dass Sie sich eine Fremdeinschätzung wünschen und bitten Sie sie darum, den Teil 3 auszufüllen und Ihnen zurückzugeben.

Ich bin mir sicher, die betreffende Person freut sich über Ihre Anfrage und darüber, dass sie Sie bei der Selbstreflexion und im Prozess unterstützen kann.

Mit der Fremdeinschätzung können Sie dann nochmals in Ruhe für sich reflektieren und entscheiden, ob Sie sich vorsorglich fachliche Hilfe von einem Psychologen/einer Psychologin, einem Arzt/einer Ärztin holen möchten. Vielleicht hilft es Ihnen auch, mein Buch „Tsunami – Burnout im Kopf" zu lesen und einen Einblick in meine Geschichte und meine Erfahrungen mit dem Thema Burnout und Resilienz zu erhalten. Oder Sie haben Lust, sich auf meiner Website www.triflect.ch umzusehen und die dortigen Ressourcen (z.B. Online-Kurse, Antreiber-Test, etc.) und Informationen für sich zu nutzen.

Entscheiden Sie in Ruhe und ganz für sich! Wählen Sie bewusst aus, was Ihnen als nächster Schritt richtig erscheint. Es gibt nicht den einen richtigen Weg!

Die Entscheidung liegt ganz bei Ihnen! Es kann Ihnen dabei auch niemand wirklich helfen. Und das ist gut so! Denn schlussendlich sind Sie selbst für Ihr Glück und Ihre Gesundheit verantwortlich! Sie wissen selbst am besten, was Ihnen gut tut und was das Richtige für Sie ist!

Schreiben Sie in jedem Fall nun hier kurz auf, welche Gedanken Ihnen, auch ohne große Vorüberlegungen oder sinnvolle Erklärungen, spontan in den Sinn kommen und welche nächsten Schritte Sie für sich gehen möchten:

Mit oder ohne Burnout-Symptome tun Sie gut daran, sich immer wieder mal Zeit zu nehmen, innezuhalten und für sich eine Standortbestimmung vorzunehmen, um in Ruhe zu überlegen, wo Sie in Ihrem Leben stehen, ob Sie wirklich (noch) glücklich sind, sich wohl fühlen und wo Sie in Ihrem Leben noch hinwollen und wodurch Sie persönlich in Ihrem Tun und Alltag Sinn erleben.

Sie sind es in jedem Fall wert, ein glückliches, gesundes und zufriedenes Leben ohne Druck, Stress, Scham- und Schuldgefühle zu führen – Sie müssen dafür auch nichts Spezielles leisten oder sich verändern!

Ich wünsche Ihnen auf diesem Weg von Herzen alles Gute sowie viel Mut, Kraft, Erfolg und gute Gesundheit!

Mit besten Grüßen

Rebecca Petersen

www.triflect.ch

Teil 2 - Fremdeinschätzung

Datum: _____

Lieber/Liebe _____
Fremdeinschätzung von: _____
Fremdeinschätzung für: _____

Sie erhalten diesen Brief auf eigenen Wunsch von _____, weil Sie sich über Ihre Gesundheit und ihre momentane Befindlichkeit in Bezug auf das Thema Burnout mithilfe einer Fremdeinschätzung selbst reflektieren möchten.

Ich gratuliere Ihnen zu diesem ersten, wichtigen und mutigen Schritt!

Im Folgenden (Teil 3) finden Sie eine ausführliche Liste mit möglichen Anzeichen für eine Burnout-Erkrankung. Die Markierungen zeigen die Einschätzung von _____, welche Sie für Ihre persönliche Reflexion nutzen können.

Wichtig: Bei der Fremdeinschätzung handelt es sich lediglich um eine Beobachtung einer Drittperson! Es liegt nun ganz bei Ihnen, für sich zu reflektieren und zu entscheiden, welche Symptome und ersten Anzeichen Sie tatsächlich bei sich feststellen können.

Gehen Sie nun wie folgt vor:

1. Überfliegen Sie kurz die Fremdeinschätzung. Decken Sie dann die linke Seite ab, sodass Sie die Fremdeinschätzung nicht mehr sehen können.
2. Kreuzen Sie nun mit einer anderen Farbe die aus Ihrer Sicht auf Sie zutreffenden Symptome an! Überlegen Sie nicht allzu lange und decken Sie wenn möglich die Markierungen vorn (welche von der anderen Person ge-

macht wurden) ab, damit sich hier ein möglichst unvoreingenommenes Bild ergeben kann.
3. Entfernen Sie die Abdeckung auf der linken Seite. Vergleichen Sie nun die beiden Einschätzungen und stellen Sie die Unterschiede in Relation zu Ihrer eigenen Einschätzung.
4. Lassen Sie die Eindrücke für einen Moment auf sich wirken und kommen Sie, falls nötig, etwas zur Ruhe. Schaffen Sie etwas Abstand!
5. Entscheiden Sie dann, ob Sie allenfalls fachliche Unterstützung durch eine Psychologin oder Arzt in Anspruch nehmen möchten. Wenn Sie nach wie vor unsicher sind bezüglich einer realistischen Ersteinschätzung, kann Ihnen auch eine Beratung bei einem Resilienz- oder Burnout-Coach, Therapeuten/Therapeutin oder Ihrem/Ihrer Hausarzt/Hausärztin weiterhelfen, insbesondere bei diffusen, körperlichen Symptomen. Die (Fremd-)Einschätzung (Teil 3) kann dann bereits als erste hilfreiche Standortbestimmung und für den gemeinsamen Austausch dienen.
6. Schreiben Sie in jedem Fall nun hier kurz auf, welche Gedanken Ihnen, auch ohne große Vorüberlegungen oder Erklärungen, spontan in den Sinn kommen und welche nächsten Schritte Sie für sich gehen möchten.

Geschafft! Ich freue mich, dass Sie sich, anders als ich damals, bewusst für diese kurze, ehrliche Standortbestimmung und Selbstreflexion entschieden haben und Sie sich Zeit genommen haben, Ihre Gesundheit und Ihr Wohlbefinden für einen Moment in den Mittelpunkt zu stellen.

Vielleicht ist es Ihnen jetzt sogar ein Anliegen, sich persönlich genauer mit der Burnout-Thematik zu befassen?! Dann könnte Ihnen mein Buch „Burnout – Tsunami im Kopf" hilfreiche Einblicke und einen ersten Überblick verschaffen. Alternativ schauen Sie sich auf meiner Website www.triflect.ch um. Dort finden Sie hilfreiche Unterlagen und Ressourcen zum Thema Burnout und Resilienz.

Ich wünsche Ihnen auf Ihrem weiteren Weg von Herzen alles Gute sowie viel Mut, Kraft, Erfolg und gute Gesundheit!

Mit besten Grüßen

Rebecca Petersen

www.triflect.ch

Teil 3 - Fremdeinschätzung
Datum: _____

Fremdeinschätzung von: _____
Fremdeinschätzung für: _____

Mögliche Vor- und Anzeichen einer Burnout-Erkrankung
Kreuzen Sie die zutreffenden, bei Ihnen vorkommenden Symptome an und schreiben Sie allenfalls noch Stichworte hinzu, woran Sie diese erkennen. Zudem können Sie unter „andere" die Liste noch ergänzen.

Psychische Symptome

- Emotionale Erschöpfung
- Emotionale Labilität
- Reizbarkeit
- Aggressivität
- Unsicherheit
- Ängste, Panik
- Niedergeschlagenheit
- Motivationsverlust
- andere: _____
  _____

Körperliche Symptome

- Müdigkeit
- Erholungsunfähigkeit
- Schlafstörungen
- Vegetative Symptome (Verdauungsstörungen, multiple Schmerzen in Bauch, Rücken, Nacken, Zähnen, Kopf)
- Infektanfälligkeit
- andere: _____
  _____

Kognitive Symptome

- Aufmerksamkeitsstörung
- Konzentrationsstörung
- Gedächtnisstörung
- Entscheidungsschwierigkeit
- Reduzierte geistige Flexibilität
- andere: _____

_____

Verhaltensänderungen

- Erhöhte oder verminderte Aktivität
- Sozialer Rückzug
- Suchtverhalten
- Leistungsminderung
- Arbeitsabwesenheit
- Unfalltendenz
- Reduzierte Belastbarkeit
- andere: _____

_____

Quelle: Hochstrasser, B. (29.06.2016). Burnout-Behandlung Teil 2: Praktische Empfehlungen. *Swiss Medical Forum.*

> **Wichtig**
>
> Bei der Fremdeinschätzung handelt es sich um die Beobachtung einer Drittperson! Es liegt bei Ihnen, zu entscheiden, welche Symptome und Anzeichen Sie tatsächlich bei sich feststellen können! Wichtig ist, dass Sie die Symptome nicht isoliert betrachten, sondern einen möglichen psychosomatischen Zusammenhang mit berücksichtigen. Allfällige nächste Schritte müssen Sie nicht alleine gehen!

Sie dürfen sich Unterstützung holen! Das ist keine Schwäche, sondern eine Stärke! Auch wenn es Ihnen in gewissen Momenten schwer fällt, eine Fachperson beizuziehen. Nehmen Sie Ihre Situation ernst! Das lohnt sich!

GPSR Compliance

The European Union's (EU) General Product Safety Regulation (GPSR) is a set of rules that requires consumer products to be safe and our obligations to ensure this.

If you have any concerns about our products, you can contact us on

ProductSafety@springernature.com

In case Publisher is established outside the EU, the EU authorized representative is:

Springer Nature Customer Service Center GmbH
Europaplatz 3
69115 Heidelberg, Germany

www.ingramcontent.com/pod-product-compliance
Lightning Source LLC
Chambersburg PA
CBHW071702100426
42873CB00017B/383